山里の哲学者　群馬県上野村の内山 節

写真／岡本 央

たまたま車で通り掛かった上野村の神流川の美しさに魅了され、釣りに通うようになる。70年代の初めだった。

上野村の餅つき

12月29日に行われる内山邸の餅つき。二つの臼をそれぞれ3人でつく。毎年、80〜90臼をつく。

内山哲学のファンが餅つきに集まってくる。

もち米は前夜にとぎ、朝まで水に浸しておく。

高齢等で餅つきのできなくなった村人の分も届けている。

夜明け前からお湯を沸かしておかないと間に合わない。

餅つき前夜、鍋を囲んでの交流会。これが楽しみで参加する人もいる。

18年前、養蚕農家だった古民家を取得する。
原稿は基本的に手書き。

いまや立派な村の住民である。

趣味は釣り、写真、料理、車、オーディオと幅広い。（東京・原宿にて）

立教大学大学院のゼミの学生たちが内山氏の誕生日を祝う。（東京・池袋のベトナム料理店）

哲学者　内山　節の世界

『かがり火』編集委員会　編

まえがき

　青春時代、誰でも一度は哲学書を手にする。知的好奇心の旺盛な青年にとって、デカルトやカントやショーペンハウエルなどをひもとくことは豊饒な知の世界に踏み入るような昂揚感を覚えるものだ。しかし、多くの青年は観念、客体、止揚、悟性、個物、実存などといった難解な哲学用語の前に屈して二度と哲学の門を叩かなくなる。簡単には引き下がらなかった人でも、哲学の森に分け入るにはかなりの苦痛と忍耐が要求されるはずだ。

　かくして哲学は長い間、知的欲求のある青年を苦しめてきた。青年たちを苦痛から救ってくれたのは内山節《たかし》である。内山ほど哲学を平明な言語で語った哲学者はいない。内山哲学は、どこを探しても取っ掛かりの見えなかった峻嶮な高山の入り口に、いとも容易に導いてくれる。内山は哲学は学問として学ぶためにあるのではなく、哲学は美しく生きるためにあるということを教えてくれる。

「僕はこう思うんだ。哲学を学問にしてはいけないと。なぜなら哲学は一方の手でつくられつづけ発展させられつづけながら、もう一方の手で壊されつづけなければならないという宿命を背負っているからだ。その理由は哲学はすべての人間たちの、すべての民衆のものだからだと思う」(『哲学の冒険』)

いま日本は恐るべき速さで人口減少に向かっている。50年後には8000万人台になると予測されている。4000万人以上の人口が減った社会がどんなものか誰にも想像ができない。私たちはこれからどんな社会を目指せばいいのだろう。少なくとも「経済成長」といういままでの延長線上で日本という国を構想することは困難なのではないか。100年先、200年先の国のありようを考える時に必要なのは政治学でも経済学でもない、科学でもなければ宗教でもない。日本の自然に根差した「美しく生きる」ための哲学ではないか。

内山は、普遍思想のように語られてきた欧米から生まれた近代・現代思想は、欧米的自然、歴史、社会風土からつくられた欧米ローカルの思想としてとらえなおすべきであるという。欧米のローカルな思想が世界の普遍思想として拡がっていった結果、世界各地の風土や自然、歴史、さらには自然と人間の関係や人間と人間との間に軋轢をもたらしたという。われわれは世界人類史上、いまだかつてどの国も経験したことのない人口減少国家となるならば、いまこそ日本のローカルな思想を創り出さなければいけない。

いまわれわれは歴史の上のどんな位置にいるのか分からない。ただ、昨日のように明日を生きるのは不可能だということは感じている。いまこそ内山節の思想を手掛かりにして明日の日本を考えなければいけないのではないか。

このたび内山節著作集全15巻が農山漁村文化協会（農文協）から刊行されるに当たり、本書はその副読本ともいうべきものである。内山が武蔵野の面影が色濃く残る戦後の東京・世田谷で生まれ、20歳を過ぎたころから群馬県上野村の神流川でヤマメやイワナを追いながら、いかに思想を高めていったのか。著作集と併せて読んでいただければ幸いである。

なお、『かがり火』編集委員会とは何者であるかについては、あとがきで説明させていただきます。

２０１４年7月　『かがり火』編集委員会

哲学者 内山 節の世界◉目次

口絵　山里の哲学者　群馬県上野村の内山 節
まえがき――7

第一章「自著を語る」内山 節――15

第二章 ロングインタビュー よりよく生きるために
インタビュアー 歌野 敬――73

第三章 内山 節対談
成長神話に惑わされない「里山資本主義」の暮らしかた
日本総合研究所・主席研究員 藻谷浩介――116
本当の偉人とは雇用を創る人のことである
伊那食品工業株式会社会長 塚越 寛――134
山村の暮らしに自信と誇りを取り戻した「東北農家の2月セミナー」
山形県金山町 農林業 栗田和則――152
小さな村が生き残るには総合力を高めるしかない
群馬県上野村村長 神田強平――172

温泉は自然と人間の力強いつながりを取り戻すところ
天山湯治郷代表取締役　鈴木義二――192
本物の家具に囲まれて暮らせば
人生が豊かになる
株式会社ワイス・ワイス代表取締役　佐藤岳利――210

第四章　エッセイ　私の好きな一冊

『自然・労働・共同社会の理論』
外からのまなざしと内からのまなざしの出会い　宇根　豊（百姓）――228
『時間についての十二章』
時間を存在させるものは関係である　小栗康平（映画監督）――232
『自然と労働』
「稼ぎ」と「仕事」の違いによって地域の情景が変わる
速水　亨（速水林業代表）――236
『共同体の基礎理論』
人々の暮らしを見つめ、地域のあり方を考える道しるべ
青山彰久（読売新聞東京本社編集委員）――241
『自然と労働』内山　節さんの魅力　小山邦武（信州味噌株式会社社長）――245

『里の在処』〈里〉とは〈魂が帰りたがっている場所〉である
藤井　浩（上毛新聞社論説委員長）――248
『古典を読む』（『かがり火』に連載中）
無名人の地域での実践こそ新しい思想を誕生させる　松本克夫（ジャーナリスト）――252
『労働過程論ノート　マルクス主義哲学の構築のために』
『増補新版　労働過程論ノート　労働主体の構築のために』石橋浩治――255
『「創造的である」ということ　下　地域の作法から』
住む土地に誇りを持つことが地域が無事であることの原点
大黒　宏（ノースプレインファーム代表）――260
『怯えの時代』グローバル市場経済の陰に対する陽を感じる
神津多可思（リコー経済社会研究所　主席研究員）――264
『日本人はなぜキツネにだまされなくなったのか』
内山哲学のタイムマシンとしての上野村
吉澤保幸（（一社）場所文化フォーラム名誉理事）――268
『新・幸福論「近現代」の次に来るもの』
永遠の時間を信じて生きることができるようになった　中嶋初女（農業）――272
第五章　講演録「豊かな社会とローカリズム」（平成21年11月17日・国際ホテル松山）――277

デザイン／昼間 隆
写真／岡本 央・森 松夫（栗田和則氏対談撮影）

第一章

「自著を語る」

自著を語る

内山　節

『労働過程論ノート』　1976年　田畑書店　著作集収録

一九六五年に私は東京都立新宿高校に入学した。中学は自宅近くの区立中学であったが、中学時代の私はそこそこに成績はよく、進学先としてはいくつかの選択肢があった。ひとつは当時の教育大付属（現・筑波大付属）大塚と駒場で、もうひとつは当時の学区制だと新宿高校と戸山高校があった。私はその四校を見にいって新宿高校を受けることにした。理由は至って簡単で、場所がよかったからである。新宿高校は新宿の繁華街にある。

入学した直後にベトナム戦争についての討論会があり、その様子を見にいったら社研（社会科学研究会）というクラブに誘われ、たまに顔を出すようになった。もうひとつ「新宿高校反戦会議」という組織があり、こちらは非公認の団体で、こちらにも顔を出すようになっていった。当時の先輩たちからすれば、おもしろい新入生がいたということなのだろう。内容を理解していたかどうかは別として、とりあえず中学時代にマルクス、エンゲルス、レーニンといった社会主義の文献を読んでいた新入生がいたのであるから。

ちょうどベトナム反戦運動と日韓条約反対運動が盛んになる時代だった。そういう雰囲気のなかで、私は中学の時にはよく理解できなかったマルクスの本などを理解できるまで読んでいた。ところが少し理解できるようになってくると、これ以上理解するためにはヘーゲル哲学を読む必要があることを感じ、ヘーゲルを読んでみるとカントを読んでおく必要性を感じたりで、時代を遡りながら読んでいくうちに哲学がおもしろくなってしまった。当時人気があった哲学にサルトルの実存主義があったが、こちらは私はあまり評価していなくて、たとえば竹内芳郎のような当時のサルトル研究者のようには入れ込むことはなかった。サルトルとカミュの論争ではむしろカミュに共感していたくらいである。いうまでもないがカミュは『異邦人』などを書いた小説家である。

高校時代の私は少しでも時間があれば本を読んでいたような気がする。スターリンや毛沢東などの本も読んだが、あまりの内容の低さにあきれたものだった。次第にレーニンの政治主義的プラグマティズムも批判するようになり、レーニン主義がスターリン主義の源流にあると考えるようにもなっていた。レーニンと較べるならトロツキーの方が遙かによく、そんなことをしながら少しずつ自分流の考え方をつくりだしていったのかもしれない。

高校を卒業する頃はベトナム反戦運動がさらに活発になり、他方で全共闘運動が胎動しはじめていた。その頃にはエンゲルスの文献も批判的に読むようになっていたし、マルクスに対しても引っかかるものを感じていた。当時は「革命」という言葉が普通に使われていたが、私はその頃の運動の延長線上に革命があるとは思っていなかったし、社会を変えていくには別の方法論が必要なのではないかと思いはじめていた。当時の運動に対しては限界まで突き進んだ方がいいと考えていたが、それは学生運動の時代の終焉に向かうことになるだろうと思っていて、私の関心はむしろその先にあった。

高校時代の私のマルクスの読み方は、『経済学・哲学草稿』、『ドイツ・イデオロギー』あたりまでの若い頃のマルクスの文献にかなり依存していて、その読み方は梅本克己らの「主体的唯物論」に依拠していた。「マルクス主義における人間の問題」を解こうとする、あるいは資本主義の問題を人間の実存の問題として解こうとするのが梅本らの方法で、その軸になっていたのは「人間疎外論」と「労働疎外論」である。こういう流れで哲学を考えていたから、私にとっても疎外論はひとつの軸であったが、疎外論が自覚の論理へと昇華されていく傾向に対しては同意できないものがあった。仮に〇〇主義という言葉を使うなら、私はマルクス主義者、社会主義者というよりアナキストに近い心情をもっていて、指導者とか知的エリートとかを生みだしてしまう思想が嫌いだった。自覚の論理は自覚できる知的エリートを生みだしてしまう。だから私は、ごく普通の人々が歴史の主人公になっていく思想をつくりだしたかったし、そのことを模索していた。そんな問題意識をもちながら、私は人間と労働の関係への関心を高めていた。

「労働過程論」の発想が生まれたのは、二十歳になった頃だった。そのきっかけのひとつに経済学の勉強がすすんだことがあった。高校時代の私は社会科学系の本も一応は読んでいたけれど、やはり軸は哲学で、経済学に関するものは適当に流していたという感じだった。ところが卒業後に、少しまじめにやってみようかという気になったのである。まずはマルクスの『資本論』を丁寧に読み、このときも時代を遡るかたちでリカードゥの『経済学および課税の原理』を、続いてアダム・スミスの『国富論』を読んでいった。そうしているうちに『資本論』が不思議な構造になっていることに気がついた。

『資本論』の副題は「経済学批判」であり、資本主義を批判するために、もっと正確に述べれば資本主義を打倒するための経済学として書かれたものである。ところがその意思が論理構造として成立しているかといえば、そうは読めなかった。この本はふたつの内容が交互に書かれたような内容になっている。ひとつは資本主義がどのような構造で成り立っているのかを書いた部分で、それは資本主義の科学的分析になっている。もうひとつは資本主義に対するマルクスの思いを書いている部分で、こちらは打倒されるべきものとして資本主義が書かれている。その思いの部分を抜いて、資本主義の科学的分析の部分だけをつないで読んでいくと、その内容はむしろ資本主義の発展の論理になってしまっているのである。この部分を読む限り、資本主義を打倒する論理は出てこない。

この読み方は宇野弘蔵の『資本論』の読み方に近いものであった。宇野弘蔵は戦前の労農派の流れをくむマルクス経済学の大家で、宇野学派と呼ばれた大きな潮流をつくりだしていた。戦前の社会主義思想には、『日本資本主義発達史講座』の執筆者を中心にした「講座派」と「労農派」があって、前者は政治的には共産党系、労農派は戦後の社会党系と一般的にはいわれていたけれど、実際にはもう少し複雑だった。宇野自身は純粋な研究者で、活動をしていた様子はない。彼は『資本論』をいくら読んでも、革命の必然性は出てこないと述べていた。むしろ資本主義が永遠に拡大再生産をしていく論理になっている、と。その読み方の上にマルクス経済学を三つの分野に分けた。第一は「原理論」で、この分野では資本主義の原理が考察される。第二は「歴史発展論」で、資本主義を歴史的に考察していく研究。第三が「現状分析論」で、こちらは現実の資本主義の研究である。この方法を宇野は「三段階論」と呼んでいたが、彼は経済学と実践活動の間にはっきりとした線を引き、実践活動は研究とは別次元にあるものだと考えていた。もっともこの学問と実践の峻別には宇野学派に属する人々からも異論が出ていて、たとえば岩田弘は原理論のなかに資本と労働の実体的関係が含まれないと資本主義の原理は考察できないという立場をとっていたし、現実的な関係の影響を受けずには原理も成立しないという視点は、大内力の考えでもあった。

私自身は一面ではむしろ純粋に宇野弘蔵的であった。『資本論』をいくら読んでも、資本主義を否定する論理は出てこないのである。『資本論』を基本テキストにして原理論を組み立てる限り、それは資本主義の発展理論としてしか成立しない。ただしその先のとらえ方は宇野弘蔵とは違った。宇野は経済学はそれでよいと述べたが、私は資本主義が壊され、克服されていく論理をマルクスは書けなかった、つまりその部分はマルクスの思いとしてしか書けず、基本理論のなかに資本主義が壊れていく理論を展開させることに失敗した、と読んでいた。この違いは宇野が純粋に経済学者であるのに対して、私は哲学で、経済学も経済哲学として構想するという違いからも来ていたが、要するに私は『資本論』の論理には欠陥があると思うようになっていたのである。

とするとその欠陥はどこにあるのか。それはマルクスが資本主義を商品の展開過程として分析したところにあると考えていた。『資本論』の軸になる概念は商品であり、労働も労働力商品として扱われる。確かに資本主義とはそういうものなのだけれど、商品の展開過程として分析してしまうと、さまざまな商品を購入しながら剰余価値を実現していく過程しか明らかにならず、もちろん個別企業は剰余価値を上げられずに市場から退場させられることはありうるが、資本主義全体としては剰余価値を獲得しながら発展しつづけることになってしまうのである。

このような思いをもちながら、私は商品の自己展開という論理ではない別の論理で、資本主義を分析することはできないかと考えていた。そのときヒントになったものが三つあった。一つは戦前から日本では研究がすすんでいた「技術論」の成果、第二は隅谷三喜男によって一九五〇年代後半に日本に導入された労働経済学、第三は『資本論』のはじめのところに書かれている「労働過程」についての記述である。つまり『資本論』への批判の方法を、私は『資本論』のなかの短い記述をヒントにして構想することになった。

この「労働過程論」の発想は二十歳の頃にはじまっているとはいうものの、そう簡単にまとまったわけではなかった。たとえば電気、製鉄、造船、化学といった近代産業の労働過程がどのように変化していったのかを勉強したり、他方で炭鉱の労働過程のあり方や農業労働の性格を調べたりと、そんなことも含めて少しずつ考察をすすめていった。当時、労働過程についてのまとまった研究が存在せず、間接的な参考文献はあっても直接的な参考文献がない状態で、研究をすすめるしかなかった。

私が初めて雑誌の文章を書いたのは二十三歳の時で、それは書評だった。毎日新聞社から出ている『エコノミスト』誌からの依頼で、上田耕一郎の本だった。上田は当時日本共産党の幹部会委員で、党内きっての理論派として知られていた。彼の本を『エコノミスト』が書評することになったのだけれど、共産党系の人に書評を頼めば絶賛するだけのものになってしまうし、批判するにしてもマルクス主義や社会主義思想をよく知っている人に頼まないと政治的な批判に終わってしまう。それで評者の選定に困り、若いけれどおもしろい人がいるから頼んでみようかということになったらしい。その頃の私は別段、文章を発表することに関心があったわけではなかった。関心にもとづいて研究することには関心があったが、文章を発表するのは別のことである。哲学は文章表現だけがすべてではなく、可能なら芸術的な表現をとってもいいし、ソクラテスのように会話でおこなってもよい。さらには自分の生き方で表現してもよく、文章という表現形式はさまざまな表現形式のごく一部の方法にすぎない。文章という知の形式はむしろ知が社会の高みにたつという、知のヒエラルキーを成立させてしまうという嫌悪すべき性格も有していると当時の私は思っていた。

十代の頃から私はいろいろな人と交流があったから、この『エコノミスト』からの依頼もあったのだが、原稿料をくれるというのでアルバイト感覚で引き受けることにした。私は日本共産党の思想や政治主義に対しては、全面否定といってもよいほどに否定的だったが、上田耕一郎については彼には一時期共産党から離れていた時期があって、その頃に書いた『戦後革命論争史』という本があり、この本は戦後の社会主義思想史を概観する上ではよくできた本だった。共産党に戻ってからは党の方針と食い違うところもあって存在しなかった本になってしまったのだが、私は古本屋でこの本を買って読んでいた。そんなこともあって、いま上田がどんなことを書いているのかに興味もあった。

この書評を書いたらまた『エコノミスト』から書評の依頼がきた。今度は柴田高好の本で、彼はマルクス主義政治学の政党色のない学者である。私は彼の本も読んでいて、マルクス主義に政治学というものが成立しうるのかどうかという問いももっていたから、やはりアルバイト感覚で引き受けた。その書評のなかで、ほんの一行だけだったが、これからの理論をつくるには労働過程の考察が欠かせないのではないかというようなことを書いた。と、『現代の眼』という雑誌の編集部にいた山岸さんという方から連絡があり、労働過程について論文を書いてみないかという提案を受けた。

『現代の眼』は当時何誌かあったいわゆる総会屋系の雑誌で、オーナーはどちらかというと右翼系の思想の持ち主が多かった。ところが編集権はオーナーから独立していて、いわば自由に雑誌をつくらせているものがあって、『現代の眼』はその代表的な雑誌だった。一般的には『現代の眼』は新左翼系の雑誌とみなされていて、学生運動、全共闘運動、ニューレフト系の社会主義運動などに同調しながら、つまりこの時代の雰囲気を受け止めながら編集されている雑誌だった。

連絡をもらい、翌日会うことになった。私も労働過程についてまとめていきたい希望をもっていたから、ちょうどよい機会かもしれないと思っていた。ところがよく考えてみると、編集部からみれば、私が何者かは全くわからないはずである。年齢も二十三歳で、会って自己紹介したところで、わからないことに変わりはないだろう。それで私は翌日会うときに労働過程についての原稿を書いてもっていき、それを自己紹介代わりにすることにした。夕方から書き始め、夜遅く四百字詰め原稿用紙で三、四十枚の原稿を書き、それをもって会いに行った。いま思うとずいぶん馬力があったものである。

連絡をくれた山岸さんはその原稿を読み、完成させてもってくるようにと提案してくれた。数時間で書いた原稿だから殴り書きのようなもので、文章的にも内容的な詰めもきわめて不十分なものだったのだけれど、私が何を主張しようとしているのかはわかったのだろうと思う。こうして最初の雑誌論文が掲載されることになった。

この雑誌が発売されると、三一書房にいらした石田さんという編集者から連絡があった。『現代の眼』を読んだが、労働過程について一冊の本を書く気があるなら、自分の手で出版する、という提案だった。まとめるにはよい機会かもしれないという気がして、私はありがたくその提案を受けることにした。

といってもこの本の執筆は簡単にはいかなかった。『資本論』をはじめとする古典経済学をもう一度読み直して確認する必要もあったし、労働経済学の文献もかなり読み足す必要性があった。現実の労働過程についても経済史を含めて丁寧にとらえ直す必要があり、技術論も戦前の唯物論研究会のものから昭和期の軍部改革派の、たとえば宮本鐵之助のもの、さらに戦後の技術論を引っ張った武谷三男、また当時は新しい技術論であった中岡哲郎などを系統的に再確認する必要性もあった。文章的にも書き直すことが多く、出来上がったのは二年ほど後の二十五歳の終わり頃であった。刊行されたのは二十六歳に入った頃である。八年をかけて初版が売り切れ、一九八四年に増補版として新版が出ている。

『労働過程論ノート』は、資本主義の経済を、商品の生産過程と労働の行為過程である労働過程というふたつのものが、それぞれ違う論理で展開していながら、商品の生産過程の論理に支配されながら二重化していたものとしてとらえることに軸がおかれたものである。だから生産過程と労働過程の間では絶えず矛盾が発生し、この矛盾が変革主体を形成させる。こうとらえることによって、資本主義の展開過程のなかにそれを克服する主体が形成されうることを明らかにしようとした本だった。この考え方は今日まで私に引き継がれることになった。

著作集版では、『労働過程論ノート』に向かう途中で書いた論文も収録した。

『戦後日本の労働過程』 1982年　三一書房　著作集収録

この本は私の本としては五冊目の本になる。しかし執筆の順序としてはこの本を二冊目にもっていった方がいいだろう。

前記した『エコノミスト』誌からは、書評以外に、現実的な経済問題についての原稿を書いてみないかという提案が編集部の菊地さんや佐藤さんからきていた。この分野は私には全く苦手な領域だったのだけれど、誘われるうちにやってみようかという気持ちになってきた。当時はオイルショック後の短い不況期の後で、経済をいかに成長軌道に戻すかというようなことが経済学者たちの間で議論されていた。そのことに違和感をもっていたことも、引き受ける気になった一つの理由だった。

といっても現実経済などまともに勉強していなかったから、まずは頭の整理をすることに時間をついやした。戦前戦後の経済史で気になる指標をグラフ化し、特に戦後の経済成長期にどのような変化が起こり、それが七十年代になってどう変わっていったのかを、頭を整理するためにグラフ化していった。そのグラフは発表する予定のものではないから、きわめて適当なもので、要するに経済の傾向がわかればよいというものだったのだが、二、三百枚のグラフをつくったように記憶している。そのおかげで経済史的なことも一応頭に入り、同時に経済と労働、労働内容などの変化、雇用との関連なども概観することができるようになった。

明確になったことは、経済発展が労働や雇用によい影響をもたらすとは限らないということである。課題は経済ではなく、労働であり、雇用なのである。経済政策だけを論じたのでは、現実に起きている問題に対応できない。私はこの視点から当時の日本の現実についてのいくつかの論文を書き、発表していくうちに他の経済誌からの依頼もあり、その頃書いていた論文をまとめて一九八二年に刊行したのがこの本だった。

著作集版では、その前後に書かれた関連するいくつかの論文も収録した。

『山里の釣りから』 1980年 日本経済評論社 著作集収録

『戦後日本の労働過程』に収録した論文を書いていた頃、『エコノミスト』から少し変わった提案を受けた。毎年夏の旧盆の頃に、『エコノミスト』は二週間の合併号を出していた。印刷所も休みになるからそういう体制にしていたのである。合併号では普段載せないようなテーマのものも一本くらい入れたりする。それで釣りに関する原稿を書いてみないかというものであった。私は子供の頃から釣りをしていて、二十代にはかなりいろいろなところで釣りをするようになっていた。上野村に長期滞在し、この村で畑を耕したりするようになったのも二十代の頃である。そんなこともあって、原稿の打ち合わせや受け渡しの時には、よく釣りの話をしていた。当時はまだファクスは普及していなくて、もちろんメールなどはなかったから、原稿の受け渡しも会って渡すのが普通だった。

私はいまでもそういうところがあるけれど、自分が好きなことについての想定外の提案を受けると、やろうかなという気分になってくる。このときも何となく引き受けてしまった。釣りをとおしてみえてくる世界を私は書き、それが「川釣りの社会経済学」というタイトルで掲載された。これは編集部がつけたタイトルで、私がつけたタイトルは「山里の釣りから」だった。

この原稿が掲載されると、数社から単行本執筆の打診がきた。こんなことは初めてで、出版社のなかには初版三万部という提案をしたところもあった。私は一番最初に声をかけてくれた日本経済評論社の引地さん、阿久津さんのもとから出すことにした。この単行本の企画をすぐに受け入れたのは、実は『エコノミスト』の釣りの原稿を書いていて、結構楽しかったのである。さらに単行本としての『山里の釣りから』を書いてみると、枚数の制限がないこともあって、実にのんびりした文章で書くことができた。それまでの私は論文しか書いていないから、エッセイというスタイルが新鮮だったのである。とともに論文スタイルをとらなくても、書きたいことは書けるのだということを、さらに述べれば論文では書けない内容を書き込むこともできるのだということを知ったのも、この本の執筆だった。

一応述べておけば、エッセイという言葉は日本では軽い文章という感じで使われることが多いのだが、元の意味はそうではない。フランス語のエセイエは試みるという意味であり、たとえば洋品店で試着したいときにも、エセイエしていいですか、と聞いたりする。とすると文章形式におけるエッセイとは、何を試みるのか。それは、既存の文章形式では自分の考えていること、追求しようとすることが表現できないときに、自分の課題に適した文章形式を試みるということであり、文体的試論ということである。だからエッセイは読みやすいとは限らない。たとえばハイデッガーの『存在と時間』は難解な方に属する本であるが、あれはエッセイである。論文の形式は踏んでいない。

『山里の釣りから』を書いたことで、私は文章はおもしろいという気分になってしまった。

それまでは自分の考えをまとめたら、次に何をしようかなというような気持ちだったのだけれど、しばらく書いてみようかと思うようになり、それがきっかけになって作家的な仕事の仕方を意識するようになった。

この本は結構よく売れたけれど、一部の人々からは不評だった。自然と人間の関係を謳い上げていくことに対しては、当時はまだ自然を克服してこそ文明があるという視点をもつ人も多かったし、もっと不評だったのは私が村の暮らしを肯定的に書いたことに対してだった。村は封建的であるという批判が、まだ根強くあったのである。私の感覚のなかに都市的文明への挫折感があったことに対しても、都市の無名性の文明を謳歌する評論家たちが多かった時代では反発する人たちもいた。しかし私にとっては文章表現の自由さを手に入れただけでなく、その後の自然哲学や山村、農村、農業などのとらえ方に道筋がついた本であった。

著作集版では、釣りを題材にしたいくつかのエッセイも収録した。

『存在からの哲学』 1980年 毎日新聞社

最初の本である『労働過程論ノート』での私の問題意識のひとつに、人間は労働をとおしてどのような存在を獲得し、また喪失していくのか、というものがあった。このことに対する素朴な関心は一九五〇年代後半に起こった三井三池闘争にあった。三井鉱山三池鉱業所での数年にわたる労働争議が起こったとき私はまだ小学生だったから、なぜこのような労働争議が起こるのかはわからなかった。にもかかわらずひとつだけ鮮烈な印象を受け取った。それは三池の炭鉱夫たちが実にはつらつとしていたことだった。もちろんテレビで観ていただけだったが、私が暮らしていた東京の住宅地の人々より遥かに生き生きとしているようにみえた。

何が彼らを生き生きとさせているのか。そういう問いが私の気持ちのなかに残った。中学生になってマルクスを読んでみようと思ったのも、もしかすると社会主義思想が彼らに力を与えていたのかもしれないと思ったからである。高校生になっていろいろな本を読むうちに「労働」を意識するようになった。労働が人間に与える影響、である。三井三池関係の本や、炭鉱夫の労働がどのようなかたちでおこなわれているのかを分析した本などを読んでいくうちに、古典的な協業労働的性格を強く残している炭鉱労働のあり方が、彼らの生きる世界をつくりだす上で大きな役割を果たしていたのではないかと考えるようになっていった。

論文などを書くようになってから、私は次第に労働存在という言葉をよく使うようになっていた。労働を存在論的にとらえ返すという問題意識がこの言葉を使わせた。この問いをもう少し広い問いに拡張するなら、人間たちはどのようにして自己の存在をつくりだしているのかになる。一九七〇年代の終わり頃に、毎日新聞社から単行本を出さないかという誘いがあり、この問題意識を少し整理してみようかと思って書いたのがこの本である。

ところで前記したように、一九六〇年代に人気のあった思想家に、サルトルがいた。サルトルブームは一九五〇年代にも起こっていたが、サルトルにおいては「存在」はひどくおとしめられた言葉だった。ただあるだけという意味であり、それは主体性もなく存在しているだけということになる。だから彼はそこに自覚の論理を導入し、自己の存在を問いなおしながら主体的に生きる人間の論理を実存的人間として提起していくことになる。重要なことは「存在から実存へ」だったのである。

この「自覚の論理」は当時のニューレフト系のマルクス主義でも重要な役割を担っていた。たとえば資本に雇われるかたちで働きに行けば、その人は労働者だということになる。しかしそれだけなら、日々働き、暮らしているだけの労働者だ。つまり労働者という存在にすぎない。その労働者が、資本と労働の関係を知り、資本主義を知り、さらには歴史との未来をつくりだそうとするとき、自覚的な労働者が生まれる。そういう労働者を労働者階級と位置づけることもあったが、社会のなかの自己、歴史のなかの自己を自覚することによって変革主体になっていくことが、ニューレフト系のマルクス主義においても重要視されていたのである。だからこの傾向を実存主義的マルクス主義という人たちもいた。

しかし私は主体形成に自覚の論理を持ち込むことに批判的だった。この論理を持ち込んでしまうと、自覚しながら生きる人と自覚できずにいる人の乖離を生んでしまう。その結果自覚した人々が自覚できない人々を指導するという関係が生まれてしまい、自覚した人々がつくる組織＝当時はそれを前衛党と呼んだ＝が大衆を指導するという構図が正当化されてしまうのである。

この構図を現実化させた人としては、ソ連をつくっていったレーニンらがいたが、結局こうやって生まれた社会は共産党独裁の国家でしかなく、人間の解放は実現しなかった。私は指導部を必要とする思想は人間を解放しないと思っていたし、とするなら、自覚の論理などに依存する思想ではいけないはずだと考えていた。

ゆえに私が解き明かしたかったのは、実存ではなく、存在とは何かであった。存在自身がもつ可能性をとらえたかったといってもよかった。

存在論としてはマルクス主義系ではルカーチの存在論があったし、非マルクス主義系ではハイデッガーの存在論も広く知られていた。ハイデッガーはただ存在しているだけという存在が、さまざまな諸関係のなかに成り立っていることをみているが、その諸関係をとらえていく人間の形成という部分ではやはり自覚の論理が働いている。前記したサルトルはハイデッガーの存在論を研究した上で実存主義を提唱した哲学者だった。だがそれらは私がとらえたかった「存在の可能性」ではなかった。さらに述べれば自覚の論理を持ち込むと、自覚できない大衆への絶望が発生してしまい、実に多くの思想がここに陥っていった。しかしこの構図の誕生は大衆の敗北ではなく、哲学の敗北だと考えていた。このような論理に陥るかぎり、哲学は人間たちを解放するものにはならない。

もうひとつ、次のことにも触れておこうと思う。マルクスの本を読むと、さまざまな人々がマルクスによって批判されていることがわかる。たとえばヘーゲルもその一人であるが、ヘーゲルについていえばマルクスは多くのものを摂取した上で批判していることを明らかにしている。ところがその他の多くの人に対しては、ほとんど全面否定といってもよいような批判を加えている。ある程度意義を認めているのはフォイエルバッハくらいで、ブルーノ・バウアー、マックス・シュティルナー、ロバート・オーエン、ヴァイトリング、プルードン……など、同時代の哲学者から社会主義運動の担い手に至るまで、マルクスは滅多切りのような批判を加えている。

マルクスを読み始めた頃は「そういうものか」くらいに思っていたのだが、そのうち、マルクスに批判された人たちの文献も読むようになった。そうしてみるとマルクスの批判の仕方にかなり問題があることもわかってきた。彼は自分の思想を際立たせるために、かなりねじ曲げて相手を批判することの多い人である。とともにマルクスに批判された人たちの思想のなかに、数多くの学ぶべきものがあることもわかってきた。

こうして私は社会主義思想史を公式に流布されていたものとは違うかたちで、整理しなおさなければいけないと思うようになった。この本は書籍編集部の佐々木さんの提案で生まれたものだったが、マルクス以前の社会主義思想を「存在論的社会主義」と位置づけている。そういうことをとおしながら、「存在それ自身がもつ可能性」への手がかりをつかもうとしたのがこの本だった。

『労働の哲学』　１９８２年　田畑書店

『労働過程論ノート』の次に予定していたのが本書だった。実際には何冊かの本が間に挟まることになったのだけれど、『労働過程論ノート』を書き終わったとき、このテーマを完成させるためには、資本主義の成立史を労働の変遷、あるいは労働過程の変遷という視点から考察しておく必要があると感じていた。故に、『労働過程論ノート』の脱稿時には計画されていた本であり、私がつけていた書名は「労働過程変遷史」であった。

この分野だと、マルクスに『資本制生産に先行する諸形態』という本がある。マニュファクチュア（工場制手工業）から資本主義的な工業へと歴史が変遷していく過程を考察したもので、資本主義以前の商人資本の蓄積から資本主義は生まれず、マニュファクチュアの展開がその前史の役割を果たしたことを分析した本である。

資本主義がどのように発生していったのかを経済史、社会史的に考察した研究としてはピレンヌの研究がある。このピレンヌの成果に基づいて研究した人に大塚久雄がいたが、私が解きたかったのは労働がどのように変わったとき資本主義が発生したのかであった。故にこの本では技術論がひとつの軸になっている。新しい技術の成立が労働のかたちを変えながらいかに資本―労働関係を形成していったのか。すなわち、商品の生産過程と労働の行為過程である労働過程がいかに分離し、その全体が商品の生産過程によって領導されるようになっていったのかを、私は知ろうとしていた。

『フランスへのエッセー』　1983年　三一書房

多分一九八〇年だったような気がするが、私ははじめてフランスを訪れた。特に理由があったわけではなく、私はそれまでも理由なく国内を旅することがよくあった。このときはパリとその郊外に出かけただけだったが、ふと、どこかに日本との比較地をつくってもいいかもしれない、という気がした。そんなこともあって、翌年に3月から7月までヨーロッパを旅することになった。

そういう予定でいるという話をすると、何人かの方が、おそらく私の懐具合を心配して、提案をくださった。三一書房の編集者の林さんもそんな方で、実質的には二冊目の本として紹介した『戦後日本の労働過程』は、このとき林さんがすぐに一冊本を出すようにとすすめてくれた本であった。印税を旅費の足しに、ということである。林さんは帰国後に旅行記も出すようにとすすめてくれた。これも印税の支払いという配慮をしてくれたのである。そんなこともあってこの本を書くことになった。毎日新聞社の学芸部の脇地さんと信濃毎日新聞社の文化部の多賀さんは、現地から複数回原稿を送るようにとすすめてくれた。原稿料はヨーロッパで受け取れるようにしましょうか、という提案もあったが、帰国後に受け取れれば十分ですと言った記憶もある。いろんな人たちが応援してくれて、このときの旅はかなり気楽なものになった。

三一書房の林さんは『山里の釣りから』を読んで連絡をくれた編集者だった。どちらかというと文学系の方で、ヘミングウェイの初期短編集の愛読者だった。初期短編集の一つにニック・アダムスという少年が、信じられるものが次々に壊れていくという背景のなかで、釣りにしか情熱を燃やせなくなっているという物語がある。両大戦間に発生してくるいわゆるロスト・ジェネレーション文学である。林さんはそれと似たものを『山里の釣りから』に感じたらしいのだが、買いかぶりというものである。

『フランスへのエッセー』は、私が執筆時につけていた書名は「贋金づくりの街にて」であった。いうまでもなくアンドレ・ジードの『贋金つくり』からとったものである。『贋金つくり』は、ファシズムが忍び寄ってくる不安な雰囲気のなかで贋金が使われていく背景のなかでのひとつの実験小説であったが、私にとっての当時の時代認識もまた、ジード風に言えば贋金が横行していく社会の頽廃した様とともにあった。我々はどこで、何に敗北したのだろうかという問いがあり、この本はそんな感覚をもちながらの旅行記になった。

結局私はフランスを日本の比較地にしたのだけれど、よくなぜフランスなのですかと聞かれる。日本を客観化するための比較地としては、いくつかの選択肢がある。たとえば途上国を比較地にするのもひとつの方法である。しかし私の関心は同じような規模をもち、同じようなシステムをもつ国と日本とが、同じような展開をしていくのか、それとも異なった社会変動をみせるのかという方にあった。この条件に合う国としては、ヨーロッパではイギリス、フランス、ドイツが当てはまるが、イギリスとドイツは食事がまずいことでやめることになった。ドイツのかたぐるしさも私には合っていなかった。ギリシャやポルトガルなどはとてもよかったのだけれど、私が目的とする比較地としては条件が違いすぎた。そんなことでフランスになっただけである。

『哲学の冒険』　１９８５年　毎日新聞社　著作集収録

毎日新聞社が出している中学生向け新聞に『毎日中学生新聞』があって、この頃同編集部の長谷川さんからの依頼で何度か短期連載をおこなっていた。そのひとつに「哲学のロマン」があり、それを本にしないかという依頼が単行本の編集部からあった。ところが、私としては、多少書き加えたとしても、連載原稿をそのまま本にするのでは面白く感じられなかった。一本、一本はとても短かった上に、週一回の連載だから読者が前の号までの内容を覚えているとは限らない。そのためにどうしても、毎回毎回「こういうことも考えてみよう」というような内容にならざるを得なかったのである。

単行本は全く新しいかたちで書き下ろすことにした。その構成を考えているうちに、主人公の「哲学ノート」とか「お父さん」とかを創作したのだが、後書きなどでそのことを書いておいたにもかかわらず、登場する「お父さん」が本物の私の父をモデルにしていると思った方も多かったようだ。この本はむしろ、哲学へと向かう主人公の中学生の冒険小説である。

著作集版では、元になった「哲学のロマン」の他に、私と自然の生きものたちとの付き合いを綴った短期連載エッセイなどを収録した

『自然と労働』　１９８６年　農文協　著作集収録

ヨーロッパの旅から帰ってきた直後に、「信濃毎日新聞社」から、連載をしないかという

提案があった。週一回のペースで、何でもいいから書いてみないかという話だった。私は喜んでその提案を受けた。

連載は「現代への旅から」という題でおこなわれた。何を書いてもいいような題にしてくれたのである。注文は、新聞だからといって遠慮した書き方はしないように、ということだけだった。

はじめての新聞連載で、かなり苦労したことを覚えている。新聞である以上、誰でも読めなければいけない。文化欄の連載だから、すべての人が読むわけではないだろうが、書く側から読者を限定してしまうことはできないのである。といって易しく書こうとして表面的なことを書いたのでは、本末転倒である。

内容は妥協せず、しかし誰でも読める文章にする。そのためにはどういう書き方をすればよいのか。連載の最初の頃は幾度となく書き直した。ずいぶん苦労したものだった。この連載は私にとっては、文章の書き方を練習していく場でもあった。

確かはじめは三ヶ月の連載という約束だったのだが延長され、それは一年半ほどつづけられた。単行本にしたのはその二〜三年後のことである。農文協の清水さんという方が別のことで訪ねていらした。そのとき「現代への旅から」を私は話題にし、清水さんが単行本化の労を執ってくださったことを覚えている。

出版に当たっては内容に沿って順序を入れ替え、それぞれの章に新しい文章を書き加えた。書名は農文協の希望もあり、『自然と労働』に変わった。連載時の題が「現代への旅から」

であったように、現代世界とは何かを哲学の課題として書くことが私の目的であった。

著作集版では、『自然と労働』に収録しなかった「現代への旅から」時の掲載原稿も収めた。

『やまめ物語』　１９８６年　現代書館

この本も『毎日中学生新聞』に連載したものである。ただしこちらは『哲学の冒険』と違って、連載をそのまま本にしている。本当はこちらもまた書き直したかったのだけれど、『毎日中学生新聞』のいろいろな人が書いたいくつもの連載を、現代書館からシリーズで出すという計画が『中学生新聞』の編集部と現代書館の間でまとまっていて、私のものだけを書き直すことはできなかった。

源流に暮らす山女という魚をとおして、川や自然の世界がなぜ壊されていくのかを書こうとしたのがこの本である。

『自然と人間の哲学』　１９８８年　岩波書店　著作集収録

一九七〇年代中盤になると、日本でも自然の問題が大きな社会関心になりはじめていた。環境問題は50年代からの水俣病問題をへて一九六〇年代までは公害問題として議論されていたが、70年代には開発か保全かという課題を経由しながら、自然の問題に社会関心が移行しはじめていた。ところが当時の議論は私には不満だった。自然と人間の関係をとおして自然と人間社会の双方を考察していく思想が、見受けられなかったからである。そんなこともあって、自然哲学について書いてみようかという気持ちが私にはあった。

この思いを応援してくれたのが、岩波書店の編集部にいた卜部さんだった。ところが原稿を書きすすめている最中に卜部さんは事故に遭って仕事をつづけられなくなり、その後を引き継いでくれたのは合庭さんだった。合庭さんは当時『思想』誌の編集長を兼務していて、私の企画をいろいろと応援してくださってもいた。

この本の出発点は『山里の釣りから』であったのかもしれない。そこでとらえようとした世界を10年近くかけて掘り下げようとしたのが『自然と人間の哲学』でもあったからである。

著作集版には、『思想』に掲載したこの本の準備的な原稿も収録した。


『情景のなかの労働』　1988年　有斐閣

有斐閣のＰＲ誌『書斎の窓』の天城さんからの依頼で、同誌に連載したのがこの本である。労働がつくりだしている情景を追いかけるという企画、あるいは労働がつくりだす情景をとおして現代の労働を考察するという企画だったが、私が使っている方法のひとつに、「それがどのような情景をつくりだしているのかをとらえる」ことによって、そこにあるものを見つけ出そうとする方法がある。

それは私の哲学観とも関係している。私ははじめはマルクスから哲学の勉強をはじめている。そのマルクスの時代には自然科学や、経済学などの社会科学が台頭していた。その結果、哲学もそれらの影響を受けた。科学が普遍的真理の探究に向かったように、哲学にもまた、哲学的真理を科学的に裏付けようとする傾向も出てくる。私がマルクスの本を読んでいた頃も、多くの社会主義者がマルクス・レーニン主義は科学であるなどと言っていたのである。

しかし、科学的真理とは科学の方法によってとらえられた真理にすぎない。普遍的な真理は、あくまでこのような限定のもとで成立するものである。たとえば人間とは何かという問いに対して、医学は医学の立場から回答を出すだろう。それは医学的、生物学的な答えである。もちろんそれも間違ってはいない。しかしもしも宗教学の方法で回答を出せば、全く異なる答えが出されるはずである。もちろん宗教学というのも大雑把すぎて、実際にはキリスト教の方法ではとか、仏教の方法ではというようにもっと細分化されるであろうが、その答えもまた間違ってはいないのである。なぜなら「真理」とは、ある方法によってみつけられた真理にすぎないからだ。文学の方法によってとらえられた人間の本質もあるし、哲学もまたそれぞれの方法で人間を探求する。

ところが近・現代という時代は科学的な方法が唯一の真理を探究する方法だとでもいうような雰囲気とともに展開した。ところが私の哲学はそのようなことを認めない。自分の方法からは絶対的な真理がみえてくるとしても、それは自分の方法によったものにすぎないのである。ある方法でとらえればそこからみえてきた真理は絶対的真理であり、真理は相対的なものではない。しかしその真理は方法を超えた普遍性はもちえない。

　ここで問題になるのは私の方法である。私はどのような方法によって真理をみようとするのか。そのとき私にとってもいくつかの方法が併用される。科学の方法でみえてくるものは科学の方法でとらえればよいし、合理的、論理的にとらえられるものは合理的、論理的に考察すればよい。しかし、そのような方法ではとらえられない領域もまた存在する。ところがここで問題になるのは、合理的にとらえられない領域のものは合理的にはとらえられないということである。説明できないといってもよい。そうであるかぎりこの領域の課題は神秘主義の対象にならざるをえない。

　たとえば「人はなぜ生きているのか」という問いには、合理的には答えられないのである。もちろん表面的には答えることもできる。しかし最深部から生まれてくるような答えを語ることはできない。

　このことに対する私の立場は、ある意味ではカント的である。カントは本質を認識の彼方においた。認識可能なことは認識できるが、その奥にある本質は合理的に認識することは不可能なのである。だからこの領域のものをとらえようとすると、カントにとっては神の叡智と結ばれた実践理性が必要だった。この実践理性は本質をとらえさせるが、しかし「わかった」と思った瞬間にそれは知の合理性の領域での認識に変わって、実践理性がとらえた本質の外皮にすぎなくなってしまう。つまり、とらえられるはずなのに、とらえられないという関係が成立してしまうのである。カントの死後、本質はとらえられないとする不可知論派が台頭してくる土壌がここにあったが、それと比べればヘーゲルの哲学は合理的である。ヘーゲルにとってはとらえられない本質は、とらえられないことを認識することによってとらえられるのであり、この合理主義を土台として後にマルクス的合理主義も生まれてくる。

この点でいえば私の哲学はカントに近い。しかし本質をとらえる方法は、カントのように神の叡智と結ばれて、という立場でもない。ここで私にとって重要になってくるのが「情景」なのである。情景のなかに何が映しこまれているのか、何がそのような情景をつくりだしているのかをみることによって、私は本質を探ろうとする。

たとえば資本主義に対してもそうだ。資本主義がどのようなメカニズムをもっているのかは、マルクス経済学を柱に置きながら合理的にとらえることができる。さらには同じ問いに対して、労働主体の展開をとおしてとらえようとするとき、私は労働過程論を設定してきた。ところが資本主義と人間の関係や、資本主義と自然の関係をさらに深く考察しようとすると、自然や人間にとって資本主義はどのようなものとして存在しているのかということに答えなければならず、ここでも合理的認識の彼方にある課題が発生してしまう。そしてこの領域をみようとするとき、資本主義はどのような情景を私のなかにつくりだしているのか、という問いが現れ、この情景のなかに、私がとらえる本質をみいだそうとする。『情景のなかの労働』で私の方法は私小説に近いと書いているのはそのためだが、このように気持ちをもちながら今日の労働がつくりだす情景、あるいは私のなかにみえる情景を連作的に追いかけていったのが本書であった。

「《森林社会学》宣言」　1989年　有斐閣

この本は編著書なのだけれど、かつて森林生態学という意味で使われ、当時は死語になっていた森林社会学という言葉を森林と人間の関係学として位置づけ直し、その研究の必要性を提起したという点では、今日の森林研究の一領域をつくりだした本だった。一九八〇年代になると私は林学、林業関係、森林保護や山村問題などと関わる人々と付き合いをもつようになっていたが、そのことをとおして生まれた問題意識をもとに多くの方に協力していただいて作った本である。

『自然・労働・協同社会の理論』　1989年　農文協

前記した『自然と労働』を刊行してくださった農文協の清水さんとお会いしたとき、清水さんからの依頼は、守田志郎さんが長年講師を務めてこられた東北の農民の勉強会があるが、守田さんが早逝され、いまは講師なしで勉強会がつづいている。その講師を引き受けてもらえないかというものだった。

このときはお断りした。守田さんは農業経済学が専門であり、農村社会学にも通じていた方である。彼の共同体論は一九七〇年代には大きな波紋を生みだしてもいた。『山里の釣りから』を読んだ東北の農民から希望があったということらしかったけれど、この勉強会は当時は専業農民の集まりで、農業のことも農村のことも、自然についても私よりも遥かに専門家たちである。そんな人たちの勉強会で私が講師役など果たせるはずがない。

ところがその後に山形で森林問題のシンポジウムがあり、私はパネリストの一人として出席した。その休憩時間に山形県金山町の農家林家の栗田さん夫妻が訪ねてこられて、勉強会での講師役をあらためて依頼されることになった。栗田さんとはその後さまざまなお付き合いをさせていただいているが、東北農民の勉強会の中心メンバーでもあった。

「農業のことなどは自分たちに任せてもらえばいい」と栗田さんは言われた。そうではなく、これからの農民は現代世界のとらえ方とか、哲学はいま何を問題にしているのかとか、そういうことも考えながら農村で暮らす必要があり、その講師が必要なのだと説得されてしまった。そういうわけで私は東北農家の勉強会の講師役を引き受けることになったのだけれど、その勉強会での私のした話をもとに作られたのがこの本である。東北農家の勉強会は、「東北農家の二月セミナー」としていまもつづいている。引き受けてからの30年ほどの間に、新規就農者や農業関連で仕事をする人たちも加わるようになってきた。お父さんに代わって息子さんがみえるようになったケースもある。毎年のテーマは私の自由で、いま私が考えていることを率直に話し、みんなで討論するかたちがつづいている。

私にとっては学ぶことの多い、楽しい勉強会である。途中から九州でも同じような勉強会をするようになったが、自分の生きる世界を自分たちでつくって生きている人たちの世界は雄大である。

『続・哲学の冒険』 １９９０年　毎日新聞社　著作集収録

毎日新聞社の書籍編集部にいらした佐々木さんの手で私は『存在からの哲学』、『哲学の冒険』という二冊の本を出していただいていたのだけれど、その佐々木さんの定年が近くなり、定年までにもう一冊出すようにと依頼されて急いで書いたのがこの本だった。ひと月くらいで書いた書き下ろしである。だから書き方は多少乱暴なのだけれど、一九六〇年代の精神史を自己の歴史を振り返りながら書いた記憶がある。

一九六〇年代は、一面ではマルクス主義の時代であった。当時活発に展開されていた学生運動や労働者運動などの思想的支柱には、マルクス主義があったからである。

マルクス主義は経済学や哲学、政治学などをもちながらも、最終的にはひとつの歴史理論として完結する。共同体の時代から市民社会、資本主義の時代へ、その結果現れてくる近代社会の矛盾の克服が社会主義の時代に向かわせ、最終的には共産主義社会として完成する。

通俗的なマルクス主義者は、それは歴史の法則であり、歴史の真理であると語る。だから真理の実現のために活動するのが人間の使命なのだと。

ところが私は梅本克己らの影響もあって、人間はなにゆえにこのような歴史の法則を主体化しうるのか、という問いとともにマルクス主義を勉強してきた。それは、歴史と人間の関係には何が横たわっているのかということである。自分の課題として語りなおせば、自分は何を問題にし、なぜいまのような自己であるのかということでもある。そういう問題意識を背後において、一九六〇年代の後半という時代を精神史的に綴っていったのが本書であった。

著作集には『エコノミスト』誌の巻頭言である「月曜日の手紙」という連載も収録した。一篇一篇は短いが、私の読書録のようなものである。

『山里紀行』 1990年 日本経済評論社

『山里の釣りから』を出してしばらくすると、大日本山林会の機関誌『山林』から連載の依頼があった。この連載はいまもつづいているが、大日本山林会は、明治につくられた組織で、大日本農会、大日本水産会がほぼ同時期につくられている。東京・赤坂に森林、林業、山村などに関する膨大な資料も保有する、大きな図書館ももっている。森林のこと、山村のことなどを軸にして、毎月自由に書いてきたのだけれど、当時大日本山林会にいらした萩野さんをはじめとする山林会の人たちから、森林に関するわからないことをずいぶんたくさん教えていただいたものだった。本書は『山林』誌での一九八〇年代の連載分をまとめたものである。

『戦後思想の旅から』 1992年 有斐閣 著作集収録

信濃毎日新聞社とは「現代への旅から」（単行本としては『自然と労働』）の連載が終わっ

てからも、次々に新しい提案をいただいていた。はじめて原稿を依頼されたときの文化部長は多賀さんだったけれど、安井さん、山本さん、小山さん、唐沢さん、高越さん、三島さん、水越さん、森本さん、丸山さん、畑さん、羽田さん、齋藤さん、工藤さん、瀬木さん、猪股さん……。思い出していくと切りがないほどにいろいろな方々の名前が浮かんでくる。信濃毎日新聞は戦前にはぎりぎりまで非戦論を主張しつづけるなど、マスコミの見識とは何かを提起しつづけた新聞でもある。

最初の連載が終わってしばらくした頃、新しい連載をしてみないかという提案があり、この『戦後思想の旅から』が生まれている。表題通りの内容で、有斐閣の伊藤さんの応援で、日本の戦後思想史を私の視点から考察していった本である。戦後とはどういう時代だったのかを、思想史をとおして考えていくという点でも、この連載をとおして私はずいぶんいろいろなことを整理することができた。

著作集版では岩波書店が刊行した『講座・世界歴史』第二十八巻に収めた「合理的思想の動揺」などを思想史の総括的な論文として収録した。

『やませみの鳴く谷』　1992年　新潮社

私自身の課題としては、『山里の釣りから』以降は、つねに表現の問題が存在していた。プラトン、アリストテレス以降の哲学は、論理の積み上げによって真理をとらえていくという方法がとられている。だからこの脈絡からは、科学という方法も生まれてきた。科学もまた科学的論理の積み上げによって真理を明らかにしようとする学問である。

ところが私の哲学は、自己の内部に映し出された映像を追いかけようとするもので、主体的真理の探究に置かれている。私は次第にこの「主体」を関係が生みだす主体としてとらえていくようになるのだが、論理だけで追求するとこぼれてしまうものを大事にするのが私の方法でもある。だから論理ではつかめないものをどう表現するのかがつねに課題としてあり、表現と哲学、思想は私にとっては切り離せない。ゆえに文章表現としてもいろいろな試みをおこなってきた。そのひとつが『やませみの鳴く谷』である。

ここでは短編連作という小説のような手法を使っているのだが、私が書きたかったのは、いま我々はどんな時空を生きているのかである。刊行は新潮社の寺島さんがすすめてくれた。寺島さんとはずいぶん前からの知り合いだったのだけれど、これほど長期にわたって企画を提案しない著者ははじめてだと言われたものだった。


『時間についての十二章』 1993年 岩波書店 著作集収録

『自然と人間の哲学』でお世話になった合庭さんとの話し合いから生まれたのがこの本である。上野村に暮らしの場をもっていたこともあって、私の課題のひとつに時間論があった。村に流れている時間と近代世界の時間の不調和を私は感じていたのである。

前提としては、レヴィナスの「時間とは他者との関係である」というとらえ方があった。そんなことを入り口におきながら、時間はどのようなものとして存在しているのかを検討しようとしたのが本書である。

もうひとつこの本では、以前からの私の課題であった、いかなる論証もしないで、自分の語りたいことを語りきりながら、読者の諒解を得ていく、そういう文章は書けないだろうかという目的意識があった。時間を時間存在としてとらえるなら、その時間は関係的存在物であって、客観的なものではない。そういう時間を書こうとするなら、それは論証不能なはずで、しかし論証抜きの諒解を読者に求めるにはどうすればよいかである。書き終わったとき、この意図は少しは達成できたような気がした。

著作集版では、過去、現在、未来の関係を新しい章として追加しようと思っている。他に関係するいくつかの論文を収録した。

『森にかよう道』　1994年　新潮社　著作集収録

信濃毎日新聞での三回目の長期連載をもとにして生まれたのがこの本である。『やませみの鳴く谷』でもお世話になった寺島さんがこの連載を読んで本にしようと提案してくれた。単行本では連載原稿を取捨選択し、順序も入れ替えて完成させているが、この仕事もある日、寺島さんが「こうしたらどうだろう」と考えてくれたものだった。私は書き終わると自分の仕事は終わったような気になる人間なので、編集者には苦労をかけることが多い。

森についての連載の企画は信濃毎日新聞の文化部が提案してくれたものだった。連載の前に必要な取材があればするようにと、信濃毎日新聞がかなりの取材費も提供してくださった。三ヶ月ほどを使って、以前に訪ねたことのある森や山村などをみて歩いたのだけれど、この旅では全国の国有林を管理する林野庁の人々、当時の全林野労働組合の人たちが各地での案内や宿泊予約をしてくれるなど、ずいぶんお世話になったものである。長野県の森では、県林務部の方々が協力してくださった。それらがなければ三ヶ月で知床から屋久島までの森をみて歩くなどということはできなかった。

テーマにしていたのは、森はどのようなものとして存在しているのかである。森はどのような関係のなかに存在しているのか、と言い直してもよい。だからこの本もまたひとつの存在論である。

著作集版では、単行本化のときに収録しなかった連載原稿も収めた。

『森の旅』 1996年 日本経済評論社

『山里紀行』と同様の大日本山林会の機関誌、『山林』での連載原稿を収録した二冊目の本である。一冊目と同じように、森林や山村を自由に書き綴った連載からなっている。

『子どもたちの時間』 1996年 岩波書店 著作集収録

岩波書店の山田さんから連絡があって、教育に関するシリーズを出したいので一冊を書かないかという提案があった。教育は私には情熱のない分野である。そもそも小学生の頃から学校は嫌いだった。山田さんと話し合っていくうちに、子どもたちが生きる時間とは何か、という視点で書いてみようかということになった。
ひとつのヒントはフランス、ピレネーの山村で一緒に釣りをした子どもたちにあった。自分の仕事をもち、それゆえに自分たちの時間を誇りをもって楽しんでいる子どもたち。あの子どもたちは時間を創造しながら存在していた。それに対して、時間に管理されながら暮らすしかない現代の多くの子どもたち。この違いに何があるのか。なぜそうなったのか。私が書くとどうしても教育という概念そのものの批判になっていく。
著作集版にはその後に書いた幾本かの教育に関する論文も収録した。

『往復書簡　思想としての労働』　共著　1997年　農文協

労働とは何かを、竹内静子との往復書簡というかたちでつくった本である。現代社会は労働を経済的生産と結んだ行為に閉じ込めてしまった。しかし労働とは何かをつくりだしながら生きる人間たちの、もっと開放的な行為であったはずだ。そんな視点から労働概念の再検討を求めた書簡集である。

『貨幣の思想史』　1997年　新潮社　著作集収録

現代社会には、それが存在することで私たちがその世界に取り込まれてしまういくつかのものがある。たとえば現代的な時間もそのひとつで、現代的な時間世界が存在するために、私たちはこの時間世界に縛られ、取り込まれ、その外に出ることさえ困難になっていく。

貨幣も同じようなものである。貨幣が存在することによって、私たちは貨幣の世界に縛られ、取り込まれ、貨幣なしでは生きられない世界をつくりだしてしまう。現代的な時間世界も貨幣も、そこにはさまざまな矛盾があることを私たちは知っているのに、そのなかに取り込まれていくのである。

いったい貨幣とは何なのか。それはなぜ全能な悪魔のような地位を確立したのか。そのことを主として古典経済学を検討することによって解いてみようとしたのが本書だった。だからこの本は貨幣論を軸に考察した経済学史でもある。

著作集版では、カール・ポランニーとゲゼルについての二章を新たに加えることを検討している。無間地獄のような貨幣の世界から抜け出す道をみつけるには、社会における非市場経済の役割を正当に位置づけたポランニーと、劣化する貨幣を提案したゲゼルの考察が欠かせないからである。新潮社版の『貨幣の思想史』では、貨幣の呪縛が成立していく構造の解明が課題だったが、著作集版ではその出口へのヒントをポランニーとゲゼルから受け取ってみようかと思っている。他にお金に関する三篇も収録する。

『自由論』　1998年　岩波書店

信濃毎日新聞での四回目の長期連載を収録した本としてつくられた。連載でのテーマは自由とは何かであった。ヨーロッパがつくりだした思想は、キリスト教的な考え方が投影しているものが多い。自由もそのひとつで、もともとは神が人間に与えた権利であり、しかしその権利を手にするためには神に対する義務も果たさなければならないという、権利と義務が一セットとなったものであった。この発想が「神」が社会理論から遠ざけられた近代の思想においても踏襲される。人間の天賦の権利として自由が設定され、しかしそのためには社会の義務も果たさなければならないということになったのである。ところが社会の義務とは何かは結局国家が決めることになる。ゆえに近代形成期から、たとえばマックス・シュティルナーのように、近代的自由とは国家や社会が定めた自由を、それが自由だと承認することでしかないという人たちも生まれてくる。

自由とはいったい何なのか。その答えを出すために、日本の伝統的な自由概念を検討することで、近代的な自由をヨーロッパがつくりだしたローカル思想としてつかみなおそうとしたのがこの連載だった。自由よりも自在を大事にした日本の伝統的な発想が、この本では重要な意味をもつようになった。

『ローカルな思想を創る』 共著　1998年　農文協
『市場経済を組み替える』 共著　1999年　農文協

この二冊は「掛川哲学塾」の報告としてつくられた。

一九九〇年代の後半に入った頃ではなかったかと思う。その頃私は環境倫理学の鬼頭秀一、河川工学の大熊孝と「三人委員会」をつくることになった。鬼頭の環境倫理学は環境問題を地域の関係的世界のなかで考察するという性格をもっていた。大熊の河川工学は川を流域住民との関係のなかに取り戻そうとするものである。つまり私をふくめて関係論がそれぞれの研究の柱になっているという共通性がこの三人にはあった。しかも人々の現実の動きとともに研究を進めていこうとする姿勢も共通していた。そんなこともあって、三人で協力し合おうということになった。

そのひとつとして参加者が平等に議論する場をつくろうということになり、この計画に当時掛川市長をしていた榛村純一が賛同、協力してくれて生まれたのが「掛川哲学塾」だった。『ローカルな思想を創る』はその第一回「哲学塾」の報告であるが、思想は空間的な意味において普遍的なものではなく、ローカルなものであるという視点からこれからの思想のあり方を検討した。『市場経済を組み替える』はその二冊目の報告で、横暴さを増していく市場経済に私たちはどう向き合ったらよいのか、新しい経済社会の芽はどこにあるのかを考察した本になっている。

『里の在処』　2001年　新潮社　著作集収録

一九九〇年代の半ばに、私は上野村で引っ越しをした。それまでは鉱泉宿の居候のような感じだったのだけれど、ようやく売ってもよいという家がみつかり、私は喜んでそれを購入した。裏山もついていて、当初は畑は借りたのだが、後に家のすぐ前の畑を買ってほしいという話があって、家と畑と裏山のある暮らしが整っていった。

村で引っ越したという話をしたとき、新潮社の寺島さんがそれにまつわる話を『新潮45』

という雑誌に書かないかとすすめてくれて、同編集部の田中さんや矢代さん、若杉さんなどの協力で連載がはじまった。村とは何か、村の暮らしとは何か、そんなことを私は気儘に書いていった。

連載が終わってしばらくしたとき、寺島さんが本にしようと言って出来上がったのがこの本である。著作集版ではフランスの山村報告なども収録した。

『「里」という思想』 2005年 新潮社

二〇〇〇年から二〇〇一年の二年間、私は信濃毎日新聞で五回目になる長期連載をすすめていた。「哲学の予感—二〇世紀から二十一世紀へ」というタイトルで、近代思想が価値を喪失していく時代におけるこれからの思想のありかを探ろうとした連載だった。

連載が終わって二、三年がたった頃、新潮社の今泉さんから本にしないかという提案をいただいた。これまで新潮社で何冊もの本を出していただいた寺島さんが別の部署に移ったこともあって、今泉さんが声をかけてくれたのである。

私には悪い癖があって、原稿を書き終えるまでは結構真剣になるのだけれど、書き終わると自分の仕事は終わったような気分になってしまう。本にするプロセスに対しては、何となく淡泊になってしまうのである。作家によっては本のデザインや表題などを決める過程にも真剣に関与し、その後の販売にも力を注ぐ人がいるけれど、私はどうもそういうことに力が入らない。もちろん初版の売れ行きは多少は気にしている。もしも全然売れないということになると出版社としては赤字出版になってしまうから、担当してくださった編集者に対しても申し訳ない。ところが重版されてとりあえず採算はとれたようだということになると、その後は全く気にならなくなってしまう。

だから連載原稿になると、連載が終了した時点で自分の仕事は終わったような気分になってしまうのである。

そのことを見抜いていたのかしばらくすると今泉さんは、連載原稿を取捨選択し順序も編集し直して、本にする案をつくってくださった。この本の重要な概念である「ローカリズム」を日本語にすると「里」が一番近いのではないかと、『「里」という思想』という書名も提案してくださった。こうして生まれたのがこの本である。

「信濃毎日新聞」での連載も一年と八ヶ月が過ぎ、そろそろ終わらせ方、まとめ方を考えているときに、ニューヨークのワールドトレードセンターに航空機が突っ込むという出来事、いわゆる9・11が起きている。次の掲載原稿はすでに信濃毎日新聞社文化部に送ってあったのだけれど、当時担当してくれていた文化部の丸山さんと連絡を取り、私は急遽9・11に対応したものに原稿を差し替えた。印刷の時間が迫っていて、頭を整理しながら二、三時間で新しい原稿を書いた記憶がある。その後も丸山さんからの依頼もあって9・11に対応した原稿を書きつづけたために、連載も三ヶ月ほど延長されることになった。このことに関する私の課題は、テロを生みだしていく世界とは何かだった。

『「創造的である」ということ 上 農の営みから』 2006年 農文協
『「創造的である」ということ 下 地域の作法から』 2006年 農文協

この二冊は一九九四年から二〇〇四年にかけておこなった主として東北農家の勉強会での私の報告を収録した、いわば講演集として編集されている。このかたちは一九八九年に同じ農文協から刊行した『自然・労働・協同社会の理論』を受け継いでいる。

農民との勉強会はいつでも楽しい。それは彼らが自分で構築してきた世界をもっているからである。もちろんそれは自分だけで構築したものではなく、自然との関係のなかで、共同体や地域との関係のなかで、家族との関係、購入者との関係などのなかでつくりだしてきたものである。しかし、外在的な情報やシステムに振り回されるのではなく、さまざまな関係を自分のものにして働き、生きる世界をつくってきたという点では、それは自分で構築した世界なのである。

そういう世界をもっている人たちの勉強会なのだから、私も精一杯自分がみつけだしてきた世界を語りつづけた。それは私がみつけだしてきた共同体であったり、近代世界であったり、貨幣や時間の世界、ときには古典経済学の世界だったりもした。それが農という確かな世界をつくりながら生きている人々への私の報告だった。

『戦争という仕事』 2006年 信濃毎日新聞社 著作集収録
「哲学の構想力―仕事をめぐって」というタイトルで、二〇〇四年と五年の二年間「信濃毎日新聞」に連載した原稿を単行本化したのがこの本である。

　仕事とは何か、もしかすると私たちはこの問いに対して、仕事のことだけを考えすぎてきたのかもしれない。もともとは仕事は、自分たちの暮らす小世界のなかに埋め込まれるように展開していたはずだ。仕事は暮らしと結ばれていたばかりでなく、共同体の文化や歴史などとも結ばれながら、生きる世界の営みとして実現していた。ところが近代という個人の時代が現れると、仕事もまた個人の行為に狭められていった。そのとき何が変わったのか。そんな問題意識をもちながらつづけたのがこの連載だった。

　信濃毎日新聞での最初の長期連載（『自然と労働』として単行本化）が終わったとき、私はこの連載を信濃毎日新聞社の出版局で本にすることをむしろ望んでいた。出版という仕事はどこででもできる。東京である必要はないのである。実際地方でよい本を出している出版社はあるのだけれど、全国的な流通にのらないことが多く、いくつかの出版社を除けば、東京以外に本社を置くほとんどの出版社は地域的な出版社になってしまっている。このかたちを変えられないだろうか。さまざまな風土と結ばれた出版社が全国の読者に問題提起していく時代はつくれないだろうか。そんな思いが私にはあったから、信濃毎日新聞社の出版局からの刊行も考えていた。

　しかし信濃毎日の方々は辞退された。全国的な流通にのせられないのが理由だった。ところが今回の連載が終わったとき、文化部から出版局に異動していた齋藤さんが、信濃毎日から出版を検討したいと申し入れてきた。どこまで全国流通にのせられるか、挑戦してみたいというのである。私も同意し、この連載は信濃毎日新聞社からの刊行になった。幸いなことに重版された。書籍流通の世界でアマゾンなどが力をつけてきたことも背景にあったのかもしれない。

単行本化するとき、私は書名を『戦争という仕事』に改めた。戦争を人間の仕事のひとつとしてみたとき、それは徹底的に管理され、命令に従う仕事である。しかし同時にこの仕事をとおして「出世」していく個人たちがいる。このかたちに現代的労働のひとつの典型を私は感じていた。

著作集版では、関係する原稿も収録した。

『日本人はなぜキツネにだまされなくなったのか』 ２００７年　講談社現代新書

講談社の川治さんから出版の提案があったとき、私が選んだのがこのテーマだった。頭のなかにはずいぶん前からあった企画で、一九六五年を境にして、日本の社会からキツネにだまされたという話がなくなっていく。私が各地で話を聞いたかぎりではそうだった。とすると、なぜこの変化が発生したのか。この問いをとおして、人間の認識能力やコミュニケーション能力が戦後の変化のなかでどのように変わったのかをみながら、キツネにだまされた過去が本当にあったのかという問い自体のなかに、歴史と人間の関係を探るヒントがあることをみつけようとしたのがこの本である。だから私は「歴史哲学・序説」と位置づけていた。

『怯えの時代』　２００９年　新潮選書

いま私たちはどんな時代を生きているのかを書いてほしいという今泉さんからの提案を受けて、短期間で書き下ろした本である。私は基本的に書き下ろしが好きだ。ひとつのテーマでの長期連載も書き下ろしに近いが、純粋な書き下ろしだと文章の自由度が増してくる。どうでもいいようなことをだらだら書きながら、だんだんそのことに意味を付与していく書き方とか、文章のリズム感を途中で変更して、その変化で書きたいことを雰囲気で伝えるというようなことができるのは、やはり純粋な書き下ろしなのである。だから少し無理な提案があっても、書き下ろしだと引き受けてしまうところがある。この本は新潮社がもっている新潮クラブという、いわば缶詰旅館に泊まりながら超短期間で書いた。

現代社会の奥に潜む怯えとは何か。人間にとっては存在の怯え。このテーマはこれからも追いつづけなければならないだろう。

『清浄なる精神』　２００９年　信濃毎日新聞社

二〇〇七年と八年の二年間、私は信濃毎日新聞で七回目になる長期連載をすすめた。連載時の表題は「風土と哲学―日本民衆思想の基底へ」であった。信濃毎日新聞には本当にお世話になった。二年間程度の連載を七回となると、十四年間も毎週文化欄に大きな紙面を提供していただいたことになる。

ずいぶん前に、当時、信濃毎日新聞社編集局長をされていた瀬木さんから「いつでもいいから死についての連載を考えてくれないか」という提案をもらったことがあった。ところがその頃の私には全く無理な話だった。上下二回程度の原稿なら何とか書いたかもしれないが、このテーマで長期連載する構想は立てられなかった。私自身、近代とは死を遠くに追いやって生の狂乱にあけくれた時代だったなどと言いながらも、死と真剣には向き合ってこなかったことを、構想が立てられないというかたちで知った。

それ以来頭の片隅に、「死」というテーマがあった。

もしかすると書けるかもしれないという気持ちになったのは、「死」は普遍のものとして語るべきではないことに気づいたからである。たとえば医学における死は普遍のかたちで語られる。心臓死とか脳死とかの判定としてしか、医学における死はあり得ないからである。仮に心臓死が死だとすれば、どこの社会においても心臓死が死だ。

ところが、人間にとって死はどのようなものとして存在しているのか、という問いに対する答えは、普遍ではあり得ないのである。たとえばキリスト教徒にとって死はどのようなものとして存在しているのか。その答えと、チベット仏教の下で生きている人々にとっての死についての答えは、同じものであるはずはない。ひとつの答えとしては、死は信仰とともに存在する。

しかしそう述べただけではあまりにも皮相的なのである。なぜなら近代以降の信仰は個人の信仰として変形したが、伝統社会における信仰は共同体の信仰として成立していたからである。伝統社会においては、生も死も共同体に包まれて存在していたのであり、近代になると死は個人の死以外ではなくなった。とすると、死の問題を探るにはさまざまな風土とともに形成された共同体と死の関係を探らなければならず、同時に個人の時代の死をみなければならないのである。

そんなことに気がついてくると、死の問題をも含めて、日本の民衆思想を共同体の思想として探求したくなった。とともに、国家とともにあった思想を日本の思想だと語る傾向に対しても抵抗したくなった。支配者たちとともにあった思想を安易に日本の思想の全体であるかのごとく語るのは誤りで、一方にはそのような思想があったとしても、他方には民衆のつくった共同体とともに展開した思想が、たえず国家の思想とは非和解的なかたちで展開していたのが、日本の思想ではなかったのか。

そんなことを考えながら書いたのがこの連載だった。

『共同体の基礎理論』 2010年 農文協 著作集収録

農文協の阿部さんから「地域の再生」というシリーズを計画しているので、その第二巻を書いてほしいという依頼があった。全体の企画書に私の巻の仮の題として「共同体の基礎理論」と書かれていた。

「共同体の基礎理論」は、かつて共同体について勉強するなら必ず読むべき本と思われていた大塚久雄の『共同体の基礎理論』と同じ書名である。私もこの本が、共同体の研究書としてはじめに読んだ本だった。古く封建的で自由もなく、人間が自然に緊縛されている社会としての共同体をいかに解体していくべきかという視点で書かれた本である。

「仮題」となっていたが、私はこの書名で書いてみようかという気になった。大塚のは戦後数年がたった頃に書かれた本である。それから半世紀余りがたち、いま同じテーマで書いたらどうなるのか。いまでは多くの人たちが共同体に未来への関心を向けている時代である。それだけではなく、共同体を考察するときの方法論も大塚の方法とは異なってよい。大塚の時代は日本の近代化が課題だった。だから歴史の発展という視点から方法も組み立てられる。しかしその時代が終わってくると、ひとつの社会を分析する方法も歴史の発展という視点になじまない、たとえば人間たちが生きる世界とは何かとか、この生きる世界にとって文化やコミュニティの精神などがどのような役割をもつのか、というような方法も必要になる。50年余りの時間の経過は共同体に対する評価を変えただけではなく、それを考察するときの方法をも変化させたのである。

それらのことを明確にするには、あえて阿部さんからの提案にのって、『共同体の基礎理論』という書名で書いてみるのもよいかもしれないと私は思った。

もうひとつ、次のようなこともある。私が十代の頃に眺めた程度の本ではあったが、和歌森太郎の修験道の研究があった。もうひとつ戦前から若い人たちに人気のあった本に唯円が書いた『歎異抄』があった。こちらは唯円が、親鸞かく語りきというかたちで書いた本である。ついでに述べてしまえば私の祖父、叔父は曹洞宗の僧侶で、父が長男であったためにどうやら父が僧侶となって跡を継ぐ予定であったらしい。ところが父は大学時代に演劇活動に加わり、その後東宝の設立に加わって映画のプロデューサーになった。それで叔父が跡を継いだのだけれど、父は家で仏教に関する話をすることはなく、私自身は仏教的雰囲気の全くない家で育った。祖父は名古屋の郊外の寺の住職をしていたが、永平寺名古屋別院の理事長とか、総本山永平寺の理事長代理などもしていたらしい。そういう話が家ではおこなわれていないので、すべて「らしい」と語るしかないのである。しかしそれでも法事のときなどには集まった親戚などから祖父の時代の寺のあり方などを聞くことはあった。それはまだ寺の周辺が農村だった時代の話で、寺が共同体のひとつの場としての役割を果たしていた時代の話である。寺は単なる信仰の場ではなく、共同体の人々が集まる場であり、共同体の人々が寺を支え、寺が共同体の人々を支えるという相互関係のなかで寺の世界も展開していた。このかたちを叔父も受け継ぐのだが、叔父の代になると周辺が都市化していく。それでも戦争孤児になった子どもたちがたくさん寺では暮らしていたし、寺と檀家の結びつきを維持するためのいろいろな工夫もしていた。

私の祖先は代々僧侶だったわけではなく、祖父が僧侶になったのである。なぜ僧侶になろうとしたのかは、私は知らない。私が小学校に上がる前に祖父は亡くなっている。座禅を組んで亡くなった。ところが私の祖先はもともとは三重県の桑名に住んでいて、浄土真宗の門徒だったはずなのである。あのあたりは真宗高田派が強いところだから、多分信長との闘いの流れを背負って、江戸時代には暮らしていたはずである。私自身も、祖先はかなり信仰熱心な浄土真宗の檀家門徒であったと聞いている。とするとなぜ他力思想から自力思想に移ったのか。この理由も私は知らない。

そんなこともあって、日本の民衆仏教の歴史は、私には少し気になることではあった。しかし一九六〇年も七〇年代もそれらは私の研究課題には入ってこなかったために、そのまま放置されていた。ところが一九八〇年代に入ると『山里の釣りから』を書いた頃から、日本列島という風土のなかで普通に生きた人々の力が視野に入るようになった。その人たちの生きる世界のなかに土着化した信仰、土着化した仏教があった。ローカルな信仰が人々の生きる世界と密接に結びついていたのである。

一九八〇年代に入ると、私は少しずつ仏教関係の本などを読むようになった。親鸞関係でもかつてのように『歎異抄』で終わらせるのではなく、『教行信証』や『和讃』、「手紙類」なども読むようになったし、仏教史に関する本も少しは手に取るようになった。ところがそうしてみると、仏教史のとらえ方に対する不満が出てきた。それらの多くは教義、教団史なのである。つまり民衆仏教史ではない、ということである。なぜ民衆が仏教を受容していったのかがよくわからない。教団仏教ではなく、民衆にとっての仏教とは何だったのか。そういう問題意識を持つと、仏教と言うより、神仏習合のかたちで展開していったローカル信仰の方に視線が向かう。

それが修験道への関心を高めさせた。修験道は教団ではない。根底に自然信仰があり、それと密教系の仏教、道教的なものが結びつきながら日本独特のものとしてつくられた。

明治になって修験道禁止令が出され明治政府によってたたきつぶされることになるが、それまでは各地の山を霊場として広く展開していた。上野村にも地元の信仰の山がある。

そんな関心をもちはじめていたとき、田中利典さんという方から連絡をいただいた。『戦争という仕事』を読んだのだけれど、機会があったら会いたいという話である。ちょっと表現は汚いが、私にとっては鴨が葱をしょって現れたような話である。田中さんは奈良、吉野の金峯山寺を本山とする修験本宗の宗務総長、執行長（しつぎょうちょう）を兼務している方で、役行者によって開かれた大峯修験の軸に金峯山寺はある。こうして田中さんから直接修験道について教えていただくことができるようになった。

そんなことがあった少し後に、私は京都仏教会から講演を依頼され話をしたことがあった。講演が終わったとき一人の僧侶が私の席にこられて、「いまの話、どことなく修験のにおいがする」と言われた。私のその日のテーマは戦争についてだったから、仏教的な話も修験道的な話も全くしていない。その僧侶が宮城泰年さんだった。宮城さんは京都の聖護院を本山とする天台系修験道、本山修験宗の門主を務められていて、ここは日本最大の修験組織だと言ってもよい。こうして宮城さんからも直接教えていただくことができるようになった。その後山形県、出羽三山の修験者としてよく知られた星野文紘さんとも親しくなり、羽黒修験道のことも教えていただけるようになった。教義を教える信仰ではなく、修行がすべてといってもよい信仰、基本的には文献をもたない信仰が修験道だから、これらの人々と出会えたことは、この上なく幸いであった。

そういうことがなければ、『清浄なる精神』も『共同体の基礎理論』も生まれてはこなかっただろう。
著作集版では共同体と経済の関係についての補論を新たに書き加え、「市民社会と共同体」などの論文を収録した。

『自然の奥の神々』 共著　2010年　宝島社

私の友人に写真家の秋月岩魚さんがいる。その秋月さんから写真集を出すので文章を書いてくれないかという依頼があった。私は二、三ページのものを書けばいいのだろうと思って気軽に引き受けたのだけれど、企画ができてきてみると、私が本の半分を文章で埋める企画になっている。それでなかなか書けずに難航してしまった。写真の解説のようなものを書いても仕方ないし、その能力があるわけでもない。ずいぶん待ってもらって自然のなかに人々は何をみてきたのかを書き、秋月さんとの共著が出来上がった。

『文明の災禍』 2011年　新潮選書

二〇一一年三月一一日、地震、津波、そして原発事故が起きた。私たちはいろいろなことを考えなければならなくなった。私たちは何を間違ったのか。何を錯覚していたのか。これから何を改めていけばよいのか。
新潮社の今泉さんから連絡があり、すぐに何かを書かないかという提案があった。私は引き受けた。現実が何かを提起しているときには、私たちはその提起に対して語らなければいけないのである。私たちには、ときに、逃げてはいけない局面が訪れる。そのときには語れるかぎりの意思を語らなければいけない。その瞬間に語ろうとすれば、資料不足などで間違うこともあるだろう。しかしそれよりも、語らないことの方が恥なのである。

急いで書くにはその方がいいだろうということで、今泉さんは新潮クラブを手配され、ここに寝泊まりしながら超短期間で書いたのがこの本だった。私が仮の題としてつけていたのは「自然の災禍・文明の災禍」だったが、今もなお私たちは3・11以降を生きている。

『内山節のローカリズム原論』 2012年　農文協

この本は立教大学大学院での私の講義録である。私は哲学を領域とする作家意識の強い人間だから、よく大学が勤まるものだという人もいるが、熱心に誘われてそういうことになった。前期三本、後期三本の授業と修士課程のゼミ、博士課程のゼミを担当している。その授業のひとつをOBの学生さんたちが録音、テープ起こしをし、さらに編集や脚注までつけてくれて出来上がったのがこの本である。もちろん私も加筆したり、終わりの方の章は黒板を使いながら授業をしていたために、録音されている話だけでは何が何だかわからないので、新しく書き直したりというかたちで加わった。授業の正式の名称は「コミュニティデザイン学」で副題が「ローカリズム原論」だったのだけれど、書名は副題の方を使っている。私にとっては社会デザイン学自体がローカリズム論なのである。

『新・幸福論』　2013年　新潮選書

この本も今泉さんの提案によって書いたものである。私の頭の中にはつねにいくつかのテーマがある。ところがそれを企画化して私の側から編集者に提案するのは得意ではなく、これまで書いてきたほとんどのものは編集者側から提案された本である。そうしようと思っているわけでもないのだが、どうやら私は怠け者らしい。

いま私たちはどんな時代を生きているのか。そのことをアベノミクスの帰趨なども絡めながら書くことはできないか、それが今泉さんの提案だった。私もこれまでの政策を延長していたのでは、私たちの社会は破綻の道を歩むと考えている。とすると、どこにこれからの希望はあるのか。このことはこれからも、いろいろなかたちで語っていかなければならないだろう。あるいは新しいものの創造をつづけていかなければならないだろう。この語ることや創造を積み重ねていかないと、これからの方向性は、くっきりとは見えていかない。

哲学や思想が未来をつくるのではない。多くの人々が語り、創造することが共鳴し合って、未来はつくられていくのである。その一員でありたいと私も思っている。

終わりに代えて

はじめて「自著を語る」というテーマで文章を書いてみた。書いてみると、ずいぶん多くの人々にお世話になったものである。共著書で取り上げたのは一部のみだから共著書もすべて取り上げれば、もっと多くの人たちのお世話になっていたことになる。全林協から刊行された『十三戸のムラ輝く』も共著書のひとつであり、この本は山形県金山町の杉沢集落の話である。栗田和則さんが中心になってまとめた本で、栗田さんの家で夏になると「夏のセミナー」を開催してきた。家の前に田畑があり、両側に山が迫っている山間の家である。川や水路の水が流れ、自然の風や音が伝わってくる。この点では上野村も同じで、このような環境にも支えられて、私は考えてきた。自分を包んでくれている自然に、感謝している。

第二章

ロングインタビュー

よりよく生きるために

――いくつかのキーワードを軸に
内山哲学の真髄に迫ってみよう

よりよく生きるために

――いくつかのキーワードを軸に
内山哲学の真髄に迫ってみよう

インタビュアー
歌野 敬（うたの けい）

対談　2014年1月13日
場所　立教大学マキムホール
　　　内山研究室

●プロフィール
1951年、熊本生まれ。73年、大学在学中に仲間と広告・出版会社を創業。77年、奈良で家庭菜園に手を染め、高じて82年、高野山中腹で半自給生活を開始。86年、会社を辞職し、翌87年、長崎県五島列島に家族で移住。「衣・食・住からエネルギーまで可能な限りの自給」を目指す。94年、「田舎暮らしネットワーク」を立ち上げ、『田舎暮らし大募集』刊行。著書：『ぼくらは中年開拓団』『風車よまわれ』（連合出版）、『田舎暮らしの論理』（葦書房）など。

長崎県の離島・新上五島町で自給自足的な暮らしをしながら思索を深めている歌野さん。

さんに招かれて、九州の
者の集まりでも講師を務
いる内山さん。

プロローグ：子どものころの「記憶」

■子ども心に三池闘争に関心を持つ

――今日は内山さん独特のキーワードをいくつか取り上げ、これを手がかりに内山哲学の真髄に迫ってみたいと思います。

内山さんは生い立ちとか家族とか、プライベートな部分はあまりお書きになっていないように思いますが、それでもいくつかは触れていらっしゃる。例えば子ども時代のことで、中学のころにマルクス[注1]や毛沢東[注2]、果てはグラムシ[注3]まで読んでいたとお書きになっています。これには正直びっくりしました。また小学校時代から川釣りに熱中し、ひとり電車に乗って川釣りに出かけるというようなことが書かれていたと記憶しますが、そんなエピソードから想像すると、内山さんは早熟というか、いつも遠くを見つめて超然としているような少年時代のイメージが浮かんできます。

内山　まず釣りのほうは、たまたま映像独立プロの経営をしていた父の部下で釣りマニアの人がいまして、その人が毎週僕を釣りに連れて行ってくれる、というところから始まっているんです、4～5歳のころから。この師匠に教えられて小中時代を通じて釣りにはよく行きました。当時はそんなに山奥の上流域に行かなくても、ウグイ＝ハヤやオイカワ＝ヤマベが釣れましたから。

もう一つの読書のほうですが、マルクスや毛沢東は確かに読みました。ただ読んだだけですよ（笑）、何も残らなかった。読むきっかけになったのは三池闘争[注4]なんです。小学4年のころかな、60年安保[注5]で東京は騒然としていたんだけど、僕はむしろその前からやっていた三池闘争のほうに感じるところが多かった。といっても闘争の背景や内実を知っていて関心を持ったというより、もっと素朴な理由です。

小学校の高学年になると、将来何になるか、といったことを考え始めるころですが、自分がやりたくない、選択肢にない仕事があるわけですね。自衛官とかね(笑)、あるいは警察官とか。で、その中に炭鉱夫というのもあった。なぜかといえば当時炭鉱はしょっちゅう落盤事故を起こして死者が出ていた。危険な仕事の代表だった。

ところがテレビで実況中継を見ていると――当時はテレビの製作能力が低いから実況中継ばかりやっていたんですが――、三池炭鉱の炭住(炭鉱住宅)の人々が生き生きとしている。右翼が来て刺されたり、警察とやりあったりしている状況の中で、何だか生き生きしていた。僕が住む地域の雰囲気と違って。

自分が住んでいた東京の世田谷は、農村的雰囲気が若干残っていたけれど、9割がた新興住宅地でした。僕の両親世代はまだ大卒が少ない世代です。でもうちの周りは大卒だらけ。父親はもちろん、母親も大卒というのが少しはいた。だから仕事先もそれなりの会社であり、それなりのポジションにある人たちです。で、この高学歴地域で語られる事柄が実につまらない。誰それの子がどこへ受かったとか、誰の父さんが部長になったとかのたぐいの噂話ばっかりで、自分にとってはどうでもいいことでしかない。活力も魅力も感じられなかった。これに対して炭鉱の人たちは表情豊かに自分の意見を述べている、生き生きと生きているように見えるんです。これは何だろう、その理由を知らなければならない、と思っていました。

　中学になると、その背景にどうやら社会主義思想があるということが分かってきた。そこで『共産党宣言』はじめマルクスやレーニン[注6]の本を読んでみた。理解したとはとうてい自分でも思いませんが、ただ当時その社会主義を実現しているといわれていたソ連[注7]――フルシチョフ[注8]時代のソ連ですね――、ニュースなどでソ連の実情を見る限り、社会主義とはとても思えない。で、当時は中ソ論争の時代でもあったわけで、もう一つの社会主義国として中国がある。そこで毛沢東を読むんです。でもこれも面白くない。あるいは当時左翼思想として構造改革派が注目を浴びていたので、その代表的論客たるイタリア共産党のグラムシが入り口にある……。

――うーん、やっぱり非常に特殊な関心の持ち方というか、読書傾向ですね。そんな話を例えば友達なんかとやってた？

内山　まあそれはないですね。

――とすればやはり特別な存在だったと自覚していた……。

内山　関心を持ったことには自分でどんどん入り込むのは特別ではないと思います。例えばピアノを習っている子どもは学校の音楽の授業とは無関係にその世界に入り込んでいく。それと同じで、僕も社会主義関係の本だけでなく、物理や化学にも興味があったので、たぶん中学時代に高校レベルのことはやっていたと思う。むしろそうした関心の追求の仕方が自然ではないでしょうか。

■高度成長期あるいは近代への違和感

――早熟な内山さんのイメージと関連して、子ども時代に住んでおられた武蔵野の自然の風景、あるいは川釣りの場が開発によって失われていくことに対する悲しみや違和感を語っておられたと思います。小さいときから内山さんはこの社会、あるいは近代というものに対して根源的な違和感があったのではないかと思ったのですが。

内山　近代的なものというより、高度成長期への違和感ですね。東京オリンピックをはさんで小中高時代は高度成長の真っただ中。収入は増え、雇用でいえば完全雇用になって、就職口はいくらでもある時代だったわけですが、にもかかわらず何となく人間の生き方が型にはまっていく時代でもあった。大学進学率も急上昇し、東京では60年代終わりには大学進学が普通になった。そんな中で、大学を卒業し、就職して、結婚して、マイホームを持ってという型が出来上がっていく。このコースがある種の安定を与えるのは確かだけれど、逆にいえば、そこからはみ出すことを許さない強い管理社会でもあった。でも他方では管理されたレールに乗りたくないという人たちがある程度は登場してくる。何ゆえにこうした構造が生まれるかという問題意識が、近代以降を見直す作業になっていったのは事実です。

――型にはまった生き方あるいは管理社会の息苦しさに対し、当時からご自身の問題としても自覚されていたのでしょうか。

内山　いくつかの記憶があります。小学5～6年のころ、ホームルームで「将来何になる?」と聞かれて、さっきはやりたくない仕事を挙げましたが、僕がやりたいと思っていたのは一つは物理学。でももう一つ農業をやってみたいという気持ちがあったんです。

――へぇー!

内山　で、「農家でないので、農学部に行って農業やりたい」と答えた。農学部に入ったからといって農業できるわけないんだけど（笑）、そうしたら担任の先生が家にやってきて、「内山君が農業やりたいといっています。やめるよう説得してくれませんか」（笑）。僕は成績は悪くなかったからだと思います。つまり当時農業というのは出来の悪いやつがやるもんだと見なされていたと思う。

――確かに。でもわざわざ説得に来るというのも異常ですね。内山さんにとって農業のイメージはどんなものだったんですか。

内山　別に大したことは考えてないです。でもそのころ、家の庭で大根などを遊びで作っていたんです。

――遊びで、ということは親とは無関係に?

内山　ええ。小さな家庭菜園くらいだけど、できたら食卓に並んでいました（笑）。世田谷村にはわずかとはいえ農家もあり、その人たちも何だか幸せそうに見えて、あれもいいかな、と。

もう一つ、社会への違和感という意味では東京オリンピックが大きい。身近な風景がまたたく間に変貌していきましたから。例えばオリンピックの主会場として代々木公園や駒沢公園などにメーンスタジアムや各種施設をつくりましたが、それらを結ぶために青山通りや玉川通りなど方々の道路を大拡張した。そのプロセスが無茶苦茶。うちのすぐ近くでも、道路拡張で用地買収を拒否した人がいたんです。でも両隣は売っているから道路になり、その一軒が中州のように取り残された。それでも拒否していたら、今度は暴力的な嫌がらせが続いて追い出されてしまったんです。東京オリンピックは日本発展の輝ける一ページみたいに評価されているけれど、これは東京に住んでいなかった人が言っているのだと思う。ときの建設大臣は河野一郎で、彼が先頭に立ってなりふり構わず強行したのがオリンピックです。「本当にこういうことをしていいのか」と子ども心にも強く思った。ですから次の20年オリンピックでも、とても喜ぶ気持ちにならない、また変なことしないでくれよ、という気分が強い（笑）。

キーワード1：「稼ぎと仕事」の労働論

■営みとしての「労働」

――本題に入りたいと思います。内山さんの主要な思索テーマの一つに労働論があります。処女作といえる『労働過程論ノート[注9]』からの一貫したテーマですが、従来の概念を超えた多面的な労働観を展開されるのは上野村体験以降ですね。「稼ぎ」と「仕事」を村の人が使い分けていることに気づいてからでしょうか。

内山　そうですね。実は最初はその使い分けが分からなかった。村人が「仕事に行ってくる」「稼ぎに行ってくる」と言うんだけど、同じことだと思っていた。ところがあるとき村の知人が「仕事に行ってくる」と言って出て行ったんです。何をしに？　と思っていたら、寄り合いだったんですね。で、帰ってきたら「一仕事やってきた」という。何物も生産しているわけではないのに――まあ、集落の方針か何かは決めてきたんだろうけど、これを「仕事」という。あるときは体を悪くして寝込んでいる近所の人の（いまで言えばボランティアですが）お世話してきたのを、「ちょっと仕事に行ってきた」という。これも生産という意味では何かを作っているわけではない。

ところが片方で「稼ぎ」という言葉を使うときは妙にお金の話が出てくる。この違いは何だろうかと気になって、その後細かく聞いていくとだんだん分かってきた。村人が「仕事」という場合、村で暮らしていく以上必ず必要な労働を指します。ですから農作業はもちろん、山の手入れも、道の草刈りや神社の掃除など地域の共同作業も、もちろん家庭内労働も、つまり暮らしや地域を維持していく労働はすべて「仕事」なんです。

これに対し「稼ぎ」は、行わずに済むのなら本当はやりたくない、しかし収入のためにはせざるを得ない労働を指している。ですから同じ山の枝打ち作業でも、自分の持ち山の作業は「仕事」であり、森林組合などに雇われての枝打ちは「稼ぎ」になります。

――その違いについて内山さんは、「仕事」を広義の労働、「稼ぎ」を狭義の労働と位置づけられています。私も自給的暮らしをやっている中で、仕事とか労働とかでは説明しきれない多様なあるいは豊富な内実を実感してきました。言葉でいえば「営み」としか言いようがないような……。

内山　本来からいうと、人は生きていく過程の中で絶えず何かを作り出している存在です。例えばご飯を準備すること一つをとっても、食事を作ることで体を維持すること以上に家族的関係を日々再生産しているし、農作業で食材を作りつつ自然との関係をも作り、隣人・知人との関係を作り……というように何をやっても何かを作っている。その世界を広義の労働と呼んでいるわけですが、いわば原初的な労働の世界と言っていい。それは生きている営みそのものです。

少しさかのぼって言えば、僕は『労働過程論ノート』で、マルクス『資本論』[注10]の論理構造を再構築するために、資本主義的生産過程において、労働が単なる「労働力商品」としてだけでなく具体的労働としてどのように組み込まれているか、丹念な分析を試みたのですが、そのときにイメージしていた労働というのは（『資本論』がそうであったように）工業労働のそれだった。で、書き終わったとき、工業労働だけ見ていたのでは不十分で、農林業や三次産業（サービス業など）の労働も見ていく必要があると思っていた。それらを

上野村に住んだからこそ「稼ぎ」と「仕事」の違いを発見したという内山氏。

繰り込んで、「ノート」ではなく『完成版：労働過程論』をいつか書こうと考えていました。『労働過程論ノート』は僕が22～25歳くらいでまとめたものですが、実はすでにそのとき上野村と出会っていました。といっても別に調査研究の対象としてではなく、単に源流釣りの適地であっただけ。それに里山の風景に懐かしいものを感じ、気に入って通いつめていたんです。そうするうちに村の人と付き合いが深まっていって、『労働過程論ノート』を書き終えたころから、誘われて畑を作るようになりました。これを機に一気にコミュニケーションの幅が広がっていく。それまでは「よく来たね」とか「釣れるか」程度の会話から、「(畑の)出来はどうか」、僕が「ちょっと……」などと言おうものならすぐ見に来てくれて「こうすりゃいい」というように密度がぐんと濃くなる。

このプロセスの中で、労働を労働だけで見ていくことに狭さを感じてきた。農業とか林業とか「業」として労働を見るのではなく、村という地域社会の中で労働がどうなっているかという、『労働過程論ノート』にはまったくなかった視野が生まれてきたんです。つまり一次産業・三次産業を網羅すれば「ノート」が「完成版」になるわけではない。我々の生きる空間の中に労働がどういう役割を果たしながら展開していくのか、その全体を見なければいけない、と。『労働過程論ノート』で見ていた労働はその中の一部分にすぎなかったんですね。その一部でしかない生産的労働が特殊な地位を与えられて、しかもそれが資本主義の構造の中で商品生産として大きな力を持つようになり、そこに皆が支配されていく。そんな構造が上野村にいて見えてきました。ここから上野村が私の本拠地になっていきます。村は私にとって「学びの宝庫」だったし、いまもそうです。

■関係の中の労働

――上野村の豊富な労働＝営みの世界、これに対して特殊な稼ぎの世界の貧しさ、という対比になると思いますが、その視点からいまの社会の労働を見ると「稼ぎ」に完全に特化した感じですね。稼ぎの世界が支配しているこの不幸な時代にあって、広義の労働の視点は原理的な批判になっている。一方、内山さんは「関係の中の労働」という側面から現代の労働を批判的に分析されていますね。

内山　例えばかつての職人の世界が典型ですが、職人と地域とは一体となってつながっていました。家を直すとき、畳替えするとき、地域の大工や畳屋に頼むのが当たり前。僕の小さい時分まではまだその世界が残っていました。畳替えなんか畳屋さんのほうが前回いつごろ替えたか覚えていて、「そろそろ替えますか」という感じでやって来る。で、そのときに財政事情がよくなくて「もにょもにょ…」としていると察して帰っていくし、「お正月前までによろしく」となったりする。あるいは台風が来た次の日には必ず瓦屋さんが見回ってきて、被害が出ていれば、勝手に梯子を出して、（昔は補修用の瓦が縁の下に置いてあるのが普通だったから）それで直し、「奥さん、調べたら2～3枚傷んでいたんで替えといたよ」「お礼はどうしよう」「いや結構です。お宅のを使ったんで……」と帰っていく。お礼は年末にまとめて、というのが普通でしたね。その際にもお金でなく、当時はあっても困らないもの、例えば反物なんかを持っていくのが多かった。特別な訪問着なんかは高いし好みも出るけど、浴衣地あたりですね。まだ着物が日常着だった時代ですし、女の人は普段着くらい自分で作れていましたから。

こうした「つながりの中に個別の労働がある」在り方は、僕が高校のころまでは残っていた東京の下町でも、もうすっかりなくなってしまった。でも上野村のように地域の中で人と人、人と自然が豊富な関係を結んでいるところでは、そのつながり的世界を土台として労働がある。広義の労働、営みとしての労働はこの「関係の中の労働」と言い換えてもいいと思います。

少し論点は違うけど、冒頭で言った三池炭鉱の人たちが生き生き見えていたのも、後で調べてみたら労働の在り方に深くかかわっていました。というのは日本の炭鉱はトンネルを掘って鉱脈に沿いながら掘り進めるため、落盤事故が起きやすい。なので少数のグループによる完全な協業労働として成立していた。だからこそ団結力が強い。

同じことは鉄鋼の現場でもそうでした。戦前から戦後しばらくまで、製鉄所は職人労働の世界。溶鉱炉の温度を色で見る――2500℃の温度域で10℃くらいの差を識別できる――熟練度だった。この技能を継承していくために、現場は親方から見習まで含むグループの協業労働です。だからこの時代の鉄鋼労連は強かった。しかし戦後50年代終わりころに新型製鉄所に転換していき、現場仕事が計器管理だけの世界になっていくにつれ結束力は一挙に弱体化し、60年代には鉄鋼労連は右派の労働組合になっていく。労働が完全に個別化されてしまうんですね。

　ここでも労働における関係性の部分が非常に大きい意味を持ってくることが分かると思います。


――稼ぎの世界に支配され、かつ人や自然とのつながりを欠いたいまの社会の労働は本当に貧しい世界だと思います。その意味では例えば学生が、そうした貧しい世界でありながら「就活」にいそしまなければならない現状を見ると、不幸な時代だなと思ってしまいます。


内山　でもいまの若い人はその貧しい労働の実態を知っていますよ。つまり就活に希望を持ってはいない。つまり就活しないともっと悲惨なことになるから仕方なくやっている面が強い。自分のころは大企業に入ると恥ずかしいくらい天下取った気分になる学生がいたけど、いまはほっとすることはあっても、でもこれで自分の人生が万々歳と思っているかというとそうではない。とりあえず腰掛けるところを確保したという認識でしょう。加えて言えば正社員として入社したからといって、身分が終身保障されるわけではない。

　こうした就職観の変化を裏付けるのが、ＮＰＯやソーシャルビジネス（ＳＢ）の仕事への関心の高まりだと思います。ＮＰＯもＳＢも組織としては脆弱で不安定だけど、でも自分の価値基準で仕事ができる魅力を感じている。そしてそうした人たちが独自のネットワークを作り始めていて、そのネットワークがある種のセーフティネットとして機能している。

　上野村では老人家庭なら国民年金で十分暮らしていけます。都会ではとても無理ですけどね。それは村における関係の厚み、人と人、人と自然、共同体の関係が歴史的に蓄積されているから不安がない、あるいは少ない。都会のように人が孤独な存在になってしまうと、お金しか頼りになるものがなくなる。これと同じで、ネットワークを広げて関係を蓄積していくと、例えばあるNPOが苦しくなって雇用を維持できなくなっても、どこか他のNPOが拾ってくれるんですね。というのも、NPOにしろSBにしろ、少人数で運営しているから、一人で何でもこなさなければならない。総務から経理から対外折衝、企画書作りなど必然的に多能型になり、優秀な人材に育っているんですよ。

――若い人の労働観の変化には希望が持てるものがありますが、でも他方で、派遣労働や非正規社員など「稼ぎ」の世界の深刻さが増している面があります。

内山　不当としか言いようがない事態ですね。8時間雇って働かせるのであれば、ちゃんと雇用の枠組みは守れと言い続けなければならない。でもね、他方で「人間の労働とはそもそも何だったのか」「どんな労働が人間を幸せにしていくか、社会を良くしていくか」をも問わなければならない。ちゃんと雇えよ、でもちゃんと雇ってもそれで十分とは言えないよと、このある意味では矛盾したことを言わなければならないと思います。

キーワード2：遠逃現象から「関係」概念を解く

■人間の実体を個体性に求めない

――つながり、関係という言葉が頻繁に出てきていますが、内山哲学にとって「関係」という概念は非常に重要なキーワードですね。著書でいえば『自然と人間の哲学』[注11]のあたりからキー概念として提出されてきたように思います。二つ目のキーワードとしてこの「関係」概念を掘り下げていきたいのですが、とはいえ内山さんはこの概念をきわめて多義的に用いられているので、一筋縄ではいかない（笑）。そこで、近著の『新・幸福論[注12]「近現代」の次に来るもの』で現代社会を読み解く用語として「遠逃現象」という言葉を造語されています。この遠逃現象というやや難解な用語を介して関係概念を語っていただきたいと思います。

内山　「遠逃」というのは文字通り「遠くに逃げていく」の意味ですが、簡単に言えば、人それぞれが確かな関係の中で生きてきたと思っていたのに、気が付いてみたら遠くに去っていた。例えば企業と人間が確かにつながっていると思っていたら、雇用の崩壊を挙げるまでもなく去ってしまっている。高度成長期の豊かさもとっくの昔に逃げていた、というような含意です。

この遠逃から「関係」概念を語るということになると、少しさかのぼって説明しなければならない。

初期マルクスの代表作に『経済学・哲学草稿[注13]』があります。有名な「疎外論[注14]」が展開されている書で、資本主義が人間を疎外していく構造を解き明かしています。人間と人間、人間と労働、人間と自然、それらが互いに疎外関係に陥っていくのが資本主義の根本的矛盾だと言っています。高校のころ、集中してマルクスを読んだとき、でもこの疎外論には欠陥があると考えていました。歴史における人間の主体性を追求した梅本克己[注15]の影響も大きかったけれど、資本主義の下で人間が疎外されて能力も力量も失っていき、ついには自分が何者かすら分からなくなってくるなら、誰が革命の主体になるかという構図が見えなくなる。

マルクスもそのことを自覚していたと思います。『経済学・哲学草稿』は三つの草稿がありますが、第三草稿になると疎外論は後退し、窮乏化論、つまり資本主義の下では人民は貧しくなるという主張が大きくなっていくんです。疎外論で資本主義を解くのは有効だけれど、にもかかわらずそれでは世の中を変えていくという躍動をつかめない。駄目になる。だから別の論拠が必要になり、貧しく追い詰められるから革命の主体になるとする。でもこれもちょっと情けない話で、人間追い詰められていくと貧しき世界の中で醜い争いも起こすし、団結しないかもしれない。資本論の論理構造が資本主義の永続発展論になっていて変革の契機が見えないように、ここでも革命の論拠を明らかにできなかった。

そこで宇野弘蔵[注16]などは『資本論』は純粋科学であって、運動や革命とは直接結びつかない。革命は別の論理でおこなわれるのだと述べるようになりますし、梅本などは「歴史の自覚」でこれを突破しようとした。資本主義から社会主義に向かう歴史の中で、いわば歴史的使命を感じ取りながら生きていく、そこに主体は生まれると。それはそれで説得的で〝きれいな話〟なんだが、何かインテリのにおいが強く、いまひとつ乗り切れない。とはいえ、疎外の論理には魅力を持っていました。

で、僕にとってこの問題の突破口になるのが「関係」概念にたどり着いてからです。「関係」という言葉自体は１９８０年あたりから使っていますが、はっきりとキー概念になるのはおっしゃるように『自然と人間の哲学』あたりからです。

そこで何が変わっていくかというと、「人間の実体を個体性に求めない」、つまりそれまでは「個が関係を作る」という形で使ってきたんだけど、それは西欧近代の論理の枠内の語法なんです。「個が関係を作る」という考え方の背後には、個か神と関係を結ぶという認識の世界がある。あくまで「個」を主体とした関係性であり、ここに認識の致命的な欠陥があることに気づいた。そして僕が到達した結論は、「関係が個を作っていく」という認識への大転換でした。

――内山さんの関係論でハッとさせられたのは、例えば「自分とは何か」という問いに答えるとき、自分自身を語るよりも、自分と親の関係、自分と学校の関係、自分と友人の関係……つまり他者との関係を語るほうがよく分かる、というフレーズでした。これも主体の転換ですね。

内山　そうですね。で、この転換によって実は疎外論の限界が見えてくる。つまり「疎外」もまた個の論理なんですね。疎外によって人間が駄目になっていく、「個体」が駄目になっていくという論理になる。そうではなくて「関係」が駄目になるととらえ直すべきではないか、と考えてその作業をやった。

関係が駄目になるということは関係が疎外されていくということなんだけれど、そのとき「疎外」の意味が明瞭になってきます。つまり、関係概念をベースとして疎外論をつかみ直す作業の中で、僕は疎外の根源的意味を「現実性の剥離」という言葉に、この言葉自体は『経済学・哲学草稿』にでてくるのですが、置き換えたんです。現実性が剥がされ、離されて消えていく、つまり現実的と思っていたものが何の現実性もなかった、ここに疎外の根本的意味を見いだしたということなんです。

関係が個を作る、その関係が現実性を剥がされることで人間の個体性もまた消えていく、遠逃という概念で言いたかったことはそのことです。さっき言った企業と人間の関係もそうだし、家族関係なんかも典型ですね。会話や付き合いは表面的にあっても本当に関係が希薄化していて、「どうでもいいか」と思っている人がすごく増えています。

——『新・幸福論』の中で、いまの社会に蔓延している虚無感について触れられていますが、この虚無感は個体性が消えていくからこそ生まれる、ということなのでしょうね。その結果としてみすぼらしい自分が残った。何だか救いがない状況ですが……。

内山　でも疎外論では個が失われていって回復の道がないけど、関係概念を入れれば関係の作り直しによって回復が可能になる。

作り直しをどうしていくかについても道筋はたくさんあると思います。例えば、ある事象に新鮮な驚きを感じるかどうか。自然の姿や生態に驚きを感じることができればそこから接近の糸口が生まれるし、農業に驚きを感じればやってみようかというきっかけにもなる。NPOの活動にかかわることで発見ができればその道筋に気づきがある。逆にSBなどに「あんなもので食っていけるかい」と思う人は無理。遠逃の中で、もがくしかない。いまという時代は考え方・価値観が二つにはっきり分かれてきた時代だと思う。

――絶望的な状況の中にも希望が見いだせる……。

内山　それは全体状況からすればうっとうしい話が多いけど、でも例えばSBひとつとってても20年前にはほとんどなかった。いまは、やっている人も志している人もすごく多い。実際取り組んでみてたいてい失敗するんだけど、それでも試みる人が次々に出ている。NPO法人にしても当初は本当に定着するのか不明だったけど、いまさまざまな矛盾を抱えつつもかなり定着し、有効に機能しています。でも他方で、新しい関係作りに入っていない人たちがいま結束して古き時代に帰りたがっている。

――原発問題をはじめそのせめぎ合いが激しくなっていっています。かなり厳しい状況だと思いますが、内山さんはある面で楽観的に見通していらっしゃる。ただその場合の時間的スケールがかなり大きいという印象があります。

内山　元来人間はもっともっと長い時間の中で生きてきた。農業なんかが典型ですが、長い時間をかけて土を作り、作物を育ててきた。そんな「蓄積された時間」を感じながら生きてきたといえます。これに対し特にこの国の場合、戦後はすごく短い時間世界を生きるようになった。近年の企業なんか四半期、三カ月ですからね（笑）。でもこのすさまじい生き方が非常に息苦しくなってきて、もう少し長い時間をかけて生きる意味を考える必要を感じ始めている。

　脱原発運動もそうでしょう。昔だったら原発に依存しなくても他の方法で電気が確保できるか――皮肉にも福島第一原発事故の結果として現実にいま確保できているんですけどね

——とか、火力に頼るといっても火力原料が長期にわたって安定的に維持できるかとかの議論だったけど、いま脱原発をやっている人たちはそうじゃない。そんな議論はどうでもよくなっている。ともかく止めたい、止めようと思っている、そういう感じですよね。その人たちはもう少し長い時間のレンジに責任を負うように生きたい。ともかくこういうものに依拠して生きるのはいやだ、といっている。ここでもいま対立がはっきりしてきていると思います。

キーワード3：「無事」な暮らしから「ローカリズム」を構想する

■「無事」という言葉の含蓄

——「遠逃」という言葉を手がかりに「関係」概念を考えてきましたが、内山哲学には三本の大きな柱があると思っています。すでにお話しいただいた「労働論」「『関係』概念を基礎とした人間存在論」に加え、三つ目の柱が「ローカリズム論＝共同体論」ではないでしょうか。そして労働論・関係論同様、ローカリズム論も根拠地である上野村がいわば舞台ですね。ローカルな場で人と人、人と自然、人と地域のより良き関係をどう作っていくか

ネットで「週刊反原発・反ファシズム関連情報」を積極的に発信し続ける歌野さん。

というとき、上野村の在りようにヒントがあると思います。そこで、これも内山さん独特の使用法である「無事」という言葉を手がかりに、上野村における「無事な暮らし」とは、という形でローカリズムを考えていきたいと思います。まずその「無事」という言葉の含意について。

内山　僕はこの社会の諸課題に取り組むために、経済学や社会学など社会科学系の分野に手を染めたけど、結局、哲学にまとめる形でこれまで来た。じゃあ社会科学と哲学とどう違うかといえば、社会科学は最後まで論理で詰めるのに対し、哲学は最終的に論理では追いきれない。論理でなくある一つの言葉とか概念に行き着くような部分が哲学にはある。

一方、僕は原稿を書こうとするとき、その課題が自分の中にどういう映像を作っているか、ないしはどう見えているかを考えます。自分の頭の中というのは言語化されていない抽象的な世界ですから、自分でも分かっているようで分からない。ある課題を前にそこで結ぶ像を見ながら言葉化する作業を通じてはっきりしてくる。そのプロセスが原稿を書く作業になります。

で、あるとき、現代社会の何が一番の問題かについて考えていました。あいまいなこの社会の中で、特に困っているわけでもないし、でもそこに希望があるわけではないような人たち——いまはそういう人が非常に増えている——が何を求めているかというテーマで、それはほかならぬ僕自身が何を求めているかという問いでもあるのですが、それを見ようとするとどういう言葉なのだろうと考えているうちにふと「無事」という言葉が浮かんできたんです。

無事という言葉も上野村の村人の会話から拾っている。「ご無事でしたか」というようなあいさつ。一昔前の普通の会話は「いかがお過ごしですか」「無事なだけの人生ですから」「いやいや無事が何よりで」、そんなあいさつが交わされていた。無事の反対は有事ですが、絶え間なく有事を乗り越えていくことに価値があるとされるいまのような時代にあって、「無事が何より」という言い方に何ともいえない含蓄がある。

村でも若い人はあまり使わないけど、年齢を重ねると「無事」の含蓄が分かってくるんでしょうね。そして最期は「無事な死」でありたいと思う。無事な死といっても必ずしもうまく説明できるわけではなくって、何というか「やるべきことを何となくやってきて、それを他の人が認めてくれている」というような形で迎える死。例えば跡取りをちゃんと作っていると――これが村での重要な仕事です――後悔なく死を迎えることができると皆が認め、諒解している。そういう無事を作り出してくれている関係的世界があって、そこに人は無事を感じる。村の暮らしにはそんな世界がある。

これが「個」の時代になると、無事がなくなって有事が現れてくる。例えば進歩とか発展、合理性や効率性とかが声高に叫ばれ、変化していくことが当たり前になって、常に有事に対応していかなければならない。でもこんな時代はせいぜいこの200～300年、この国でいえば100年程度の期間に通用した〝常識〟にすぎず、それ以外の圧倒的な時間は、むしろ「無事が何より」という世界に人は生きてきた。

だとすれば、人はそこに戻って行くだろう、戻って行きたいだろうという希望と期待もあって、「無事」という言葉を選んだんです。いまの状況を言葉で表そうとするとき、自然や気候、暮らしや隣人関係、その他いろんな事象が「無事」であるかどうかを確認することで説明できることがたくさんある。

――上野村では「無事」という言葉がいまも日常語として使われているのですか？

内山　いまでも生きていますね。例えば村の人が久しぶりに、山奥に生える岩茸やシノブ、山菜などを採りに行って、ちゃんとあったとしたら「20年ぶりに行ったけど、森は無事だった」という言い方をしたり、3月1日に釣りの解禁日に釣れたら「いや、魚たちも無事だった」とかね。あるいは逆にそこに行って変わっていたら「10年ぶりに行ってみたら森は悲しげだった」という言い方になる。つまり一番肝心なことを伝える言葉や表現が非論理的で文学的なものになるんだけど、でもそれが自分にはぴったりくる。

僕は「理解」と「諒解」という言葉を使い分けています。「理解」というのは合理的に説明して「なるほど」という世界。「諒解」は合理的説明はできないけれど「何となく分かった」「納得した」という世界です。人間というのはいちいち理解して意思決定しているケースはすごく少ない。たいていは「諒解」で生きているものです。にもかかわらずいまの社会は合理性を重視するから契約書や諸文書に依存する「理解」の世界になってしまう。労働の現場でも、以前なら「おい、頼むよ」「お、分かった」という「諒解」で動く部分があったのに、いまはマニュアルやルールが労働を規定している。

「無事」という言葉もこの「諒解」の世界の言葉です。上野村のそうした会話に付き合っていると、人間にとって文学的に表現することが本当は大事なのに、その大事な部分を理解の世界に閉じ込めてしまったと気付きます。これは非常にまずいと思う。

■上野村というローカルな世界の強さ

――内山さんの上野村との付き合いはもう40年以上になると思います。その間、村もかなりの変貌を遂げているはずですが、でもこれまでの話で分かるように、まだ無事な暮らしができる自然的・地域的あるいは人的環境が残っている。だからこそ、内山さんにとって、次の世代につなげる内実を持ったローカルな場として上野村の存在があると思います。ここでローカリズム論の視点から上野村をあらためて評価していただけないかと思います。

内山　村はこの40余年間に人口も1000人くらい減って、いま1400人弱。高齢化率も4割を超え、すべて無事というわけではない。だけど、地域として何とかやっていこうという気概はあるし、いろんな手を打っている。

例えば村は山林面積が9割を占めますが、これまでは木材価格が安くてうまく活用できていなかった。しかし活用しようという思いは消えなかった。その成果の一つが燃料としてのペレット化の取り組みです。いますでに全村的にペレットストーブが普及していて、ペレットにするにはもったいないような木も切り出さなければならなくなってきている。よそでは輸入材をペレット化しているケースも少なくありませんが、上野村のペレットは自前の木です。

この地域資源である木の活用の過程で当然、山に手を加えることになりますが、その際、切り出すときに山を崩さない、自然を荒らさない方法で搬出する、コストを抑える工夫をするというような検討が不可欠だし、製材する段階でもその木が本来持っている性質を活かすようなきめ細かい製材をやり、ペレットはできるだけ端材を使うなど配慮が要る。

一方、上野村には「森林セラピーの森」というのがあって、歴史的に村人の暮らしと森林の間ではぐくまれてきた森の精神文化のようなものを、ここにどう組み込んでいくかを考えていくことも必要になる。この森には14㎞に及ぶセラピーロード（遊歩道）があり、ここを基地にして現代的な〝森の精神的活用〟がテーマになってきます。さらに、上野村の森には多数の神仏が祀られているし、これをどうつなぐかなども検討されている。

こうした総合的な森林利用計画をいま急ピッチで作り上げていこうとしている。うまくいくかどうかは別にして、あきらめていないというのが上野村の強みです。このあきらめない人がいる限り、あるレベルの「無事」が続いていく。ここに上野村の存在条件があると思う。

――内山さんは半ば冗談ながら、上野村は独立したほうがいいとおっしゃっています。

内山　独立するかどうかは別にして、とにかく上野村の中で回す部分と、外貨を獲得することとを両方やっていかなければならない。森の活用は内部循環、他方、木工製品も盛んですがこれは外部輸出品目というような形で両方考えていくことになります。

一方、村全体として何を輸入しているかのチェックも要ります。この面で大きいのはエネルギーです。ペレットストーブもエネルギー自給の一環ですが、ここから地域電力をどうするかという議論になっている。

――え、発電もやってるんですか。

内山　まだ計画段階で、いまちょうど関係する人たちがドイツに視察に行ってるんじゃないかな。いろいろ知識を仕入れながら進めている。

村が過去の近代化の課程で何を失ってきたかを考えていくと、一般論としてはもともと独立心が非常に強かったのにこれを失ってきたといえるんだけど、具体的なものとしては例えばエネルギーなんかは過去は自給率１００％だった。薪炭を中心にですね。それがほぼ数％レベルに低下している。これをどう回復するかがテーマになっている。ペレットストーブで暖房系の自給のめどがついたから次は電力を自給したい。ちなみに村には電気自動車（ＥＶ）の充電装置が入れてあるんです。もっともＥＶは役場に軽のワンボックスが１台しかない（笑）。

――ＥＶを拡げてその電気も自給することで、交通も含めて変えていくわけですか。

内山　そのためにはもっとＥＶが安くならないと（笑）。まあ、簡単にはいかないけど、うまくいくかどうかやってみないと分からない。ともかく楽しんでみる、失敗しても楽しんでみる。そこから初めて次のステップが見えてくるんであって、やらないうちからやっても駄目だとあきらめる世界からは何も生まれない。上野村には少なくともその気概がある。

――確か馬車の復活も始まっていると雑誌『図書』に書かれていましたね。

内山　馬車ではなく、馬そのものですね。理想は昔のように各家で馬を飼えばいいんだけれど、いまの暮らしや労働形態を考えると無理。で、とりあえず森林セラピーの道に馬を導入できないか、と。つまり今風に言う「自然に癒やされる」のが森林セラピーであれば、自然だけあればいいのか、そこに馬がいて馬の背中に乗って森を歩いていく、これ悪くないんじゃないか。馬を歩かせるには手綱を持つ人が要るわけで、その人との会話もできてくる。こうしたものも含めた森林セラピーであって、森の中にポーンと放り出せばいいというものはでない……という議論をやっています。これもうまくいくかどうかは別にして、森の精神的活用に馬を使うというあたりからいこうか、と。

――それが本気で議論されているんですか？

内山　本気ですね。実際の話として、馬は道産子か何かを連れてくることになるけど、そんなに経費はかからないんですよ。血統のいいサラブレッドになれば何千万とか億のお金が要るが、駄馬で十分。形としては役場が買うことになる。あと必要なのは人件費、これも一人いればいいと考えていくと、初期投資として数百万、維持費も年間1000万かからない。試してみる価値は十分ある。

――新しい暮らしのスタイル、新しい交通システムにつながるかもしれませんね。

内山　村には1000万くらいならテストする余裕はある。失敗しても村が苦しむような赤字にはならない。村長はじめ役場にやる気さえあれば。

■ローカルな場からこそ世界が見える

――上野村の底力を証明する話で、辺境の島に住む一人としてうらやましい世界を感じます。無事な暮らしを大事にして、地域にある自然的・人的資源を活用して地域の作り直し、関係の作り直しをするというのがローカリズムの核心だと思いますが、内山さんは『ローカリズム原論』[注17]の前書きで「資本主義市場経済・国民国家・市民社会といういまの社会システム総体が劣化し、私たちは新しい思想、新しい行動原理を持たなければ、未来を語れなくなった」という意味のことを書かれています。上野村の実践はその萌芽ではないかとあらためて感じました。

そこで思い出されるのは、九州のセミナー[注18]のレジュメで、ローカルな場作りに触れて「世界性の放棄」という言葉を出されていた。これを聞いたとき、内山さんのローカリズムというのは世界観のコペルニクス的な転回だと思いました。

内山　世界というものがあることはもちろん知っている。日本という国があることも知っている。ところが、世界とか日本とかいう形で自分の思考を組み立てていくと、抜け出せない罠に入ってしまう。その点僕は哲学ですので、潔くこれを棄てよう。世界は相手にしない、日本も相手にしないという地点から見えてくる世界があって、ここから、組み立て直された日本、組み立て直された世界が見えてくると思う。

少し次元が違うけど、尖閣諸島をめぐって日中が対立していますが、これは「日本」と「中国」という言葉を使った瞬間から解決不能に陥る。はっきり言うと、あの場所というのはどっちも言い分があるような場所でしょ。日本は日本の言い分、中国は中国の言い分ばかり言ってるけど、そうすれば互いに譲るに譲れない場所になり、まずい方向に行く。

で、尖閣の問題を考えていくとしたら、考える主体が本来間違っていると思いますね。というのは、例えば五島列島でもいいんですが、五島列島に僕はぜんぜん関係していない。たまたまセミナーで行ったことがあるとか、東京で買う魚が五島列島産であったりするような関係なんで、五島の魚が来ないと東京が干上がるわけではないし、五島と深い関係があるわけではない。そんな僕が仮に「五島の未来」を語るなんておかしな話で、五島列島の人が語ればいいし、その上で支援できることがあれば支援する。これが原則で、「五島はこうあるべき」なんていう資格はない。

尖閣もこれと同じで、尖閣とは直接関係がない人間たちが、目を吊り上げて言い合っているにすぎない。必要なのは、尖閣列島を自分たちの生きる世界に組み込んできた人たちの間で議論することだと思う。

——与那国と台湾の人とかですね。彼らの間には国境はかつてなかった……。

内山　そうです。とりあえず、石垣周辺の漁民、台湾の漁民、中国沿岸部の漁民たちで「どうしたら一番よかんべー」と話し合ってもらって、その結果を我々は尊重する、といったようなことならまだ手の打ちようがあるのに、国と国の間の問題になると何の解決策も出なくなる。

――いまその国家が露出してきていて、とても怖いですね。

内山　そう、いっぺん国家とか世界とかのロジックを外してしまわないと、どうにもならない壁がいろんなところにあるように思う。

資本主義もそうで、「資本主義、駄目よ」「じゃあ社会主義」という概念的思考法だと罠にはまる。資本主義を一つのものとしてとらえて終わってしまうとうまくいかない。誤解を生みやすい言い方になるけど、いっぺん「資本主義、どうでもいいよ」という視点を持つ。そんなことはどうでもいいから、「自分たちの生き方だけを考えてみようよ」という地点から考え直すことによって、資本主義のどこの機能を低下させ、逆に何を強化させればいいかが見えてくる。資本主義と正面から向き合っているだけだと何も解決しない。

実はいまのＳＢもそうで、資本主義打倒などと構えることなく、とりあえずそっちはどうでもいいから、それより自分たちの関係し合える世界をつくっていく、そのうちに資本主義の内実にかかわる壁や矛盾が具体的に見えてくる、っていう感じの動きですね。

キーワード４：内山さんの生き方の「作法」

■言葉に依拠しない思想表現

――内山哲学の三つの柱「労働論」「関係論」「共同体論」についてお聞きしてきました。ここからはその他の気になるキーワードについて補足的にお話しいただきたいと思います。

まず「作法」について。これも「無事」と同じく独特の、また不思議な言葉です。作法も主体の問題ではなく、関係の中から生まれてくる姿勢のようなものという気がします。

内山 元をただすと、70年代半ばごろ、自然保護という言葉が流布し始めていました。開発か保護かをめぐる議論でした。僕は上野村にいてそのときつくづく思ったんだけど、村の人と「自然とは何か」という話をしていると、僕は自然のことをよく知らないのに、圧倒的に話は僕のほうができるわけですね。村の人は自然のことは実によく知っているけど、話になるとたいしたことはない。よく知っている人が言葉にならないで、よく知らないのにどこからか聞いてきた話をやってる人間のほうが言葉を持ってる。これは変だな、と思ってきた。

自然との関係においては、思想は村の人のほうがはるかに深いものを持っている。では彼らの思想はどこに表現されているか。言葉を使わない、言葉以外の表現形態があるわけで、それは一つは作物を育てたり森のいろんなものを利用する多様な「技」だったりするんですが、その技なんかも含めて総称すると、「自然に対する作法」に思想が表現されている。だから畑に行ったときの作法があるし、木を切るときの作法もある。そういうものが思想の表現として生きていて、僕らは技や作法で表現できないから言葉に依拠するしかない。思想表現の方法はいろいろあるけど、「作法」はその重要な一つであることに気付いたということなんです。技とか作法で思想を表現することができれば、言葉なんて要らない。その意味では僕なんかは哲学という言葉に依拠するしかない代表のようなことをやっているわけで、人間たちが能力を失うと哲学が要るんです（笑）、そういう話になります。

僕たちが自然や社会を含めた他者と関係を結んでいるときに、どういう作法を生み出しているか、そこにどんな思想が表現されているか、そのことをよく感じるのは食事のときの作法です。日本の食事の作法というのは、生命をいただくときの人間のあり方を示していますね。作法の中心に「生命をいただきながら生きる人間」という思想が込められている。こういうの、悪くないですよね。だからもう一度、作法という思想表現のあり方を位置づけなきゃいけない、と思っています。

——その延長で、内山さんの生きる作法というようなものがあれば教えてください（笑）。

内山　それは簡単なことで、自分の役割と思ったことだけをする、むろんそれは自分で見つけ出した役割なんで、もしかするとそんなもの役割じゃないよと言われるかもしれないけど、ともかく役割はこなします。自分から打って出るなどはまったく好きじゃないんで、労働過程論にしても、このジャンルの研究は当時ほとんどない中で、これは自分の役割かなと思ってやった。そのために『資本論』をはじめマルクス文献を丁寧に読み返す必要があったから、傍目には自分の意思があったと見えただろうけど、役割意識という感じでした。

——受け身なんですね。

内山　僕の嫌いな言葉っていっぱいあり、例えば「損得」。損得なんて、当面得してもいずれ損するかもしれないし、逆もある。ですから損得に縛られる生き方というのは実に嘆かわしいというふうに思っている。あるいは「挑戦する」というのも大嫌い。戦後の日本を悪くしたのは損得と挑戦ではないか（笑）。若い人が勢いで言うのは許すとして、いい年になってから挑戦なんかするんじゃないという気がする。

　損得も挑戦も背後にあるのは「私」意識です。「私」が価値基準になっている。これに対し「役割」というのは相手がいて初めて発生するわけで……といって魚との関係で釣りが僕の役割かというとそれは非常に難しい（笑）。でも少なくとも僕の役割がそこにあるとすれば、漁師としての釣りではないとは言える。だから漁師ではない釣りの作法というものはある。魚が餌を食べるのをじっと見ていたりとか（笑）。

　それはともかく、例えば村との関係でいえば、村で生きているっていうことを何となく維持することも、僕の役割の一つかなと思っています。それは思い違いかもしれないけど、いずれにせよ、僕の生きる作法は、自分が役割と感じたことは一生懸命やる、それ以外のことは一切したくない、に尽きます。ですから自己実現なんて言葉も大嫌

インタビューのために内山さんの著作をすべて読み直したという歌野さん（右）と、内山さん。

い。何であんなばかなことをやんなきゃいけないのか。自己が軸になっているなんてまったく性に合わない。

——内山さんの本を読んでいると、何となくほのぼのとした、というか根っこに温かいものを感じてきたのですが、背後にそんな受動的な自己諒解があってのことなのかな、とお話を伺いながら思いました。

内山　それは一面では僕が若いころから原稿を書いて生きてきたということでもある。例えば本を書くと、読んでくださった方からよく「〝目からうろこ〟でした」と言われるんだけど、僕はその話を聞くと「それは嘘でしょ」という気がする。本当に自分が考えたこともないことだったら、何にも頭に入らないし、逆に反発するかもしれない。その人は目からうろこと自分で思っているかもしれないけど、実は似たようなことを考えているわけですよ。僕の場合はそれが言葉になっているから、そうすると「自分が何となく考えていることがこういうふうに言葉にすることができる」と感じたときに、目からうろことという気分になるのであって、その意味では目からうろこというのは本当はあり得ない。すでに考えていることに共感しているだけ。考えてなければ「何をくだらないことを言ってるんだ」としか思わないはずですね。

これは僕のある種の楽観主義でもあって、僕が考え、言葉にしていることは、実は多くの人が同じように感じているはずだと思っています。ですので、自分が殊更に頑張って「私が新しい地平を切り拓く」（笑）などという気持ちはまったくない。

――自分が考えていることは多くの人が考えていることと同じという確信、そしてそれを言葉にするジャーナリスト的センスという意味で、本当に内山さんはすごいと思います。その代表例の一つが「冷たいお金」と「温かいお金」。これは「オレオレ詐欺」の初期のころ、高齢者がなぜあんなに簡単に、しかも多くの人がだまされるかという背景についての分析用語でした。

内山　お金の歴史は長いけど、以前あったお金を使う文化のようなものがなくなってしまった。文化というのは人と人が結び合う中で生まれるものですから、お金もその結び合いの中で使われていたのに、いつの間にか「私だけのお金」になってしまった。自分だけのお金、他人には絶対使わせないお金になっていくと、それは自分にとって冷たいお金に変わってくる。ある関係の中で使っていくお金に対する潜在的な欲求は誰しもあるはずなのに、お金には金額という明確な基準が絶対的力になり、自分だけのものにしてしまうとそこで罠にはまってしまう。

もう少し言うと、最近、豊かな人と貧しい人の違いを考えます。貧富にはいろんな基準があって、今日の食べ物にも困るような絶対的に貧しい人は別にして、ある程度は生活できるくらいお金を持っている人なんだけど、でもどう見ても貧しいと見える人がいるんですね。これは何だろうと考えると、同じレベルでも豊かに見える人というのはお金の多様な使い方を知っている人ではないか。例えば仮に手元に１００万円のお金があったとして、そのお金の使い方はいっぱいあるわけで、貧しい人はそれを自分のためにしか使う方法を見いださない、海外旅行に行くとか、老後の資金にするとか、何でもいいけど自分のものにしてしまう。

これに対し、豊かな人というのはたくさんの使い道を知っている。もちろん自分のために使ってもいいんだけど、例えばSBを立ち上げるかもしれないし、関東なんかにいる人なら、福島・宮城・岩手などの現状を考えると有効に使う方法はいっぱいある。豊かな人というのはそれを知っている。なぜかというと、多様な関係を持っているからです。仮に東北支援に使うとしても、関係を持っていない人なら、例えばNHKの歳末助け合いに寄付するとかしか思いつかないでしょうが、すでに福島の人と関係を作ってきている人なら、あのおばさんのあの事業に使えばいいとか、あそこに寄付すれば有効に使える……というような使い方が生まれてくる。

そういう意味でも、お金というものの使い方に違いが、関係やネットワークを作っている人とそうでない人との間で、顕著に表れてくる時代だと思う。

――お金というのは必要だけどどこかうっとうしいものですね。オレオレ詐欺もそのすき間を突いて出てきた……。

内山　オレオレ詐欺が出てきたとき、最初は認知症とはいわないけれど判断力が弱っている人が引っかかると思っていたらば、どうもそうではない。割としっかりした人たちが引っかかっている。オレオレ詐欺や振り込め詐欺というものがあることはよく知っていて、でもころっとだまされちゃう。結局、「助けて」という声にお金の新しい使い道を発見したんですね。だまされるんだけど、久しぶりに温かいお金の使い方の場面に遭遇し、私が助けてあげなければ、という気になっちゃうんですね。

――為替相場の世界のように金融がこれだけの規模で暴走している現状だけに、お金というものの存在について考え込まざるを得ません。

内山　お金というのは金額がはっきりしているにもかかわらず、いくらあったら安心なのかという基準がない、やたら厄介なものですよね。1000万、2000万というと、ない者にとっては「そりゃあ安心ですよ」となるけど、持ってる人にとっては安心できない。不思議な、魔物のようなものです。

――その魔物性にだまされることなく、よりよき生を全うしたいものです。本日は、私の準備不足というか、内山哲学総体に迫るには理解不足ゆえに、ポイントがずれたりあちこちに飛ぶ質問だったにもかかわらず、丁寧に、かみ砕くようにお話しいただきありがとうございました。

（取材協力・中山正義）

【注】

■注1：カール・マルクス（1818～1883）。資本主義の諸矛盾を克服し、真の人間的解放を実現するとする共産主義思想の創始者。世界の思想界にいまも影響を与え続けている。
■注2：毛沢東（1893〜1976）。中国共産主義革命の立役者かつ初代中華人民共和国主席。
■注3：アントニオ・グラムシ（1891〜1937）。イタリアのマルクス主義者。イタリア共産党創立メンバーの一人。
■注4：1959年から60年にかけて闘われた三井三池炭鉱（福岡県大牟田市・熊本県荒尾市にまたがる鉱脈）の人員整理反対闘争。エネルギーが石炭から石油に換わる時期で、強力な組合の合理化抵抗運動に業を煮やした経営側が指名解雇で組合潰しを図るも、徹底したストライキで組合は対抗。全国から支援者が駆けつけ、総資本対総労働の闘いと呼ばれた。
■注5：日米安保条約（「日本国とアメリカ合衆国との間の安全保障条約」）は1951年に締結、極東と米国の安全保障のために米軍の日本駐留を認めた。その後、米ソの冷戦構造が進むなか在日米軍の重要性が増し、安全保障の前線基地として日本の位置づけをさらに強固にすべく、安保条約改定協議が59年〜60年になされた。この新安保条約をめぐって国民的闘争が展開され、特に60年6月の国会で、強行採決しようとした政府に対し国会包囲デモが繰り広げられ、警官隊との衝突に発展。東大生・樺美智子さんが死亡した。
■注6：ウラジーミル・I・レーニン（1870〜1924）。ロシアの革命家・政治家・思想家。1917年10月のロシア革命でボルシェビキ（多数派の意味）を率いて主導的役割を担い、ソ連共産党の初代指導者として革命ロシアの建設に当たる。その思想はマルクスと並置され、マルクス・レーニン主義思想と呼ばれる。

■注7：1917年10月革命後、数年の内戦を経て22年に成立したソヴィエト社会主義共和国連邦（ソヴィエト連邦＝ソ連）。1991年民主化革命で崩壊、12の国からなる独立国家共同体（CIS）に生まれ変わるまで、米国をリーダーとする自由主義圏に対抗する共産圏のリーダーとして存在。現在はCISの中心国・ロシア連邦として継承されている。

■注8：ニキータ・フルシチョフ（1894～1971）。ソヴィエト連邦の第4代指導者。スターリンの実質的後継者ながらスターリン独裁政治を批判し、自由主義圏との平和共存路線を敷く。

■注9：1976年、田畑書店刊。マルクスの『資本論』における労働が「労働力商品」としてのみ分析対象にされているのに対し、『労働過程論ノート』では実際の労働が商品の生産過程とどのように絡み合いながら展開されているかを検討し、資本主義の矛盾が労働過程に集中してくる構造を解析した。

■注10：マルクスの代表的著作。資本主義的生産様式と資本の運動を体系的に分析。それまでの経済学を一変させる影響力を与えた。

■注11：1988年、岩波書店刊。自然と人間の交通形態を主に「広義の労働」の観点から把握、論述した書。

■注12：2013年、新潮社刊。漠然とした不安や閉塞感が支配するこの社会にあって、何が問題で、本来の人間を取り戻すために何が必要かを真摯に検討している。

■注13：マルクス26歳のときの草稿で、初期マルクスを代表する思索書。没後にこの草稿が発見され、一巻に編集された。「疎外された労働」「社会的存在としての人間」「類的存在」など重要な概念が提出され、後のマルクスを貫く自然観・人間観・社会観の萌芽的思考がみずみずしい文体で書かれている。

■注14：例えば本来人間の能力の自由な発現が労働であるはずだが、ベルトコンベヤーの流れに沿って「働かされる」労働は自由さも喜びも剥奪される。労働が「疎ましい」ものになる労働疎外の典型だが、マルクスはヘーゲルから受け継いだ「疎外」概念を、資本主義批判の根底に据えて草稿で展開している。

■注15：1912〜1974。哲学者。立命館大学教授ののち在野の研究者に。史的唯物論における主体の問題を展開し、主体性論争を巻き起こす。『梅本克己著作集 全10巻』三一書房

■注16：1897〜1977。経済学者。東大教授。マルクス経済学の再構築を目指し、宇野三段階論─原理論・段階論・現状分析─として体系化。『宇野弘蔵著作集 全10巻』岩波書店

■注17：2012年、農山漁村文化協会刊。3・11直後に立教大学でなされた講義を受講生たちが録音し、これを基に加筆修正されたもの。震災後の復興をも念頭に、この社会がどうあるべきかについてラディカルなローカリズムの視点から論じられている。

■注18：毎年、九州の農業者を中心メンバーとする会が、自主的に内山さんを招いて開いているセミナー。

第三章

内山 節 対談

藻谷浩介（日本総合研究所・主席研究員）
塚越 寛（伊那食品工業株式会社会長）
栗田和則（山形県金山町 農林業）
神田強平（群馬県上野村村長）
鈴木義二（天山湯治郷代表取締役）
佐藤岳利（株式会社ワイス・ワイス代表取締役）

対談　日本総合研究所・主席研究員 藻谷浩介 氏×内山 節

成長神話に惑わされない「里山資本主義」の暮らしかた

対談　２０１３年12月25日
場所　日本政策投資銀行
　　　大手町フィナンシャル
　　　シティノースタワー

藻谷さんは、内山節が基調講演した『かがり火』主催のフォーラム（2010年）に参加してから親しくなった。

藻谷浩介／もたに こうすけ

１９６４年、山口県生まれ。株式会社日本総合研究所調査部主席研究員。東京大学法学部卒。日本開発銀行（現・日本政策投資銀行）入行。米国コロンビア大学ビジネススクールでＭＢＡ取得。㈶日本経済研究所出向などを経ながら、２０００年ごろより地域振興の各分野で精力的に研究・著作・講演を行う。２０１０年に刊行した『デフレの正体』（角川書店）は50万部を超えるベストセラーになる。同社から２０１３年に刊行した『里山資本主義』は新書大賞を受賞。

藻谷　2013年というのは、表で言われていることと内実との乖離が激しくなった年だったと思います。ダイヤモンド社から連絡をもらいまして、『里山資本主義』がベスト経済書の9位に入ったとのことでした。経済書と評価されるとは思っていなかったのでありがたいと思うと同時に驚きました。経済書と言えば、リフレ論を中心にしたアベノミクス礼賛本が上位にランクインしていそうなものですが、上位を占めていたのはアベノミクス懐疑論の本ばかりです。

それなのに年末になっての新聞・テレビの報道は「日本経済再生の1年」というトーンでしたが、社会常識で考えてもそのような状況にはなっていません。公共投資をばら撒き、景気にカンフル剤を打ってなんとか維持しているだけに見えます。そもそも膨大な借金をしているので後の世代から収奪しているわけですが、政策決定者たちが残りの人生で借金を返せるとは思えない。内山先生は『新潮45』に、「経済学者の集団発狂」という論文を寄稿していらっしゃいましたが、アベノミクスのブレーンである経済学者の精神構造を疑わざるを得ません。

内山　あのタイトルは編集部が付けたもので僕ではないんですが、「成長はもう十分なのではないか、もっと違う豊かさを探そう」と思想やイデオロギーで語られていた時代はすでに終わっているのだと思います。現在は、成長したくてもできない現実があります。ですから、毎年膨大な公共投資をやっていくしかないわけです。高度成長期であれば、公共投資をきっかけにしてたくさんの歯車が回るようになっていたのでしょうが、現在は歯車は回らない。まるで投げ銭のように使っています。現実は高度成長期のようにいかないのに、それでもなんとか昔のやり方にしがみついていこうとする人たちがいます。ほかに手立てがないということかもしれませんが。

マスコミが経済成長をいうのはかつてのように広告収入が得られる時代に戻したいという気持ちがあるので、アナウンス効果を期待して「経済は持ち直した」と繰り返し言っているんじゃないでしょうか。

藻谷　まさしく今の公共投資は投げ銭ですね。今、手元に電通総研のまとめた消費者の動向調査という面白いデータがあります。実現してほしいこと、実現してほしくないことなどいろいろ調査しているのですが、この中に「実現してほしくないし、おそらく実現しないだろう」という領域に、お金重視、競争重視、超富裕層の出現、バブル再来というのが入っています。これって「一発何とかしてくれ」と望んでいる人たちとまったく逆の意識です。多くの一般の消費者はバブル再来なんか望んでいない、どうでもいいと思っているわけです。リフレを主張する経済学者ともマスコミの論調ともかなり違っていることが分かります。

また、「実現してほしいけれどおそらく実現しそうもない」という項目に中小商店の復権、貧困層の減少、低炭素社会、新しい公共、お金ではない幸せ、労働時間短縮、女性管理職の進出などと一緒に脱原発というのも入っています。今の風潮の中でこれらの項目について絶望しているというか、あきらめている人が結構多いんです。

内山　絶望しているというか、あきらめている現象について、僕は近刊の『新・幸福論』で遠逃現象と名付けました。かつては「高度成長とともに我々は幸せになれる」と思っていたけれど、気が付いてみると、かつての思いがどこか遠い所に行ってしまっている。確かなものだと思っていたあらゆるものが遠くに逃げていってしまって、虚無的な現実だけが存在していることを遠逃という言葉で表現したものです。実現してほしいけれど実現しないだろうと思う気持ちと似ています。

藻谷　脱原発は不可能と決まったわけでもないのに、早くもあきらめてしまっている。

内山　期待する場所も変わってきたのだと思います。以前であれば、企業の中で、「なんとかしよう」という意欲があったけれど、今は違うように思います。かつてであれば「女性管理職を増やさねばならぬ」と思えば、企業の中でねばって、それに向けた努力をしたと思うのですが、今は「多分駄目でしょう」とあっさりあきらめてしまう。それは国に対しても同様で、なんとか頑張ってマシな国にしようということにもあきらめ気味になっているのではないでしょうか。

それでは自分たちの良きものはどこにあるかとなると、コミュニティやつながりや、それこそ藻谷さんのいう「里山」という国や企業がこれまで深入りしてこなかった世界に可能性を感じる時代へ移行していると思います。1年のうち200日以上も企業に通っていて、昼間はそこで拘束されている現実があるにもかかわらず、そこが重要な結節点だと思わなくなってきたという精神変化が根底にあるのだと思います。

藻谷　まさに私はずうっとそう思っていて、ついに辞めた人間なのですが、こういう考えを持つ人間は世の中では少数派だろうと思っていましたが、会社を辞めたころは、実は多くの人が私と同じような考えを持っていることに気が付きました。

私は山口県の出身ですが親は北陸の出身なので、方言も違うし、周りが右ばっかりの中で、右も左も大嫌いという人で、イデオロギーや宗教などでまったく話が合わず、孤立していた面があったようです。

私にもそういうところがあります。例えばバブルのころになぜ人々が物にばかり興味があるのか理解できず、周囲からズレているように思っていました。しかしふと気が付くと最近では、多くの人が私のように物に興味がなくなってきている。これがうれしいことかといえば怖い面もありますね、これでは経済は成長しないし、文化が崩壊しないとも限らないのですから。

私の子どもは現在、中3と高3で受験しなければいけないのにあまり勉強しません。じゃあ働けばいいのですが、働きたくもないから受験すると言っています。働きたくはないけれど勉強する気にもなれないという気持ちは分からないでもありません。このまままじめに授業に出て、その後どこかの会社で働くようになって、ずうっと拘束されることになってもそれはやりたいことと全然違うかもしれない。そもそもやりたいこともなく、早くも虚無化しちゃっている。これは実はずうっと私が抱いてきた感覚と一緒なんです。私も、文句を言っていても前に進まないからとりあえず時間を切り売りして生きるかと考えて会社に入ったわけです。それでも何か得るものだけは得なければいかんわなと思いながら会社に入ったわけですが、それでも私はうまいこと出ることができました。しかし今の若い人たちがラッキーに出られるとは思えない。これだけ社会が物質的に豊かになっているのに、今の若い人たちは、大変な苦労をしないと自由が手に入らないのかと思うとかわいそうです。普通の人が、普通に努力する範囲で、普通に生きていける方法があるのではないかという思いや疑問がわきました。そこで、里山にはそういうことができる人がいるぞ、大手町よりも可能性があるぞという願いを込めて『里山資本主義』を書いたわけです。

内山　私は群馬県上野村に住んでいますが、１９７５年ごろが転機だったように思います。それまで人々は上野村を東京のようにしたいけれど、それは難しいことだと分かり、自分たちの子どもを東京に行かせるようになりました。しかし、75年ころを境に、村の暮らしはとても良いものであると気付き始めた。ただ、ズレていたのは、田舎は雇用場所を探すところではなく、自分で仕事をつくるところなのに、親たちは村には仕事がないから子どもたちを都会へ行かせるしかないと言っていた点です。もちろん役場や農協など雇用してくれる場所もありますが、そういうところでさえ、自分で仕事をつくらねばなりません。東京都庁のように16万人も職員がいるところは一つのシステムで動いていくのでしょうが、上野村役場は30人。役場に雇用されてでさえ、仕事は自分たちでつくっています。だから、村で仕事をするのであれば、農林業であれ、職人仕事であれ、民宿をやるのであれ、商店を始めるのであれ、自分でやらねばならない。ところが「雇用場所」と言ってしまったのが間違いだったと思います。村で雇用場所をつくろうと工場誘致に成功しましたが、それが1カ所では選択肢がないので雇用場所にはなりえません。若者を戻そうと村が雇用場所をつくろうとすればするほど、若者が戻ってこないような場所をつくってしまったのが70年代の現実だった気がします。村はむしろ、仕事をつくることができるところなので、それをバックアップする仕組みを持つほうがずっと良かったと思います。都市に行った子どもたちに「村が10人の従業員を募集している」と言っても、それがやりたい仕事でない限り、帰ろうという動機にはならないからです。また、一方、親たちの世代は、農業、林業など生業を持っており、家計補助的に働きに行っていたので、雇用先に対する意識は「金が取れればよい」というものです。生涯どころか、1年間働こうという意識さえなく、冬場だけ働こうというものだったと思います。それゆえに「金取り」という言葉がありました。まさに雇用場所は「金取り場所」なので、仕事の内容は問いません。親たちはその感覚のまま、子どもを高校や大学に入れてサラリーマンにしたのですが、結果的に金取り場所に縛り付けることになったわけです。親たちは生業を持っていたのでよかったのですが、子どもから見れば魅力のない話だと思います。だから今は、上野村はじめ日本全国で少しずつそのミスマッチな状況から脱出しようとしています。すなわち、「地域資源で地域がどう生きていくのか」という里山資本主義の世界です。どういう働きをして、どういう循環を作るかという創造の世界への転換の兆しが見えてきたのではないでしょうか。「雇用場所」という言葉を使った瞬間に田舎は衰退してしまったのだと僕は思っています。

藻谷　上野村は、他の地域と時間軸が違うのが面白いと思います。他の地域は20年ぐらい遅れて雇用場所をつくろうとしてやはり失敗しています。

私が育った山口県周南市の工場町の場合は、戦前にすでに大工場地帯という金取り場所をつくり、昭和30年代は大変に栄えました。私の父も北陸から金取りに来た一人でした。金取りの仕事は一生やることではなく、仮に、一生やりたいことだったとしても、長い人生の途中で追い出されてしまうんですね。戦前からの大工場地帯なので、生業の体系は崩れてしまっており、定年になったら何もすることがないサラリーマンが大量に地域に排出されてしまいました。彼らは外から引っ越してきて、その地域に家を建てただけなので家産がない。建てた家もだんだん老朽化してしまうが、人口が増えない地域なので家の価値も上がらない。そこで敗残兵のようになって、「ここでは食えないから、子どもたちは東京へ行きなさい」と言うようになる。私が育った80年代は、地域は元気ではありましたが、「地元で金取りしていては駄目だ。東京に行かずんば人に非ず」という雰囲気が満ちていました。大変栄えた地域でしたが、地域全体で地域を捨てる方向に向かってしまったので

「80年代は東京に行かずんば人に非ずという雰囲気でした」（藻谷）

はないかと思います。
一方、東京に出てきたわれわれがどうしたかと言えば、山口県で親の世代が行ったことを今度は東京で繰り返しています。東京で家を買い、コミュニティもないので会社から追い出されるとやることがない。また、われわれは子どもたちに向かって今度は「良い学校に行き、海外へ出て国際競争ができる人になりなさい」と言っている。同じことを繰り返しているようではばかばかしい限りです。都心で働く若い人たちは、自分たちには戻るべき場所や家産があるわけではなく、たとえどこかに行ったとしても、やはり金取りの人生になってしまうし、その金取りも長く続くとは限らないことを知っています。大手町で働いている若い人たちは終身雇用を信じているわけではなく、何かあったら出て行かねばならないので、その時のために何かを身に付けるためにか、サークル活動に非常に熱心です。

内山　仕事以外に何かしっかりしたものを身に付けたいという気持ちは分かります。いろんな関係を持たない生き方をしていると、頼るべき権力がお金しかなくなるということです。一つは組織内で権力を持つということがあるのですが、これは途中で排除されていく可能性が強いですから、残る権力といえばささやかな権力ですがお金しかなくなり、その権力にすがるようになります。

豊かな生き方をしている人と、貧しい生き方をしている人がいたとした場合、その指標の一つは、お金の使い方をいっぱい知っている人かどうかだろうと思います。仮に１００万円あったとして、買い物や貯金や海外旅行などに使ってしまう人もいれば、コミュニティをつくったり、ソーシャルビジネスを始める人を支援するために使ったりする人がいますが、貧しい人というのはその100万円を自分のためだけにしか使えない人ということです。

藻谷　貧しい生き方の人は、お金を自己増殖のためにしか使わないということですね。

内山　いろいろな使い方があることを知っているということは、すなわち、さまざまな関係性を持っているということです。そうした関係性のなかでお金を使えば、もっと面白いことができるかもしれない。

藻谷　広い意味での交際費ですね。私もさまざまな会費や『かがり火』の購読料などいろいろな団体に会費を払っていますが、そうすると「お返しにこれをどうぞ」といろいろなものを送ってもらったりして、世界が広がります。

私は、PTA会長をやっていたときにかかわりができたNPOのお母さんたちが年末にプロのアーティストを呼んでコンサートをやっているので幾ばくかの寄付をしていますが、これなんかお金が生きていると思うし、新しい世界が広がっていきます。あちこちで交際費を使ってきたおかげで、いろいろなものが自分に戻ってきます。商店街の自営業者は大して利益が出ていないにもかかわらず、一年中、地域の行事などに何らかの寄付をしています。一方、地域とかかわりを持たないサラリーマンだけをやってきた人たちはこうした習慣もチャンネルもありませんから、多額の退職金をもらっても使い道がない。

内山　海外旅行ばかりしている世代ですが、少しも悪いとは思っていない。

藻谷　私はバブル期の最後に就職し、2、3年後にはバブル崩壊したので、会社の交際費を使った経験はありません。銀行という性格上、もともと交際費はあまりないのですが、交際費を使いたいとも思いませんでした。というのも、私の欲しいのはお金ではなくて時間です。家族で過ごす時間もないのに、交際費を使ってお酒を飲みに行っている場合ではないというのが本音でした。われわれより上の世代はゴルフをやる人が多かったのですが、われわれの世代は、ゴルフをやる人は本当に少ないように思います。

内山　高度成長期はサラリーマンが威張っていた時代といえると思います。みんなが猛烈に働いていたように思われていますが、実はあまり頑張っていなかった人も多かったのではないかと思います。大して能力のない人たちも企業が大きくなるにつれてポストが増えて給料が上がっていった。それゆえに、能力があってバリバリ働いたと錯覚できたのだと思います。今はその前提がないので、会社への貢献が少ないとすぐに辞めてもらうという話になってしまう。かつて、「日本の生産性が世界一」だと言っていた時代に、海外の人が日本の大企業の本社に視察に来て、「なぜここの生産性が世界一なのだ？　新聞を読んでいる人やタバコをふかしてばかりの人が半分ぐらい居るではないか」と言ったという話がありますが、それでもポストも給料も上がったので、バリバリと仕事をしたと思えた時代だったのでしょう。

藻谷　まさにそのとおりだと思います。内山先生はサラリーマンのご経験はおありなのですか？

内山　全くありません。大学もこの10年ぐらいしかかかわっていない。その前は、自営で哲学をやっていました。

藻谷　世の中が狂っている間に、先生はそれを冷静に見ていたら、経済成長で元気だったサラリーマンがリストラにあったりして、今までの勢いがなくなり、だんだんと先生の哲学に引き込まれるようになってきたということですね。

内山　ある一面ではそうかもしれません。バブルのころは、喫茶店でもどこでも株の話をしているような雰囲気がありましたが、僕には何の良い影響もありませんでした。原稿料が上がったり、本がたくさん売れたということもなく過ぎ去っていき、そして、バブルは勝手にコケて終わっていきました。

今は仮にガツガツやって収入が5割増えたとしても、もはやどれだけの意味があるのか分からないと考える世代が増えてきているように思います。いろいろな意味で流れが変わってきています。

僕は戦後の日本を悪くした言葉に「損得」という言葉があると思っています。戦前までは、「損得」の意味は、お金ではなくて、人生における損得、家業にとっての損得でした。家業において得を増やすためには、信頼を得なくてはならないと思われていましたが、戦後の損得はお金が中心になってしまいました。また、賢い消費者と言われる人たちは1円でも安い店で買う人を指すようになってしまいました。午前中にテレビをつけると、働きに出ていない人たちに向けて、「お得です、お得です」と連呼しているコマーシャルが流れています。金銭上での損得でしかなく、それが日本社会を悪くしたのではないかと見ています。

また「挑戦」という言葉も日本を悪くしたと思っています。やりたいと思うことをやっていれば良いだけなのに、「挑戦することが良いことだ」という風潮になっている。親があおり立てて子どもが「これに挑戦します！」なんて言っていますが挑戦は勝つためのもの、誰かが負けて落ちていきます。挑戦なんて品のない言葉を世の中から追放したい思いです。

藻谷　まるでゲーム化していますね。負けた者は勝った者に従い、最後に行くところがなくなると鬼をやっつけるという桃太郎の話のようですね。

内山　全体的にはそういう雰囲気が残っていますが、若い世代にはそういう考えがなくなってきているように思います。そして、それを見た団塊の世代が「最近の若者は……」と言うわけです。

藻谷　団塊世代のみならず、40歳前後の団塊ジュニアは、団塊世代に似ており、「最近の若者は……」と同じような説教をする傾向がありますね。その内容も現代に合っていない時があります。例えば、「自己アピールできるような子どもに育てることが大切だ」と彼らは言いますが、私が子どものころに山口県で受けた教育は、「口で言っているだけで何もしないのは誰も評価してくれない」というものでした。テストの成績が良くても相手にされないというのはいい教育だったと思います。企業も同じで、立派な人ほど自慢しないものであり、人前でいろいろと言う人ほど信用されないということを社会人の経験として積んでいるはずなのですが。

自己アピールが重要と言いながら、海外での自己アピールはあまりしない典型的にドメスティックな団塊ジュニアが、彼らの世代にしか通用しない特殊なノウハウを後世代に押し付けているように見えてしまいます。

内山　昔の日本は、自己アピールや自己主張をするのではなく、周囲が認めてくれるものだったと思います。人々は関係しあう世界の中で生きてきていたので、「誰々さんのおかげだ」ということが自然にわき起こり、周囲が認めてくれることになったのですが、関係しあう世界がなくなると「これをやったのは自分だ」「こんなに偉いのだぞ」と言わねばならなくなってしまった。少し前に「自分探し」というものが流行していましたが、これまでは自分のことは他人が探してくれたものでしたが、近年は自分で自分を探さねばならないものになりました。

藻谷　内山先生が以前言っておられたとおり、農業をやっている人が虚勢を張ったところで、実りは技能や天候が決めるので、人智を超えている。人智を尽くして天命を待つ世界です。会社の評価や入試で「私がこれをやった」と主張するところにばかり人智を尽くし、本来の仕事に尽くさずに通用するとなると、実力のない人がのしてくることになり、ばかばかしいと思う人が増えるでしょう。

２０１３年は秘密保護法案や集団的自衛権、武器輸出三原則の緩和など政治的な問題が立て続けに出てきましたが、経済政策上は２０１２年にルビコン川を渡ってしまった感じです。本来は政治的な問題になる前の経済的な段階で食い止めないといけないのに、先に

二人は地域問題だけでなく、政治的なテーマについても共通の認識を持っている。

経済政策で麻酔を打ち、それが効いているうちに勝手に手術してしまったようなものです。やっている人たちに自分たちのやっていることが本当に分かっているだろうかと不安になります。

内山　日中韓の問題でも、尖閣諸島が焦点であるように話を持っていってしまっているので、そこでグラつくと、日本の政権は崩壊してしまうでしょう。どうしてこんな下手なやり方をしないといけないのかと思います。

今、中国や韓国から日本に多くの留学生が来ています。彼らは、留学期間が終わっても、日本で定住を希望する比率が高く、その理由を聞くと、中国人の場合はＰＭ２・５や偽造問題を挙げる人もいますが、大きな要素は、日本は戦わなくてもいい気楽さがあるからだと言います。日本の若い世代は挑戦したり戦ったりしないので、いつも胸と腹を突き出して自己主張していかねばならない国とは違います。また、日本は「負けました、ごめんなさい」と言っても誰からも責められない。この気楽な国で暮らしたいと思うそうです。これこそ日本が持つ国際的な力ではないでしょうか。

藻谷　それを日本の劣化だととらえるか、国際的な力ととらえるかは、日本人の間に意見の相違があるように思います。中国は人数が多いから、挑戦して戦っていくのは仕方がないのかもしれません。お前の代わりはいくらでもいるという世界だと必死に肩肘を張らねばならないのでしょう。日本は肩肘を張らずに許しあっていますが、そのことは日本の国際競争力が落ちていることになるのでしょうか。私はそうは思いません。真に日本の国際競争力を落としているのはエネルギー多消費型の社会であり、国民の資質とは関係がない。だから、そのシステムを早く改めるべきだと思っています。また、ソフトパワーの面では国際競争力を落とすどころか仲間を増やしていると思います。例えば、被災地で収奪しあうようなことが起きなかったのも日本のソフトパワーを上げたと思います。

冬季オリンピックでも、とても経済が衰え行く国だとは思えないほどに日本の女性や障がい者の活躍が増えており、どの競技でも人材の層が厚くなっています。これは本当にすごいことですが、今の政権の人たちはどう思っているのだろうかと思います。

内山　少なくとも留学生を見ていると、これからは日本と中国を行ったり来たりできる生活を守りたいので、もうこれ以上、日中で争わないでほしいという思いの人たちが多いと思います。

藻谷　私の知り合いの中国人も「他の中国人と一緒にしないでくれ」というようなタイプの人ばかりです。

内山　これから先われわれは何を目指していけばいいかですが、昔は新しいモデルを提示することで新しい社会をつくろうとしていたのだと思います。今は新しいモデルを提示したところで抽象的にしかなりません。実際にそのモデルがどうなっていくかは場所によっても違います。かつて資本主義から社会主義へというのが新しいモデルの時代もあったのでしょうが、もうそういう時代は終わりました。だから、里山資本主義は新しいモデルではありますが「こうしなくてはならない」というモデルではなく、地域の条件などを考えながら生きていこうというものです。抽象的なモデルならあるかもしれませんが、具体的なモデルになってくると、どう具体的な実践活動をするかで変わってきます。例えば上野村では地域エネルギーをやっていますが、それは最終モデルではありません。それをやることで次に見えてくることがあり、それを一部でもいいからこなしていこうとしている動きの中にしかモデルはない。それがローカルモデルというものの性格だと思います。これからの社会は、動きの中でしかローカルモデルを発見できないし、具体化できない。車輪1センチぐらいのローカルモデルが社会のさまざまなところに存在し、一斉に回って動いているようなイメージです。大きな車輪を1つだけ回していくというものではありません。

藻谷　「日本はこちらの方向に向かって雄々しく羽ばたいていきます」と言えれば美しいか

もしれませんが、そうはならない。ムカデやゲジゲジのようであってもその場その場で動き回るところでしか、現場モデルはありえないのだと思います。

対談　伊那食品工業株式会社会長　塚越　寛氏×内山　節

本当の偉人とは雇用を創る人のことである

塚越会長（右）の経営理念は内山哲学に通じるところが多い。

対談　2013年12月4日
場所　長野県伊那市・伊那食品工業株式会社本社

塚越　寛／つかこし ひろし

伊那食品工業会長。昭和12年、長野県駒ケ根市生まれ。肺結核により高校を中退。21歳のとき、働いていた材木会社から、系列会社である伊那食品工業へ「社長代行」の肩書で出向。倒産寸前だった同社を大きく成長させた。

主な著書に『いい会社をつくりましょう』（「文屋」）、『リストラなしの年輪経営』（光文社）、『幸福への原点回帰』（共著・文屋）など。

「社員を幸せにすることが、企業の最大の使命であり、経営の根幹だ」と話すのは、伊那食品工業株式会社の塚越寛会長。「現代社会の不安定さや閉塞感は、非正規雇用を増やし、株主の利益ばかりを追求していることがひとつの要因」とも話す。経営者と哲学者という立場の違いはあれども、二人の思想には、多くの共通点がある。

社員の幸せを考えれば、人件費は高くて当然

塚越　これまでの長い歴史の中で、人間の営みすべては、ひとりでも多くの人が快適で幸せになるために、努力してきたと思います。ひとを不幸にしようとか、社会を駄目にしようと考えた人はいないはずです。ところが、今の経済社会が間違っているのは、利益が目標になってしまっている。利益は当面の手段であって、本当の目的ではないはずなのに利益を目標にしてしまうから、人件費を削る。会社が社員の幸せを考えれば、人件費は高くて当然です。社員は自分が幸せになると、社会人としても立派になります。私は当社の社員を本当に誇りに思っています。だから、もっと福利厚生を充実させたいと思うのです。

社会の中で、経済活動は実に大きな部分です。それが狂っていたら世の中がよくなるはずがありません。そこで、私自身の考え方を立証したいと、この会社を経営しているといっても過言ではありません。

最近、食品偽装などの問題がありましたがとんでもないことです。

内山　今、ホテルやレストランには派遣のコックさんが多いことは事実です。宴会が多いシーズンになると、派遣会社から手配される。このやり方なら、客の入り具合に応じて人数を調整できるので、ホテル側はメリットがあります。しかし、派遣の料理人には、権限がないのです。なんとか認められて料理長になったとしても、経営者から求められるのは、原価率をいかに下げて、利益率を確保するかという数字だけ。働くスタッフが派遣ばかりで、すでに人件費に圧縮の余地がないとなれば、次に圧縮するのは仕入れ材料の質を落とすことになってしまうという悪循環なのでしょう。

塚越　やはり利益追求が目的になっていることが問題ですね。よく世間で「立派な人になりなさい」というけれど、「立派」とは本来どんな意味でしょうか。利益を出した人が立派なのだと誤解されてはいないでしょうか。「立派とは人に迷惑をかけないこと」。さらにもっと立派になりたかったら、「人の役に立つこと」です。

例えば、わが社の社員は通勤の際に、右折車線から会社に入ろうとしません。信号がありませんから車が止まれば、道が渋滞するのでたとえ時間がかかっても大回りしてUターンして左側車線から入っています。病院やスーパーに行った時は玄関に近い駐車場はお年寄りや体の弱い人のために譲り、うちの社員は遠くに駐車しています。小さなことでも、「人の役に立ったんだ」という気持ちが大切なことだと思います。そんな話を常々社員にしていたところ、朝だけでなく土日の掃除まで、社員は自発的にやってくれるようになりました。

そして、わが社を訪ねてくれる人のために「かんてんぱぱガーデン[※1]」にレストラン2店舗をつくりましたが、それぞれの店舗が利益を出すことを目指してはいません。当社全体が良ければいいという考え方なんです。そもそもグループのひとつひとつが、全部利益を上げなくてはならないという考え方には反対です。

内山　私が住む上野村でも、村の事業運営は、「全体の帳尻が合えばいい」という考え方です。目標としてはそれぞれが黒字になることを考えますが、実際に黒字にはならない。けれど、全体で帳尻が合えば、働いている人が村で暮らすことができ、地域の小学校も商店も成り立ちます。だから、決して利益の最大化が課題にはならないですね。

塚越　いちばん削減してはいけないのが人件費です。私が尊敬する、株式会社インテック[注2]最高顧問の中尾哲雄さん[注3]は、「売上－経費＝利益」という公式の、利益側に、人件費を持って行ったほうがいいと話されています。人件費は利益も同じという考え方に私も大賛成です。

内山　アメリカ型資本主義の考え方では、人件費はコスト。ところが長い歴史を持つ日本の社会では、人間をただの使い捨てにしてコスト計算するというのが合わなかったのだと思います。

塚越　長く続いている老舗企業に共通していることは、顧客を大事にすることは言うまでもありませんが、自分たちの社員を大切にしています。首切りなんてしない。そして、見せかけではなく、常に良いものを作り、同時に仕入れ先を大切にしています。だから、単に安いというだけで、仕入れ先をむやみに替えることはしません。

さらに、地域の街づくりを積極的に行っているところが多いことも特徴的です。私も、老舗企業のまねをして、街づくりを進めたところ、人がどんどん集まるようになりました。訪れる方のためにとオープンした売店の売り上げも、予想以上に伸びたおかげで、その利益はまた還元することができます。こんなに辺鄙な場所でありながら、年間35万人が訪れてくださいます。

内山　それは素晴らしい考えですね。

塚越　当社も55年前には、社員十数人の、貧しく汚い会社でした。それが、43年前に「皆で楽しもう。これからは、世界を知らなくては」と、外国旅行を実施したのです。「そんな金があれば、設備投資をしろ」という時代です。すると、社員は「うれしかった、ありがとう。仕事を一生懸命やるからね」と大喜び。これは良いことだと思い、毎年続けてきました。社員のモチベーションを上げるには、社員を大切にすることしかありません。

会社の価値は、大きさではなく永続性

内山　多くの企業は、売り上げが伸びても給料に還元せず、内部留保して競争力をつけなければいけないと考えているようですが。

塚越　日本の創業者は皆、立派です。でも時代を経て、代が替わり、サラリーマン社長や重役では、腹が据わらないのは事実かもしれません。たとえ利益が上がっている会社でも、独断で個人決裁できる人は、さほど多くはないのです。だから思い切りができず、ストッ

クオプション[注4]などに興味を持つのではないでしょうか。

私が、社員を大事にしたり、街づくりをしたりするのは、甘ちゃん経営のように見えるかもしれませんが、「それで成り立つんだ」ということを証明するのが私の使命だと思っています。上場するとか、売り上げをいくらにするといった挑戦ではないのです。

内山　日本の経済と言えば、一番活力があった高度経済成長期には、内部留保や借金で、設備投資をしながら事業展開してきました。しかし、現在は活力がないため、内部留保をため込み、人件費を削減するのも致し方ないという考え方もあるでしょう。

「企業は大きくなることが目的ではないはずです」（内山）

しかし一方、世界から見ても、日本には長寿会社が実に多い。一番古いのは、創業から１４００年の金剛組[注5]です。バブル時期に一度、本業から離れたことで、厳しい経営状態になったこともありましたが、副業をやめたことで立ち直り、現在に至っています。宮大工の会社で、自分たちの技術を持ち、その技術は、時代を超えて必要とされています。常に信用されていることが強みです。

ほかにも日本の長寿企業を見ると、自分たちの技術を、社会が必要としていることと、もうひとつ、風土と対立しない経営をしていることも特徴です。造り酒屋のような老舗経営が良い例。その土地の風土があってこその造り酒屋です。金剛組だって、会社として1400年続いていますが、会社の規模は大きくなってはいないのです。企業として大きくなることは、まったく目的ではないということなのです。

塚越 そのとおり。私はよく、それを屋久杉[注6]に例えます。2000年かけて自然と大きくなった屋久杉のような成長は、理解できます。でも短期間で急成長した木はとても弱いものです。もちろん、技術革新をするときには、急成長しなくてはならない業界もあります。しかし、市場がそれほど広がらないのに、急成長を目指す経営はすべきではありません。

実は、当社は、8年前にかんてんブームで売り上げが急激に伸びたことがありました。しかし、その後3年は初めての減収を経験しました。決して、企業は成長を急ぐ必要はないのです。

私は、「企業に成功などあり得ない」と思っています。なぜなら、事業とは終わりのないリレーだからです。終わりがないのに、どこかで仕切り、あなたの企業が一番だ、二番だと順位が付けられるでしょうか。一年ごとに決算をするのは、あくまで税務署の都合であって、企業の成績を測る尺度ではないと、はっきり言えます。

内山 長く続いてきた企業が重要視してきたのは、成長ではなく、信用です。ユーザーや取引先からの信用、従業員の信用、そして地域社会からの信用。日ごろの信用をいかに高めているかで、いざというときに、周りの皆が協力してくれる強みになるのです。

塚越 信用が、企業イメージを創り、企業イメージがブランドを創りますね。

郵便はがき

料金受取人払郵便

新宿北局承認

3327

差出有効期限
平成26年12月
31日まで

有効期限が
切れましたら
切手をはって
お出し下さい

169-8790

260

東京都新宿区西早稲田
3—16—28

株式会社 **新評論**
SBC（新評論ブッククラブ）事業部 行

お名前	年齢	SBC 会員番号 L 番
ご住所 〒 — TEL		
ご職業 E-maill		

●本書をお求めの書店名（またはよく行く書店名）

書店名

●新刊案内のご希望 □ ある □ ない

SBC（新評論ブッククラブ）のご案内

会員は送料無料！各種特典あり！詳細は裏面に

SBC（新評論ブッククラブ）
入会申込書

※✓印をお付け下さい。
→ SBCに 入会する□

読者アンケートハガキ

●このたびは新評論の出版物をお買い上げ頂き、ありがとうございました。今後の編集の参考にするために、以下の設問にお答えいただければ幸いです。ご協力を宜しくお願い致します。

本のタイトル

●この本をお読みになったご意見・ご感想、小社の出版物に対するご意見をお聞かせ下さい
（小社、PR誌「新評論」およびホームページに掲載させて頂く場合もございます。予めご了承ください）

SBC（新評論ブッククラブ）のご案内
会員は送料無料！各種特典あり！お申し込みを！

当クラブ（1999年発足）は**入会金・年会費なし**で、会員の方々に弊社の出版活動内容をご紹介する**月刊 PR 誌「新評論」**を定期的にご送付しております。

入会登録後、弊社商品に添付された**読者アンケートハガキ**を**累計5枚**お送りいただくごとに、全商品の中からご希望の本を**1冊無料進呈**する特典もございます。

ご入会希望の方は小社 HP フォームからお送りいただくか、メール、またはこのハガキにて、お名前、郵便番号、ご住所、電話番号を明記のうえ、弊社宛にお申し込みください。折り返し、SBC 発行の「**入会確認証**」をお送りいたします。

●**購入申込書**（小社刊行物のご注文にご利用下さい。その際書店名を必ずご記入下さい）

書名　冊

書名　冊

●ご指定の書店名

書店名　都道府県　市区郡町

内山　逆に言えば、信用を無視して、業績を上げることは、一時はいい場合がありますが、長続きしません。

塚越　資本主義は、「力の論理」である程度行くかもしれませんが、それ以上長くは続かないものです。だから浮き沈みがある。上っているときはいいけれど、下ったときにリストラをして、不幸な人が出てしまう。

私は企業の価値は、大きさではなく永続性だと思っています。「倒産」の反対は「継続」。「続く」老舗こそ価値があるのです。

内山　地方の造り酒屋は、決して大きくなることはありませんが、いい酒を造っていれば倒産することはありません、これからもっと、こうした「永続性」に価値が出る時代になるでしょうね。

事業効率より、心の豊かさを提供したい

塚越　多くの企業が海外移転していますが、わが社はその気は一切ありません。人口減少もそれほど急激に減ると思っていないので、あまり気にしていません。しかし、高齢化は予想より早く進むと考えています。こうしたなか、かんてん商品は、取った、取られたという、シェア争いでは経営は成り立ちません。どう付加価値を高めるかが重要。新しい用途を開発したり、まったく新しい製品を作ったり、21世紀を生きるならば、当然、開発型企業でなくてはなりません。

これはメーカーでなくても、サービス業や流通業でも同じ。その証拠に、コンビニは、流通や業態開発で成功しました。それが第三次産業の充実であり、第五次、第六次産業への考え方だと思います。当社も、事業効率ではなく、地域が豊かさを感じ、人がその場所で憩えることを考えて店づくりを進めています。じっくりと、地域に溶け込んだ店づくりです。

内山　資本主義は、規模のメリットを追求するので、大量生産しなければ成り立ちません。ところが、大量生産型企業が今、量を必要とされないため、かなり厳しくなっている。そこで、多品種少量に対応できる小さなベンチャー企業が次々に誕生しています。

「アメリカ型ではなく北欧やスイスに学ぶべきです」（塚越）

塚越　大手企業は、市場がある大きな方へ動きます。ところが、市場が狭くなって、少量生産になると、コストがかかるため大手は手が出せない。しかし、技術革新されて、自動化、ロボット化が進みます。そうなると、新しい生産工場は、雇用が少なくなります。

だからこそ大切なのが、第三次産業。当社でも、生産事業で機械の自動化を進める半面、雇用を減らさないために、売店やレストランを増やしています。私は「企業は北欧に見習え」と話します。北欧ではありませんがスイスを見てください。観光立国であり工業立国でもあり、医薬品や食品もトップクラスです。人口減少、高齢化が進むなかで、これからどうビジネス対応するかは、企業が考えていくべきです。

ものづくりは、既に中国、ベトナム、タイなどに移っています。そこで労働者の賃金が上がり、生活が豊かになれば、かつて日本人がヨーロッパを目指したように、日本を訪れたい観光客も増えるでしょう。

共同体の助け合いが得意な日本人

塚越　大手量販店などでは、他店よりも少しでも安く売る安売り競争をしていますが、これではいつまでたってもよくなりません。安くするということは、どこかで誰かが犠牲になっているのです。

内山　日本の社会を悪くした考え方の中に、「損と得」という言葉があります。なんでも損か得かで決めてしまうと、消費者は、1円でも安いほうが得だと考えます。しかし、目先の得に目を奪われると、社会システムの膨大なものを壊していることもあるのです。

それともうひとつ、「挑戦」という言葉がとにかく流行した時がありました。何か新しいことに挑戦して、勝ちにいくことが美徳のように言われましたが、挑戦などしなくても、確実にやっていけばいいのです。

塚越　著名な経済学者が、「草食動物の社員では駄目だ」といいますが、冗談じゃありません。

うちでは、一見おとなしくても、社会人として、間違ったことをしない正しい生き方をする社員を求めています。

聞きかじった話ですが、アダム・スミス[注7]の言葉に、「資本主義は、倫理観のタガが外れると暴走する」とありますね。まさに今がそうではないでしょうか。資本主義もしっかりとした、ひとつの「タガ」がなければいけません。だから新しいイデオロギーが出てもいいのではないでしょうか。

私は、原丈人さん[注8]が唱える「公益資本主義[注9]」の考え方に賛成です。各企業は利益が出たら、公のために何ができるかを模索していく。そうすれば、いい世の中ができるはずです。しかしそれには、今の日本では、税率が高いことが大きなネックになっているように思いますね。

内山　日本の場合、共同体社会で助け合ってきた長い歴史があるので、それはとても得意です。自分たちの村などの共同体単位でしっかりやっていれば、国などの大きなものには、ほどほどに付き合う程度で問題ありません。ところが、共同体がなくなった都市社会型になると、助け合うことができずに翻弄されてしまう。しかし、そんな中でも、日本人はまだ、この風土とともに生きていることを信用しているのだと思います。

塚越　それは実に大事なことですね。むしろ、それを伸ばしていく政治でないといけない。私もこの会社はファミリー、地域もファミリー、だから助け合いは当たり前と思っています。先日も、近くの農家さんから高齢で手入れできなくなったリンゴ園を引き受けることになりました。すると、土曜日の午前中に、社員が来てくれて、摘花をしてくれました。各企業が、自分たちの地域をバックアップしていけば、日本の遊休農地は、かなり生き残るのではないでしょうか。

社会貢献や道徳的考え方で経済を包括してこそ経営は持続できる

塚越　なぜ日本はアメリカ型を目指すのでしょうか。そして、マネーゲームを産業の主だと考えている人が多いことが気になります。これからの時代、観光、介護、癒やしなどに視点を当て、それらをシステム化する行政指導があってもいいはずです。

内山　先に話が出たアダム・スミスですが、彼は大学卒業後、大学で倫理学を教えていました。その後、東インド会社に就職して経済実務を経験したあと、再び大学に戻り、有名な『国富論』を書きました。彼の国富論は、経済理論ではありますが、倫理学的なものとセットになっているわけです。

「経済は、放っておくと暴走する」という、この発想は、古くアリストテレス[注10]の時代からありました。アリストテレスは、当時から二つの経済を考えていて、一つは、家の中の経済。例えば、自分の畑から収穫した大根で料理したり、それを人にあげたり。こうした生きている世界に密着した経済は問題ありません。しかしもう一つの広域的な経済は、暴走して社会を壊すことがあるので、どこかで上手に歯止めをしなければなりません。その歯止めをする「徳」を重視するという考え方です。
経済は、時に過激に発展したりするので、一見魅力はありますが、うっかり取りつかれると、社会を破壊させる道具になってしまう。どこで歯止めをかけるのか、２０００年前からその発想があるわけです。

塚越　当社は、「Ｅｔｈｉｃｓ（倫理、道徳）」という言葉を掲げています。野心やメンツだけで、人に迷惑をかけて売り上げを増やすなんて、意味がないからです。

内山　ちょっと横道にそれますが、「偉人」とはどういう人でしょうか。考えると難しいものです。仏教での偉人は、お釈迦様と言うでしょうが、他の宗教から見たら共感はしない。アインシュタインは「相対性理論」で宇宙や物理観を変えた偉人と言われるが、一方で、「おかげで人間が余計なものに手を出すようになった」とか、キュリー夫人の放射線研究が原発を誘発したと評する人もいるかもしれません。つまり、偉人には価値判断が入るので、基準がとても難しいのです。そこで、ふと思ったのは、誰にも共通して「偉人」といえるのは、周りの雇用をつぶすことなく、長期的な雇用を増やした人ではないでしょうか。その意味で、私は、柳田國男は偉人だと思います。発言の善し悪しは、それぞれの判断ですが、いかなる雇用を奪うことなく、民俗学者が生活できるようにしたのですから。
こう考えてみると、利益だけを基準にして、「偉い」「偉くない」の判断をすることは、実におかしいことだと思います。雇用や信用、伊那食品の社員のように、早く来て庭を掃除することや、休日にボランティアに出る人など、こうした要素があるからこそ企業が成り立っていることを、きちっと見れる社会をつくりたいですね。

塚越　原丈人さんも、ROE評価[注11]はもうやめようと唱えています。企業を評価するには、もっと違う基準があるはずです。どう社員を幸せにしたか、世の中のために何ができたか、それらを株価に反映できるようになったら、社会の価値観は大きく変わるでしょう。

トヨタさんも社会貢献の考え方が進んでいて、日本人が昔から守ってきたものを大切にしなくてはと、「トヨタの森[注12]」をつくり、「人づくりや地域との連携」「森と共生する仕組みの構築」を進めていますね。

内山　経営が持続性を持つためには、地域づくりなどの社会貢献や、道徳的・倫理的な考え方で経済を包みあげてこそ実現できる。経済や経営だけで、裸にしてしまうと、いっときは良いかもしれませんが、持続性はありません。そのあたりが、ずっと数字的売り上げで生きてきた人には理解できない。

強い企業を作りたいと思うのなら、経営が苦しい時に、「自分たちの賃金を半分にしても、やり遂げましょう」と言ってくれる社員がいる会社を作ることが一番強いのです。

巨大なグローバル企業の考え方もあれば、伊那食品のような経営方針もある。どんな時代も、両方の動きが、いつもせめぎ合い、時代によって片方がよく見えてくるものなのでしょう。

金融も、アメリカ型金融が世界に広がり、投資活動をして利益を上げる金融になっています。しかし一方で、地域金融機関では、まったく違う動きをしています。もう一度、地域金融の原点に戻ろうという信用金庫が増えているのです。地域の金融機関は、地域の人と共に歩んでいくものです。それを真剣に考え、地域のコンサル的な仕事をしたり、NPOの仕事をしたりして、資金の流れを作り始めているのです。片方で、ニューヨークウォール街型、そしてもう一方で、伝統回帰型地域金融機関が登場していることに注目したいですね。

塚越　今のままではいけないと、少しずつ皆が気付き始めている証拠なのでしょう。企業も金融も、一人勝ちでは意味がない。地域全体が発展してこそ成り立つものです。そのことを皆がもっともっと理解し、努力していくべきですね。

（取材協力／水島加寿代）

【注】

■注1：かんてんぱぱガーデン
「働く人や地域の人、訪れる人が安心して憩える空間」をコンセプトに、伊那食品工業が本社3万坪の敷地内に整備した複合施設。レストランや喫茶、そば店、ギャラリー、ホール、健康センター、野草園などがあり、多くの人に親しまれている。1994年にオープンした「さつき亭」は日本初の寒天レストラン。その2年後にオープンの「洋風寒天レストラン・ひまわり亭」では、自社農園の野菜を使った、創作寒天料理を楽しむことができる。

■注2：インテック

1964年に設立された情報・通信企業（本社・富山県）。ITコンサルティング、システムインテグレーション、アウトソーシング、ソフトウェア開発、ネットワークサービス等を提供する。

■注3：中尾哲雄

1936年、富山県生まれ。証券会社を経て1973年に㈱インテック入社。1993年同社代表取締役社長、2002年インテックグループCEO、2013年最高顧問就任。富山県を代表する財界人の一人。

■注4：ストックオプション

あらかじめ決められた価格で自社株を買うことができる権利。株価上昇分の報酬が得られる一種の報酬で、社員や役員のモチベーションを上げる制度として、企業が取り入れている。

■注5：金剛組

奈良県の建設会社。聖徳太子の命を受け、百済の国から日本に招かれた三人の工匠のうちの一人、金剛重光が578年に創業した世界最古の企業。1955年に法人化。2005年から髙松建設の子会社へ移行。

■注6：屋久杉

鹿児島県屋久島の、標高500mを超えた山地に自生するスギ。一般的なスギの樹齢が500年余に対し、屋久杉は2000年以上。代表格ともいわれる「縄文杉」は、樹齢3000年以上とも推定されている（諸説あり）。

■注7：アダム・スミス

スコットランド生まれ（1723～1790）。

イギリスの経済学者・神学者・哲学者。近代経済学の基礎とも評される『国富論』を唱え、「経済学の父」と呼ばれる。
■注8：原丈人（はらじょうじ）
1952年、大阪生まれ。実業家、考古学者、ベンチャー・キャピタリスト。「公益資本主義」を提唱し、「日本こそが公益資本主義をリードできる」と訴える。
■注9：公益資本主義
原丈人が『21世紀の国富論』（2007年、平凡社）において提唱。利益追求の欲望経済を利用しながらも、社会に有用な企業を生み出し、展開させる新たな経済システムの考え方。
■注10：アリストテレス
古代ギリシャの哲学者（前384年～前322年）。「最大の美徳は、他人の役に立てることだ」「あたかも金に繁殖能力があるかのごとく、金に金を生ませるは、最も不自然なり」などの名言がある。
■注11：ROE評価
ROEは「Return On Equity」の略で、「株主資本利益率」のこと。株主が投資した金額を割り出し、企業利益を把握する指標。バブル崩壊後、海外投資家の影響により注目されるようになった。
■注12：トヨタの森
かつて日本の人々の暮らしと共に息づいていた「里山」をモデルに、21世紀の里山づくりを目指そうと、トヨタが愛知県豊田市の社有林を１９９７年に一般公開した森。環境体験セミナーや各種プログラムを実施している。

対談　山形県金山町 農林業 栗田和則氏×内山 節

山村の暮らしに自信と誇りを取り戻した「東北農家の2月セミナー」

対談　2013年12月11日
場所　立教大学マキムホール
　　　内山研究室

栗田和則／くりた　かずのり

1944年、山形県金山町生まれ。中学卒業後、定時制高校で学びながら就農。冬季分校教員の後、30歳の時、農林業を専業とする。青年時代より多くの自主的グループを結成、活動する。特に「金山町山菜研究会」ではタラの芽を栽培し、20年にわたり、日本一、質の高い産地として評価を得る。1993年、「暮らし考房」を主宰、グリーン・ツーリズムの先駆けとなる。日本メープル協会代表理事。山形大学大学院「森林環境資源学」非常勤講師。共著書に『十三戸のムラ輝く』（全国林業改良普及協会）がある。

無理やり講師を引き受けてもらった

栗田　内山先生を講師に迎えて「東北農家の2月セミナー」を始めたのが1997年ですが、その前身の農文協主催の「農家の中期講習」の時代から数えると先生を囲んでの勉強会は27年になります。

内山　農文協の講習は守田志郎さん[注1]が講師をしていらっしゃったんですね。

栗田　「中期講習」は守田志郎先生を講師に1972年（昭和47年）に始まりました。6回目を開催した1977年に守田先生が急逝されて、一時は解散ということも話し合われたのですが、参加メンバーがぜひとも勉強会を続けたいということで、翌78年から87年までの10年間は講師不在のまま、守田先生の講義録をテキストにして学習しました。1986年に内山先生の『自然と労働』[注2]が出版されてこの本もテキストに加えさせていただいたの

山形県金山町の栗田和則さん（左）の招へいで、内山さんは長年、勉強会の講師を務めている。

ですが、東北の農家のわれわれの仲間はどうしても著者である内山先生に直接講師をお願いしたいと農文協を通してお願いしました。しかし最初はなかなかＯＫが出ませんでした。ようやく了解いただいたのが１９８８年です。

内山　東北の農家の方々は、勉強熱心ですね。

栗田　そうなんです。ですから１９９６年（平成8年）に農文協が主催をやめることになっても、われわれは勉強会を継続したかったので経費は自分たちで捻出する自主講座に変え、タイトルも内山先生に「東北農家の2月セミナー」とつけていただいて１９９７年から始めました。ですから、この勉強会は守田先生の時代から数えると42年間続いたことになります。

内山　そんなになりますか。『自然と労働』は信濃毎日新聞に週1回、83年から85年まで2年半ぐらい連載したもので、終わって1年ぐらいたって農文協から出しました。最近亡くなったんですけど、清水悟[注3]さんという方が農文協にいらして、僕はずいぶんお世話になった方ですけれど、その清水さんから東北でこういう勉強会があるが、講師をお願いできないかと声を掛けていただきました。聞いてみたら何しろ本物の農家の集まりでしょう。講師役は守田志郎さんが亡くなるまで引き受けていたし、守田さんといえば農業経済学者で、農村社会学者でもある、そっちのほうは専門の人です。だから、僕としてはちょっと尻込みする話だったんです。

栗田　なかなか了解いただけないというお話だったものですから、先生のところに押しかけたのは1987年の秋です。全林野労働組合の全国集会が山形県の上山でありまして、そこに内山先生がパネラーとしてお話をされると聞いたものですから、私とかみさんで「よし行ってみよう」と、そのシンポジウムに参加しました。お昼休みの時に「先生、ご飯食べたら、私に30分時間をください」と無理やり押しかけて、食後にコーヒーを飲みながら、自分たち農家が東北で勉強会をしていること、そこで「ぜひ、先生に直接話が聞きたい」とお願いしました。

内山　あの時、栗田さんがお見えになって、「農業のことはわれわれがプロだから、別にそんなことを聞こうと思っているわけではない」、「これからは農家も幅広くいろんなことを考えながら、農村をつくったり、農業を守ったりしなければいけない時代なんです」ということだったので、それだったら、行ってもいいかなと、引き受けたというわけです。あのとき、なめこなどたくさんもらってしまい、もらってしまった以上は行かないわけにはいかない。

注・このときの経緯を内山節は『山里紀行』に次のように書いている。

「私は少し憂鬱だった。明日から二日間、東北の農民の集まりで講演をすることになっている。二年前それを頼まれたとき、私は考慮の余地なく断った。私には農業のことはわからない。群馬県の山間部で狭い畑を耕しているとはいっても、それは趣味的なものであって農業という言葉からはほど遠い。本物の農民の前で話すことなど私にはないのである。それなのにこの二年の間に幾度か頼まれ、メンバーの農民から茸をいただいた

山里で暮らす人々へのやさしいまなざし

栗田　私が初めて内山先生の著作を読んだのは『山里の釣りから』です。知り合いから「こんな本を書いている人がいる」と教えてもらいました。それを読んで、山村に暮らす人々にこんなやさしいまなざしを向けている人がいるのかという驚きと感動がありました。この本に釣りの話はたくさん出てくるけれども、釣りのガイドブックじゃありませんね。

内山　私はヤマメやイワナを追いかけていますからいわゆる「渓流釣り」ですが、「渓流釣り」という言葉をつかっていません。山里に釣りに行くという意味を考えたかった。山里の釣りからみた山や、川や村人の状況を描きたかった。

栗田　あの本が出たころ私たちは山村の暮らしに誇りというか自信を持てなくなっていたんです。世の中はすべて都市に向いていて山村や農村は遅れていると軽視されていた時代でした。そんな時に先生は山村で暮らしている人たちに光を当てて、山村の労働と都市の労働の違いを考察している。山村で暮らすことの意味を語ってくれた。すごくうれしかったですね。以来、機会があればぜひ会ってみたいものだとずっと思っていたんです。

私は守田先生にも影響を受けた時期が長くありまして、例えば守田先生の「農業は農業である」という言葉です。当たり前のようだけれども当時は「農業も工業のようにならなければいけない」という近代化論が盛んな時代に「農業と工業は違うんだ」と言ってくださいました。守田先生の『むらの生活誌』という本の中で、「村には村の暮らしがある」「都会には都会の暮らしがある」「それは違うんだ」と言っている。この視点は内山先生とお付き合いさせていただくようになり、より深いものになっていったと思います。

内山　守田さんのことをもうちょっと解説すれば、守田さんは東大の福武直氏の弟子にあたる人で、農村調査をずいぶんやった人です。あのころは経済学者であり歴史学者である大塚久雄さんの、共同体は封建的で自由がなかったというヨーロッパの視点での共同体論が論じられていた。日本の共同体は解体すべきものという評価で、それはだれも疑わなかったのです。共同体から市民社会に出るのが社会の進歩、そう受け取られていた時代に、現場を歩いてきた守田さんは突然、「農村にとって共同体は必要である」という主張をなされた。そういうことを言っている人はほかにも農業水利を研究している人にいて、例えば農文協から本が出ているんだけど、玉城哲（あきら）さんなんかも言っています。農村における水管理問題は封健的だとか言っても、なくてはならないものだったわけで、農業水利系の人からは共同体を全面否定していいのかという問題提起はあった。しかし、一般的に共同体必要論はほとんどなかった。そんな時に突如として、守田志郎という若手の学者が、変なことを言い始めたという感じで、「共同体があってこそ、農村がある」と言った。彼の本の中には栗田さんの家の話なんかも出てくるのですが、具体的な話を入れながら、共同体否定論を突然、ひっくり返す議論を展開した。当時、農家の人がどう読んだかは別として、一般的な研究風土の中で言えば本当に変なことを言う人という感じで、最初はみんなが真剣に相手にするという感じではなかった。ただそのあと社会がどんどん変わって、本当にあっという間に守田さんは変な人から、普通の人に、そして先駆的な人に変わっていった。僕が『山里の釣りから』を出したのは1980年ぐらいですから、もうすでに守田さんたちが掘り起こしてくれた土壌があって、その上でやっているわけですから、非常にやりやすい時代ではあったんです。守田さんは逆に、やりにくい時代に頑張った人です。

「真理はその真理を共有する人にとってのみ真理である」

栗田　「中期講習」の参加メンバーは農文協がこの企画に関心を持ちそうな東北の農家に声を掛けて集まってもらった人たちです。面白いのは農文協が主催していた時は少ない時は7～8人、多い時でも14～15人しか集まらなかったのですが、自主開催の「東北農家の2月セミナー」に切り替えたら、30人限定にしているのにいつもすぐいっぱいになりました。それまで経費は農文協が負担してくれていたので、自主講座になって資金的には苦労することになり、先生にも参加費は出していただいて、代わりに謝礼は少しお渡しするというかたちで続けてきました。

内山　それにしても参加していた農家の皆さんはすごく熱心で、セミナーの内容はすごくハードでしたね。

栗田　日程は1泊2日で、先生の講義が2時間、参加者による討議が2時間の計4時間を1講とし、これを2日間で4講まで行いましたね。ですから2日間で先生の講義が8時間、参加者による討議も8時間というハードなものです。例えば、1997年の講義では第1講が「今日の農業を考える」、第2講が「場所について考える」、第3講が「貨幣と時間価値について」、第4講が「まとめに代えて」です。先生は平易な言葉で語ってくれたので、難しい哲学などは読んだこともない私たちも毎回熱い討論を繰り返して、講義の内容についていけたと思っています。

注・やはりこのときのことを『山里紀行』で次のように書いている。

討論がはじまった。そのとき私は救われたような気持ちになった。それは二日間の話が、みごとに農民たちのなかで消化されていたことを知ったからである。とりわけ議論は私の次のような発言を軸にしていた。それは、労働によってつくりだされるものは労働生産物だけではない。労働は新しい関係をつくりだしている。というのは労働とは第一に自然と人間の関係のなかで、第二に人間と人間の関係のなかで成立している営為だからである。

内山　守田さんが講師をしていたころは、栗田さんがいちばん若かったんじゃないですか。

栗田　ええ、まだ27歳でした。それがいま69歳です。

内山　2月セミナーに変わってからは東北の農家以外の方も参加するようになっていましたね。

栗田　自主講座になってから、私は先生のお話をたくさんの人に聞いていただきたいと思って、いろいろな知恵を絞りました。最初は参加者は農家だけという条件だったのですが、一緒に勉強したい人は職業、年齢、性別、居住地区は一切問わずということにしました。また事務局は参加メンバーに手を挙げてもらって世話人になってもらい、世話人になった人はたとえ欠席であっても勉強会を維持する経費は負担してもらうことにしたんです。ですからさまざまな職業の人、地域も京都、静岡、北海道などから参加いただけるようになりました。

勉強会ではたくさんのことを学びましたが、私にとってうれしかったのは、農と自然とのかかわり、労働や貨幣の基本的なとらえ方や、その時々の社会の出来事がどんな意味を持ち、どう受け止めたらいいかなども学べたことです。

学んだことを現場で確認する機会にも恵まれました。ソ連が崩壊し、東西ドイツの壁が取り除かれた時、ちょうど日本では中山間型農業のためのデカップリングが討議されていた時でしたが、1993年に山菜を栽培する仲間とヨーロッパを回り、向こうの農業政策を学ぶことができました。2002年には同じ仲間とアメリカを訪ねて、カリフォルニアの農場や虚飾の都市ラスベガスを見ることができました。先生の講義を聞いていたおかげで海外に視察に行っても漫然と外観だけを見て帰ってくるのではなく、グローバル化の中身を見ることができたと思います。

内山 そのころですか、ログハウスを建てたのは。

栗田 ええ、ログハウスを建てて「暮らし考房」と称し、グリーン・ツーリズムを始めたのがヨーロッパに視察に行った年です。このころ国際化、グローバル化が声高に叫ばれるようになった時でしたが、グローバリゼーションに対抗する思想として、ローカリズムを学んだことで始めることができました。

先生の話の面白さは、時代の現象を「僕だったら、こう考える」ということを話されたことですね。例えばソ連の崩壊があった時は世界の仕組みを、バブル経済が盛んだった時にはバブル経済の仕組みを話してくれる。それからグローバルスタンダードという話があった時は、グローバルスタンダードとローカリズムの話をしてくれる。テレビのコメンテーターのような時事解説ではなく、もっと深く社会状況をとらえた話だったので、多くの人がセミナーに集まったのだと思います。

内山　初めて栗田さんにお会いした時は、僕はまだ30代ですから30代の人間が何を言ったらいいか戸惑いました。上野村の経験があるので、まんざら都会人というわけではないのですが、村で頑張って生活をしてきた人間ではないので、栗田さんに言われて気軽に引き受けたが、大丈夫かなという感じでした。農業のあり方なんて話をしても皆さんがプロだし、農村のあり方は僕なりの考えはあるかもしれないけど、これは地域によって違うわけです。例えば上野村は水田がありませんから、稲作を持った農村ではまったくない。栗田さんのところのように雪がたくさん降る地域の農村でもないし、全部違うので具体的な話をしても意味がない。

講師を引き受けたころはちょうどIターンという言葉が出始めたころでもあった。70年代からそういう人は出て来ていたし、年を追うごとに増えてきた。大学を中退して農業に入る人もいれば、卒業して数年は都市で働いたあとで退職して就農する人など、いろいろな人がいた。田舎に戻っても必ずしも農業をやらない人もいたけれど、農業をやらないからといって、農業にそっぽを向くんじゃなくて、自分の持っているものを生かして、農業とか農村が持続するように考える人もいました。盛岡市の小島進さん[注4]みたいに野菜の直売所を作って、農家を支えようとする人も出てくる。

栗田　先生はただ講義してさっと帰るんじゃありませんから、参加者のみなさんをよく覚えてくださいました。

内山　それは当然ですよ。お付き合いするようになって分かったんですけど、東北というのはもともと農業基盤の強いところで、跡取りをどう作るかということをしっかり考えてきた地域だったんですね。跡取りにする長男は大学まで入れたりしない、家から出ていく次男坊や三男坊はできるだけ学歴もつけてあげるということをしている。跡を取らせる子どもには篤農家のような人、あるいは「あの人は農業の神様だ」と思われている指導者のところに弟子入りさせる習慣がありましたね。栗田さんもどっかに行かれませんでしたか。

栗田　私は行っていませんが、うちの息子は和歌山県の林業家に預けました。

内山　東北の農家は跡取り教育のようなものを真剣に考えていて、それが社会化されていた。だから農家の跡取りたちは弟子入りした先で他地区からやってきた農民と同居したりして、十代で大変広い世界を経験している。東北ってこうやって農業を守ってきた風土があったのかと、お付き合いして初めて知った。

栗田　先生の講義の中では忘れられない言葉はたくさんあるのですが、非常に印象に残っているのは「日本の中に山村といわれるところはたくさんあるけど、山との暮らしを捨てたところを本当に山村と言えるのだろうか」というようなことを言われたことです。つまり「もっと山とのかかわりを取り戻していかなければ駄目なんだ」という意味だったと思います。

私が「暮らし考房」というとらえどころのない活動を始めたのが1993年ですが、時はいわゆるバブル経済のはじけた直後、多くの人は山村には未来がないと、経済効率を求めて町へ下った。私は山村は本当に貧しい社会なのか自問しました。お金をたくさん稼ぐ人が豊かという都市の価値観で見れば山村は確かに貧しい。しかし、自然に囲まれた中で多彩なわざを駆使して暮らす豊かさを考えれば山村は非常に豊かな社会です。私は地域ぐるみの暮らしの公開や体験の受け入れを通して情報を発信することにしたのです。これが日本におけるグリーン・ツーリズムの先駆けと言われ、地域づくりの好例と評価されることになりました。

また強く印象に残っているのは第1回の講義で、山村の労働を「仕事と稼ぎ」という分け方をしてくれたことです。私たちが漠然と考えていることを先生はきちんと整理して話してくれた。そのことが、非常に強い印象として残っています。

あのころ私は山村で暮らしていくための揺るぎのない信条というか、真理のようなものを探して学習していたのですが、先生に「真理はその真理を共有する人にとってのみ真理である」と言われてはっとしました。自分で発見した真理を村中に伝えたいと思っていたのは、ある意味で思い上がりであることに気付かされました。

メープルシロップは新しい森林文化に育った

内山　イタヤカエデの樹液のほうは順調なんですか？

栗田　私が取り組んでいるメープルサップ[注5]はもともと何かの時に「木糖でコーヒーが飲めたらいいね」という先生の言葉にヒントをいただいて始めたものです。あのころ日本ではメープルシュガーなんて知られていなかった。カナダから輸入したメープルシロップ[注6]にしても東京にはあるけど、地方にはない。木糖の話を先生から聞いて、調べたら日本でも昔、試験場でイタヤカエデからシロップを作る研究がされていたことが分かりました。私は地元の年寄りたちの健康相談の時に聞いたんです。「イタヤカエデから露が出るって知ってたか？」って言ったら、ある老人から「昔から『2月泣きイタヤ』という言葉があるんだ」と言われたんです。これは旧暦の2月なんですが、2月にイタヤカエデを傷つけるとイタヤカエデが泣いて「その涙は甘いもんだ」という言い伝えがあったというのです。私はイタヤカエデの樹液を採取して研究して、2004年にメープルビール[注7]を、2005年にソフトクリームなどを商品化しました。

内山　栗田さんの研究熱心というか、粘り強さが発揮されたんですね。

栗田　メープルシロップの開発で試行錯誤していた1996年に、林野庁主催の林業後継者のアメリカ・カナダの林業視察団の団長を頼まれました。私は、「メープルの樹液の採取者に会いたい」と希望を出して実現しました。向こうの現場を視察して、シロップではカナダに太刀打ちできないが日本での活路はサップ（樹液）の活用だと気付き、メープルサップドリンクや、世界唯一といわれる樹液利用のメープルビールの開発につながりました。そういうちょっとしたヒントを先生からいつももらいながら私は、自分の暮らしを変えてきたと思います。私は農林業を営む現場の人間ですが、学んだことをいろいろな場面で実践できたのは先生のおかげだと感謝しています。

内山　僕も上野村に行くようになって、村の経済のことは考えるようになったんだけど、村では経済にはならないような営みがすごく村を支えているわけです。栗田さんは樹液を採って、販売の加工品まで作り上げたといってもまだ商売にはなっていないと思うけれど、楽しみでもあるだろうし、それを喜んでくれる人たちもいるし、そういうなかで営まれているわけです。そろばんをはじいたら、もしかしたら、やめたほうがいいかもしれませんが、だけどそろばんが合わないからやめてしまったら村の暮らしは本当にだんだん縮小してしまう。逆に追い込まれていってしまう。上野村でもそうだけど、きのこ採りなど、まったく商売にならない。たまに村の直売所に出してほんの少しお小遣いが入ることはあるかもしれないけど、少なくとも生活を支えるほどの収入にはならない。だけど、そういう世界があって、何とか村が回る経済を作っている。農村は、経済にならないことも含めたいろんな営みがあって生きる世界を作っている。それを都会に住む人はどう受けとめるか。都会で農村と同じことをやろうとしても無理なんだけれども、ただそういう考え方を持っていれば、都会の中の自分たちの世界も少しは変えていけると思っています。

栗田　少し補足させていただくと、先生はメープルは商売になっていないのではないかと思っていらっしゃるようですが、これでも相当の販売額になっているんです。樹液は2月末から3月いっぱい、毎日午前中に山に入って採取しますが、農業収益の3割ぐらいの仕事になっています。米価が安くなっているし、木材は売れない。そのなかでメープルサップは山で働く仕事として、十分成り立つようになると私は思っています。山仕事というのは自分が山に入って働いた分が残る程度で、人を雇って賃金を払うとなるととても成り立たない。そういう状況でしたから、2008年に私のところに学びにきた人たちと日本メープル協会を設立し、今年、日本における樹液の採取法とメープルシロップの基準を決定しました。同じ基準のメープルシロップを流通させ、たくさんの人に国産メープルシロップを知ってもらうことで、山村の仕事の一つに、願わくば日本における新しい森林文化の一つに育てたいと思っています。

「時間が蓄積される里」の石碑を建てました

内山　仙台で行われていた「2月セミナー」とは別に、栗田さんが住んでいる金山町に僕が通うようになったのはいつぐらいからでしたっけ。

栗田　「山里フォーラム」を始めたのは1994年からです。たまたま私の住む金山町杉沢集落の冬季分校が廃校になって、それは村の人が建てて町に寄付して分校として使っていたものですが、廃校になった時に公民館として使うことになった。その改修が終わったお祝いに何かやろうという話になった時に私は、やるなら内山先生を呼びたいと思って提案しました。東京で先生とコーヒーを飲みながら、2月セミナーとは別に小さな村で先生の話を聞きたいと無理なお願いをしました。普通に暮らしている山の人間だから、1時間なり1時間半じっと聞いていることができないかもしれない。途中で飽きて席を立つかもしれない。1回聞いたから分かるということにならないかもしれない。最低10年はやりたい。しかも先生に差し上げる謝礼はそんなにありません。10年やっても村はなんにも変わらないかもしれませんが、その覚悟でやってほしいとお願いしたんですよ。そうしたら、先生が、「面白いですね。やりましょう」と言ってくださった。それが1994年に始まった「山里フォーラムinかねやま」です。小さな山村で哲学の連続講座を開いているのは例がないと注目され、全国から参加者がありました。特に支えてくださったのは、内山先生の仲間の森林フォーラムの会のメンバーが毎回、知人を誘ったり、家族で何度も参加してくださった。

11回目の2004年からは「内山節の山里哲学精舎」と名称を変え、1日目を「山里フォーラム」として公開講座にしました。フォーラムが15回を超えたとき、先生と有志で『十三戸のムラ輝く』（栗田和則、栗田キエ子、内山節、三宅岳共著、全国林業改良普及協会）を出版しましたが、その本の中にある先生の言葉、「時間が蓄積される里」の石碑を建てました。このフォーラムも昨年、「20回でこれ限りにします」と区切りをつけました。私の思いのなかに2日間延べ40日間も先生を拘束した申し訳なさと、もう一つは参加してくれた人たちがぽつぽつ参加できなくなってきたので、どこかで区切りをつけなければという気持ちがありました。区切りをつけながら続けるというのが私の気性で、10回まではオープンな公開講座、11回からは「師と弟子」の関係を結んだ学びの場にしてきました。これからは学んだことをかたちにして、村を訪ねて来る人に伝える第三のステージをつくりたいと考えています。実は5年前から意識してきたことで、内山先生の石碑はその第一歩でもあります。5年ぐらいたったら、内山哲学に近づこうとした男のむらをもう一度見てもらおうと思っています。

内山　昔からお付き合いしている人は自分も含めて高齢化していくわけですけど、しかし、いろんな集会に出ていれば地域に若い人の参加が随分増えてきたという感じは持っています。「東北農家の2月セミナー」も若い人が随分増えていて、後継者は育っている気がします。

栗田　山里フォーラムをやって何が変わったかと問われると答えに窮するところがあるんですけど、少なくとも一緒に先生の話を聞いてくれた人たちは、山村の暮らしに意味を感じてくれるようになったと思います。しかし、残念なが

「内山先生のおかげで山里の住人は山の暮らしに自信を持つことができました」（栗田）

ら、こういう会に参加してくれない人たちもいるんです。都市に住む人たちとの交流を企画しても、参加しない。そういう家はやっぱり、杉沢で暮らす誇りも自信も希望も見つけることができない。簡単に子どもを外に出してしまう。小さな村ですから家々のおおよその事情が読めるんですね。そうなると20年後、30年後は国もそうですが、過疎の流れは止めることができないだろうなという思いになっています。これからは進む山村の過疎化、その覚悟のうえで世帯が減っても残れるむらをどうつくるかです。私はこれまで歩んできた「メープルと哲学と交流の山里」の道をさらに行こうと思っています。昨年暮れ、「山里に自信と誇りと希望を　哲学者内山節氏と20年」と石に刻みました。

内山　僕は農家や農村の暮らしは、昨日のように明日を暮らすというのが基本だと思っています。去年のように今年を暮らしますということでもあるけれど、農家の人って同じことを繰り返しているようだけれど細かく見ていくと毎年少しずつ工夫をしている。土を耕して種を蒔くという基本では去年と同じことをやってるようでも、そこに少しずつ深まりがある。都市では高度経済成長以来、進歩を追いかけてきて、去年のように今年を暮らしちゃ

いけないというかたちできたけれど、都会の暮らしはいまだいぶくたびれてきて、持たなくなっている。一方で農村・山村に魅力を感じている人が出てきているのは確かです。

僕はこの20年、毎年夏に栗田さんの家に通ったわけだけど、外から見ると栗田さんの家は何も変わっていない。少しずつリフォームしているので栗田家は立派になったけど、基本的に建物は変わっていない。目の前にある池も変わっていないし、その前にある田んぼも変わっていない。イワナが谷川の端っこのほうにいたりするのも変わっていない。大きく変わったと言えば、裏山に杉の大きな木があったんだけど、それがだいぶ切られて、今はカエデの木なんかが植わっていて、あれが大きくなったら樹液が採りやすいだろうと思うだけで、裏山に森があることは変わっていないわけです。そのことが毎年来る人を引き付けている。もしこれが行くたびに栗田家が大きく変わっていて、目の前の田んぼが駐車場に変わっていたら、もっともあそこの場所は駐車場を作っても借りてくれる人もいないと思うけど、もうちょっと都市に近い農村だったら、十分あり得るんですよ。5年目に行ったらそこはパチンコ店になっていたとか。そういうことだったら多分魅力は感じないわけです。だから変わらないのに深まっていく農村、それがあるから夏に行きたいという人がいるわけです。農村は変わらないことに価値がある。そこには深まっていく里がある。それを見据えた地域づくりをしていけば、状況は厳しいけれども村は必ずしも絶望的という時代でもないと思っています。

（取材協力／岡村勢以子）

【注】

■注1：守田志郎（1924～1977）
1946年、東京大学農学部農業経済学科卒。農林省、協同組合経営研究所、暁星商業短大教授を経て、名城大学商学部教授。

■注2：『自然と労働』
1986年、農文協刊。内山哲学を代表する一冊。

■注3：清水悟
1948年北海道生まれ。1970年北海道大学農学部卒業、同年社団法人農山漁村文化協会入会。主に文化部に所属し、守田志郎氏や内山節氏を講師とした農家の「中期講習会」を組織。『日本民族の自立と食生活』などの文化部著作の執筆や「魚の高値のしくみ」などの映画制作に活躍。文化部長、提携事業センター副所長などを経て、2008年定年退職。2013年没。

■注4：小島進
脱サラ後、盛岡市で「ちいさな野菜畑」（岩手県内の農畜産物を扱う産直と食堂）を経営。

■注5：メープルサップ
楓の樹液。

■注6：メープルシロップ
楓の樹液を濃縮して作られたシロップ。

■注7：メープルビール
メープルサップを利用した地ビール。

対談　群馬県上野村村長　神田強平氏×内山　節

小さな村が生き残るには総合力を高めるしかない

「エネルギーさえ自給できれば、国や都市に頼らない暮らしができる」と語り合う内山氏と神田強平村長。

対談　2013年12月28日
場所　群馬県上野村役場・村長室

神田強平／かんだ きょうへい
1949年、群馬県上野村生まれ。1968年、藤岡高校卒、上野村役場に入庁。2009年、上野村村長に就任。現在2期目。65歳。

神田　先生が初めて上野村に来たのは昭和30年代ごろだったでしょうか。

内山　いやいや昭和46〜47年ぐらいですよ。黒澤丈夫村長[注1]の2期目です。

神田　私は43年に役場に入ったから、その後だったんだね。先生と話をするようになったのは、先生が森林フォーラム[注2]を上野村で開くようになってからですね。参加者が集落の人たちと交流する場に、私も役場の職員として参加しました。ただ、先生の話はずいぶん前から黒澤村長や、今、先生の家の隣に住んでいる清久さんからいろいろと聞いていました。農協の専務をしていた清久さんはとても優秀な人で、私は高校生のころ家庭教師をしてもらっていたんです。私は1歳半で父を亡くしているので母子家庭で育った。成人したら村を出て行きたかったけれど、清久さんに、かあちゃんが一人になるから駄目だ、村に残れと言われました。役場に就職する際も清久さんにお世話になりました。

内山　森林フォーラムは、村に来るようになって16〜17年してから開くようになりました。ただ僕は基本的に村には釣りに来ていたから、定宿のあった浜平という集落にほとんど滞在していた。浜平は村の中でも一番奥にある集落だから、役場のある村の中心地にはあまり出てきませんでした。あのころ浜平から役場まで来るのは大変だったから。

神田　砂利道でね、舗装されていなかった。そんな道が森林フォーラムの参加者はとても素晴らしいと言う。山には小鳥のさえずりがあって、下駄をはいて歩いた時の音がいいとか。舗装道路にしないように、木を伐らないようにとまで言われて、頭にきたのを覚えています。1〜2回来ただけで何が分かるんだと。私は遠慮しないタイプだったからいろいろ言いましたね。

内山　村に来てから8年ぐらいたったとき、『山里の釣りから』[注3]という本を出しました。上野村のことを書いた最初の本です。さんざん村のことをネタにしたので、黒澤村長に1冊進呈しようと表敬訪問しました。あれが村長と直接お会いした最初だったけど、以前から名村長のうわさは聞いていました。

　いろいろな場所で釣りをしたけど、上野村は川がきれいで、天然魚があまり素直ではない。釣りやすいところではなかったけれど天然魚の釣りファンが多かった。

神田　浜平の鉱泉宿のお客さんはほとんど釣り客でしたね。

内山　浜平の奥には昔は大きな炭焼きの集落があった。村に通うようになった当時はもうなくなっていましたが。

神田　先生が来たころの村の人口は3000人ぐらいでしょう、今は1360人。

内山　燃料革命以降、炭焼きが駄目になって、炭焼きの人が村を出て行ったのは1960年前後のころですね。あのころが一番劇的に人口が減った。進学した子どもたちも村に戻らなくなった。

神田　私が中学を卒業したのは昭和39年です。当時は村の東西に1校ずつ学校があって、

「村に来た当時は道が狭くて砂利道で、おかげで車の運転がうまくなりました」（内山）

私が通っていた西校の卒業生が80人ぐらい、東校は60人ぐらいいました。高校の進学率は20％以下で、西校の卒業生で進学したのは15人ぐらいだった。進学しなかった同級生の多くは「金の卵」といわれて、集団で都会に就職して村に残ったのはわずかでした。上野村に高校はなかったので、万場高校という藤岡高等学校の分校にバスで通いました。未舗装のえらい道だったから毎日命がけだったね。

内山　僕も上野村に来たおかげで車のバックがうまくなった。バックできないと走れないから。

神田　今のような2車線は当時は夢でした。黒澤村長が昭和40年に就任して、村の幹線道路、今の国道299号線が県道から国道に昇格してから飛躍的に良くなった。黒澤村長は道の改修にとても力を入れていて、沿線の自治体のなかでまず上野村が全面改修した。当時私は土木係をしていたので、用地交渉のために毎晩、村の人たちを訪ねて回りました。道路の改修は過疎化対策の一環でしたが、黒澤村長は「過疎」という言葉は使わなかった。使ったのは「人口急減病」。人口減に何とか歯止めをかけたかったんです。地場産業の林業も農業も衰退していくなか、観光振興をしようと県に国民宿舎をつくりたいと陳情に行ったら、観光資源もないところに施設をつくって採算がとれるのかと言われました。その時に村長はこう言ったそうです。子どもが病気になった時に、あなたはどうしますかと。病気を治そうとしない親なんて要らない、村の衰退を食い止めようとしない村長なら要らない、何もできないなら村長を辞めますよと言って、粘り強く交渉して辺地債を受けて「やまびこ荘」

をつくった。オープンしたのは昭和44年7月です。

内山　それまでは商人宿みたいのがあったけど、バタバタつぶれていきましたね。

神田　有名な観光地には国民宿舎はあったけど、こんなへき地、群馬のチベットと言う人もいた地域に国民宿舎をつくったのは、当時は珍しかったんじゃないかな。建設中にね、窓ガラスも入っていない吹きさらしのなか、備品を守るために夜中に泊まり込んだこともありました。観光を振興して雇用の場をつくっていくのが目的だから、イノブタの飼育も始めた。野生のイノシシと飼育している豚をかけ合わせたらイノブタができたという話を聞いて、上野村でも取り組むようになったのです。

内山　僕が村に来たころ、養蚕の種まゆ、蚕の卵をとっている人がいました。和紙に産みつけさせて、卵で出荷する。でも生糸を出荷する人はもういなかった。生糸に代わって始めたのがコンニャク。上野村のような山間地など条件の悪いところで育つ作物だったけど、品種改良が進んで平地でも作れるようになった。そうすると、平地で機械化したほうが効率がいいので、村のコンニャクも収益が上がらなくなった。次に導入したのがシイタケやナメコ。ナメコの原木栽培はかなりいい収入になったんでしょうね。村内放送でもナメコの市場価格を毎日放送していたのを覚えています。やがて大手の種菌メーカーがキノコの大量生産を始めて値崩れが起こった。今でもキノコはやってはいるけど、昔ほど収入は良くない。木材の価格も安くなって、林業も農業も安定収入でなくなった。そんな時期に僕は村に来ている。

神田　木工センター[注4]をつくったのが昭和51年です。当時は国有林からケヤキなどの高級材がどんどん村外へ出されて、市場にみんな持っていかれた。黒澤村長はそれではいかんと、村内で木材の付加価値を高めようと始めたのが木工だった。

内山　上野村は国有林が多い。その山からケヤキが出されていたけど、村で国有林の木を買うことができなくて、市場へ買い戻しに行ったり、いろいろしていましたね。銘木市場[注5]に出していたので名古屋市場が多かったかな。一部は京都市場に流れていた。上野村ではお椀や家具などを作りたかったわけだから、いい木が一部あればいい。でも営林署のやり方はまとめて全部売るやり方です。村でまとめて買うわけにもいかないから、単品で買える市場で買い戻すしかなかったんですね。

神田　あのころの黒澤村長はとにかく自主事業を立ち上げて、人口が減らないようにしていた。あらゆることをしました。ほとんどが失敗しましたが、ミミズの養殖もやったし、薬草の研究所もつくろうとしたけど駄目だった。でも先見の明はありました。今の時代なら成功したでしょうね。でも、その失敗が糧になったんですよ。役場職員の意識も変わっていった。勤務時間内の仕事だけで新事業なんて起こせない。私は昭和58年に木工センターの担当になって、東京での販路をつくろうとしていた時、三越を紹介してくれた人がいて日本橋の三越本店へ営業に行きました。ちょうどそのころ、昭和60年に日航機墜落事故[注6]があった。上野村の御巣鷹山に飛行機が墜落したので、日本航空から遺族の方に上野村の木工を贈りたいと相談されたんです。三越と日航とは親しい関係だったので、早速、三越本店の担当者から連絡が入りました。本店に行くと、担当者が正面玄関で待っているんですよ。業者は普通、裏口から入るんだけど、今日は違うからと正面玄関から入って応接室に通されました。遺族の方に贈る品を包む包装紙に三越のものを使ってもらえないかと打診されました。使うのはもちろんいいけど、でも待てよと、少し駆け引きをしてみようと、すぐ村に戻って村長に報告しました。これを機に三越に本格的に参入したいので、問屋を通して三越に納品して、三越から日本航空に納品する仕組みをつくっていいかと相談したら、よしやれと村長のお墨付きをもらってから再び三越と交渉しました。おかげで当時16カ所あった三越デパートのすべての店舗に上野村の木工コーナーを設けてもらうことになりました。当時も今もデパートに村産品のコーナーをつくるのは大変です。伝統工芸はたくさん売れるものではないから、なかなか参入できない。当時、木工センターの売り上げは年間4600万円ぐらいだったけど、私が6年担当していた間に2億円まで売り上げを伸ばして、経営を役場から森林組合に移しました。景気のいい時代だったのでギフト需要がかなりあったんです。そのぶん納品の数が多くてね。木材を調達するために京都の市場まで行きました。

内山 あの時は僕は林野庁との付き合いがあったから、何とか現場で上野村に木材を卸せないのかと何度も頼んだけど難しかった。

神田 難しいね、少しなら卸してくれるけど。

内山 木曽や会津など有名な木工に比べて、上野村の木工はほとんど知られていなかったから、認知してもらうためにも三越は有効だった。だけどデパートに卸すのはつらいところもあるでしょう。

神田　産地の取り分は当時は定価の42％[注7]。

内山　家具は25％なんていうケースもあるそうだから42％ならいいほうじゃない。

神田　今はもう30％台ですよ。有楽町の阪急百貨店で高知県馬路村と木工イベントを一緒にやりました。馬路村には日本の三大美林といわれている天然の魚梁瀬杉[注8]があって、上野村にはケヤキがある。針葉樹と広葉樹の銘木を使ったイベントでした。開催したのは昭和60年8月15日、でもその3日前に日航機の墜落事故が起きてしまった。イベントの参加を見送る話もありましたが、村長はやれと、行動力のある人でした。オープニングイベントのあと、村長はすぐに村に戻って救援活動の指揮を執った。阪急の社長も事故で亡くなっているので、イベントを利用したのかと言ってくる週刊誌の記者もいてね。ふざけるなと。イベントの企画には1年以上はかかる。そんな疑いをかけられたこともありました。イベントは好評だったけど、スギはあまり売れなかった。ケヤキのほうが売れた。9対1ぐらいの売り上げだったかな、申し訳ないけど。

内山　魚梁瀬杉は天然の銘木だけど、馬路村は高知県だから出荷するのは大阪市場なんですよ。だから東京市場では知られていない。東京だと秋田杉とかになる。魚梁瀬杉そのものを東京の人は知らないから、売るのは大変だったでしょう。

神田　だからイベントでは売るのを手伝ったくらい。

内山　銘木は山でセリをすることがある。樹齢が何百年にもなる木だから中にウロ（空洞）がある場合があるので、業者は木を叩いたりして確認する。ウロがあったら価値がずっと下がるから。叩いて見極めて入札する。バブルのころは1本4000万円ぐらいになった。上野村のケヤキだって1000万円は超えていた。

神田　上野村の乙父沢というところには天然のヒノキ林もある。いまは保護林になっているので伐れませんが。木工センターは一つの事例で、黒澤村長の下で、とにかくいろいろな自主事業を立ち上げました。

内山　黒澤村長のように新しいことを立ち上げるのは大変。県からも上野村でそんなことやってもと言われるけど、同じことを村民からも言われる。単発で見る人が多いから。イノブタならイノブタしか見ない。でも失敗を繰り返しながら全体の蓄積でやっていかないといけない。全体で見てくれる人が県にも村にも少ない。

神田　先生とお付き合いのある方には黒澤村長反対派が多かったんじゃない。いいことをやっても批判される。先生と村長は話し合いで理解し合えるけど、一部の人には理解してもらえなかった。

内山　僕が村に来てからしばらくは村長人気はかなりあった。ただ任期が長くなってくると多少飽きも出てくる。次々に新しいことをやっているけど、単発で見ると失敗していることもたくさんあるし。

神田　ほとんど失敗している。でもそれが今に生きている。無駄にはなっていない。

内山 もともと上野村は黒澤村長自身も含めて派閥的には中曽根派なんですよね。

神田 そう、よく知っているね（笑）。

内山 中曽根派だったのに、いつの間にか福田派の重鎮になっていく。でも中曽根派も村にはいるわけで、そのあたりの軋轢も黒澤村長批判につながったんでしょうね。

神田 村長は中曽根派の参謀だったんです。中曽根さんはエリートで国際的な感覚に優れていた。一方、福田さんはまずは地元を固めていこうという考えの人だったので、そんな福田さんに村長はだんだん傾倒していったんです。福田さんが主催する朝飯会にも村長はよく行っていました。福田さんのところで一緒に朝飯を食べると、そこには大臣級の人も集まるから人脈も広がるし、交渉力も高まる。その積み重ねが今につながっているんです。中央とのパイプは大切ですから。

内山 上野村の隣の南牧村は富岡市のほうまで通勤できる。上野村も今ではトンネルが通ったから、頑張れば富岡まで通勤できるけど、昔は上野村は通勤圏ではなかった。上野村の中に雇用の場をつくって、村で頑張るしかなかった。今はむしろ、村の周辺町村から人が働きに来ていますね。

神田 中央とのパイプという意味では、内山先生の人脈にも助けられているところがたくさんあります。自治をするに当たって、中央、国や県との闘いは避けられない。そこでの交渉力を持たなくては村長はやっていけない。平成20年から先生の声掛けで始まった上野村シンポジウムも村に刺激を与えています。村が今のように外部の人たちと上手に付き合えるようになったのは、先生がいろいろな人を村に連れてきて、地域に交わりを持ちながら情報交換をしてきた成果です。村の人はどちらかというと引っ込み思案だから、交流を重ねていくうちに会話力も高まっていきました。先生とひんぱんにやり取りするようになったのも、上野村シンポジウムが始まって、私が村長になってからだね。ただ、上野村シンポジウムの運営はおてんまの会[注9]が中心になっていた。おてんまの会は黒澤村長反対派の人が多いから、黒澤直系の私は敵に見られていたかもしれません。

内山　おてんまの会にもさまざまな人がいて、非常にややこしい。派閥も一様ではないので、選挙の話はご法度でしたね。いろいろあるけど、いざというときは派閥を超えて助け合う。僕のように外部から人が入ることで、地域社会に大きな影響を与えるという話をよく聞くけど、実際はそうじゃない。村を動かしていくためには、実にいろいろなことが関係してきます。高齢者問題ひとつとっても、その人たちが村でどう生きていくのか、生きていけないならどうするのか、さまざまに考えていく必要がある。膨大な土台がないと何も成り立たない。その土台を担うのが役場であったり、地域の人であったりする。僕のような人間は、時々ちょっと目立つことをやったり、外で多少は宣伝することぐらい。少なくとも僕が土台を守っているわけではない。土台の力があってこそなんです。

神田　ただ、上野村は底辺がしっかりしていない。私が注目している地域の一つに島根県隠岐諸島の海士町[注10]があります。中ノ島という小さな島の自治体ですが、町長や役場の職員自らが給与をカットして財源を確保しながら島づくりに取り組んでいる。若手のIターン者も多くて、彼らも島の担い手としてしっかり育っている。官が入り口をつくって、民が運営していくという流れができています。上野村にもIターン者が多いけど、役場に頼る傾向がまだ強いかな。役場の職員も給与以上の仕事はしたがらない。これでは村民だっていい感情は持たないよ。

内山　自分の仕事をこなすという点では、役場の人も相当能力はあるけど、プラスアルファを自分でつくり出すという人は少ない。そのあたりが村民から批判を受ける原因になっているんでしょうね。与えられた仕事だけでなく、自分で仕事を見つけ出して実行する。そのプラスアルファが重要。

神田　私はうるさいほうだから訓示でよく言うんですよ。自ら仕事をつくれと、人一倍勉強だけでなく、苦労もしなくては駄目だと。やればできるのに、苦労したくないから自分の限界を決めてしまう。これからの役場職員は起業していく能力がないとますますやっていけなくなります。役場だけでなく、農協や森林組合、第三セクターなど準公共団体も自立の精神を持つようにならなければいけません。今は公費をつぎ込んでやっと成り立っている事業も多い。これらの団体がトントンの経営になっていけば村は安定した状態になります。上野村には65億の基金[注11]があるとはいっても、借

「内山先生のおかげで村にいろんな方が来てくれるようになりました」（神田）

金が50億ぐらいある。基金ばかり見て、借金を見ないのは危険です。でもあと10年ぐらいで借金がゼロになる計算だから、たぶん基金は50億ぐらい残るでしょう。

　小さな上野村が生き残っていくためには自主的な事業を起こして採算を合わせていく、これが当たり前。もう一つは循環型の経済をつくろうとしている。上野村の資源はこの大自然、きれいな川と木材です。木材に付加価値を高めて村内で経済が完結する仕組みをつくりたい。公費を生かせる産業をつくりたい。林野庁にも上野村構想[注12]を提出したけど、絶賛してくれたね。小さい村でもできるんだというモデルになってくれと言われた。この循環システムの原料となるのは村の針葉樹と広葉樹です。針葉樹の場合、間伐材の一部は市場に出して、残りをペレットに加工する。村にはすでにペレット工場[注13]があって、年間１６００トンの生産能力がある。村内の温泉施設やホテル[注14]、一般家庭のストーブなどに需要があります。一方、広葉樹はオガクズにして「きのこセンター[注15]」で使う菌床にする。５００トンのキノコが生産できる設備として県内一ですね。現在は60人ぐらいが働いています。ペレット、オガクズと利用し、最終的には木質バイオマスの発電で活用する。この発電が完成して、木材が１００%活用されたら、おそらく10億ぐらいの経済になる。発電所は赤字になるから議員が何と言うかだね。１０００万円の赤字は駄目だとなると10億の経済は実現しない。どこかでマイナスになってもプラスが大きければいいというのが私の持論です。この循環システムが確立したら村は自立していける。

内山　村には木はふんだんにあるけど、低コストで山から搬出しないと採算は合わない。

そうすると林道をつくるか、林道のあるところから下ろすしかないけど、むやみに林道をつくるとあとの維持が大変になります。村全体で計画していかないと。

神田　だから索道ですよ。川の水を汚すような林道をつくっては駄目です。

内山　索道で間伐的な出し方ができるんですか。

神田　できます。列状伐採[注16]という縦方向で伐採する方法もあるし。時には皆伐的な伐り方も必要でしょうね。広葉樹はある程度まとまった面積で伐採して、団地化してほしいと森林組合にお願いしている。萌芽更新[注17]していく広葉樹は25年ほどたつとまた伐期を迎えるから、25年分の需要に対して団地をつくっていけば安定的に木を伐ることができるようになります。

内山　僕は今、小面積皆伐[注18]をやるべきだと

「地域完結型の経済の仕組みをつくりたい」と語る神田村長。

思っている。ほとんど皆伐しないもんだから、草原のような場所が少なくなって、まず鷹の餌の獲り場がなくなっている。鷹は獲物を狙う時、低空飛行をするから木があると羽を傷めてしまう。野ウサギなど草原性の生き物も行き場を失っているんです。小面積の皆伐なら川への影響はほとんどないだろうし、むしろ自然保護上からも小面積皆伐は行うべきです。村長の言う25年周期というのは昔の薪炭林の使い方だから、100カ所くらい団地をつくれば毎年4カ所伐っていけばいいことになる。

神田　材木には活用できる可能性がまだたくさんあります。コストが高過ぎて現実的には難しいけど、エタノール[注19]もできるし。木材の研究機関を村につくるといい。

内山　地域では、ある一つのことだけを成功させて、それだけで生きていく仕組みをつくってしまうのは危険です。それが駄目になった瞬間に村はアウトだから。循環型のシステムをつくっても、観光や農業などとどう関係づけていくか。失敗するものがあっても、全体のつながりを見ていく。そんな総合力が地域の力になっていくのではないかと思います。

神田　そうですね。村営の菓子工房もそば屋も赤字です。赤字経営で続けるべきではない、という声もありますが、そば屋には東京からのリピーターもいるし、楽しみで来る人も多い。こういう積み重ねが交流人口につながるんです。村の特産はイノブタだ、みそだと言う人もいるけど、私はそうではないと思う。上野村ブランドは総合力なんだよね。総合力のなかで上野村ブランドをつくるのが一番いい。

内山　このまえ熊本に行って、県庁経由で聞いた話なんだけど、山都町で砂防堰堤[注20]の落下水を使った小水力発電があるんだって。全国でもすでに4〜5カ所でやってる。砂防目的の堰堤では発電できないと思っていたけど。上野村にも砂防堰堤があるから視察してみたらどうですか。連絡をくれれば山都町のほうで案内してくれると言っています。堰堤発電の売電で年間8000万円ほどになっているようです。

神田　内山先生からはいろいろ情報をいただいてありがたいと思っています。これからもよろしくお願いします。

（取材協力・佐々木泉）

【注】

■注1：黒澤丈夫
1965（昭和40）年6月から2005（平成17）年6月まで、10期にわたって上野村村長を務めた。

■注2：森林フォーラム
内山氏が代表理事を務めるNPO法人「森づくりフォーラム」（1995年設立）の前身となった活動。森林ボランティアなど森づくりに興味を持つ人と一緒に全国の林業地域を訪ね、勉強会や交流会などを開いた。上野村では毎年夏に開催。

■注3：『山里の釣りから』
初版は1980年。続編として『山里紀行』（日本経済評論社）を1990年に刊行。

■注4：木工センター

１９８８（昭和63）年に事業を村から森林組合に移管。村内の山から産出される木材で器やコースター、おもちゃ、家具などを制作。作品は村内の直売店「銘木工芸センター」でも販売。

■注5：銘木市場

床板や天井板、床柱など主に内装材に使われる高級木材を扱う市場。

■注6：日航機墜落事故

１９８５（昭和60）年8月12日、東京（羽田）発大阪（伊丹）行きの日本航空１２３便ボーイング７４７SR・46が上野村の御巣鷹山に墜落した事故。乗員乗客５２４名のうち５２０名が死亡した。

■注7：定価の42％

例えば1万円の家具を販売した場合、産地（上野村）の収益は４２００円、販売元（三越）の収益は５８００円となる。

■注8：魚梁瀬《やなせ》杉

高知県馬路村魚梁瀬地区に自生する天然杉。樹齢２００年を超える魚梁瀬杉の天然林は同地区の千本山のみに残っており、保護林として伐採を禁止されている。

■注9：おてんまの会

上野村の有志住民によるボランティアグループ。イベントやシンポジウムの企画・運営など地域づくりに取り組んでいる。

■注10：海士町

島根県隠岐諸島の一つ、中ノ島の自治体。人口2400人余りの小さな島だが、一次産業を基軸とした産業創出や移住定住事業、学校教育改革などに果敢に取り組み、全国から注目されている。

■注11：基金
上野村振興発展基金や国土保全基金、地域づくり推進基金など、上野村の条例によって設置された基金の総額。

■注12：上野村構想
平成23年度から32年度における上野村第5次総合計画。木材の付価価値を高めて、村内で経済が完結する仕組み。

■注13：ペレット工場
「木質ペレット工場」、平成23年7月に竣工。捨て間伐材など建築用以外の木材を活用して木質ペレットに加工している。

■注14：温泉施設やホテル
「しおじの湯」「やまびこ荘」「ヴィラせせらぎ」に木質ペレットボイラーを設置している。

■注15：きのこセンター
村直営の「きのこセンター」、平成12年4月に竣工。シイタケの菌床栽培を行っている。平成25年3月に「新きのこセンター」が完成。

■注16：列状伐採
山の斜面の上下に沿って列状（筋状）に間伐する方法。3列を残して1列を伐採する「3残1伐」や「4

残1伐」など森林の状況によって方法が異なる。

■注17：萌芽更新

広葉樹は幹を伐ると切り株からたくさんの芽が伸びてくる。この芽を育てて木に再生していく方法。

■注18：小面積皆伐

皆伐とは、ある一定の面積に自生する木をすべて伐採すること。１００haを超えるような大面積での皆伐は生態系に影響を及ぼす危険があるが、小面積の皆伐なら自然の再生力を維持しながら森林を更新していける。

■注19：エタノール

林地残材など未利用の木材資源から作るバイオエタノール。石油に代わるエネルギーとして注目されている。

■注20：砂防堰堤

主に川の上流につくられ、山の土や砂が水と混ざって流れ出す土石流を防ぐための施設。

対談　群馬県上野村村長 神田強平氏×内山 節

対談　天山湯治郷代表　鈴木義二氏×内山　節

温泉は自然と人間の力強いつながりを取り戻すところ

温泉大好き人間の内山氏と箱根で姥子温泉を経営する鈴木さんと温泉談議が弾んだ。

対談　2014年1月14日
場所　立教大学マキムホール
　　　内山研究室

鈴木義二／すずき よしじ
1955年、神奈川県箱根町生まれ。1981年、実家に戻り家業の副業であった「天山」を引き継ぐ。1986年、「天山」全面リニューアルオープン。2004年、箱根姥子温泉「秀明館」の湯守りを引き受ける。2005年、「秀明館」リニューアルオープン。
現在、㈱天山湯治郷代表。

鈴木　先生のお名前を知ったのは30年近く前のことですが、小田原の本屋さんで何気なく立ち読みしていたのが、内山先生の著書『哲学の冒険』という本でした。この本の中にマックス・シュティルナーの名前を見つけて驚きました。かつて卒業論文の研究テーマに選んだドイツの哲学者で、ヘーゲル左派に位置づけられた彼はアカデミックな哲学史の主流からはほとんど埋もれてしまった、忘れられた人でした。そんな哲学者のことを、当初は中学生向け新聞の連載で取り上げられていたことを知り、大変驚きました。同時に、この内山節という著者はいったい何者だろうと関心を持ちました。

内山　あの本は『毎日中学生新聞』に「哲学のロマン」という題で連載したものをまとめたものですが、単なる哲学史の解説にはしたくなかった。私が中学生だったころにこんな本があればよかったという気持ちで書いたものです。

鈴木　僕は当時、シュティルナーの主張する「自由」と「唯一者」に共感していました。「個」のとらえ方については同時代のマルクスよりも、よっぽど深いんじゃないかと考えていました。それに、『哲学の冒険』は専門用語を使わず、親しみのある文章で哲学を語っていることが新鮮でした。用語を使わずに意味を伝えるって、実はとても大変なことですからね。後年、高校生になった長男に一読を薦めたら興味を持ち始め、結局彼が専攻を選ぶときの大きなきっかけになったようです。

内山　シュティルナーのことをちょっと説明すれば、彼はアナーキズムの思想的源流の一人と位置づけられている人で、代表作の『唯一者とその所有』という本が戦前に翻訳されています。シュティルナーが説いたのは、絶えざる反抗にしか自由はないということです。彼は「何ものも所有しない」といっているのですが、もしもそのモノが、自分を支配することになるならば財産も所有しないというだけでなく、社会が与える観念や価値観などを含めて、一切を所有しないとした。そうしないと、そのモノが内蔵している〈固着観念〉に取り込まれて、いつの間にか自分を超えた何ものかに管理支配される不自由な人間になってしまうとして、何ものも所有しない無所有者こそが、すべてを所有できる自由を得られる。それを「唯一者」と考えた人です。

鈴木　「人間なるもの」ではなくて「自分」を考える上で惹かれる主張ですね。そんなことを考えていた時期でしたので、立ち読みした書店の棚の前で内山さんの名前が頭に刻まれたわけです。でも結局、立ち読みでは間に合わなくなって、ちゃんと買ってきて今でも所有してますけどね（笑）。

２０１０年に「ローカルサミット」が地元の小田原で開催されることになって、パネラーとして声をかけていただいたのですが、僕は人前で話すことが不得手で気が進まず、お断りするつもりでいました。念のために、ほかにどんな方がいらっしゃるのか事務局に問い合わせたら内山節さんが3日間連続して参加するとあったので、それじゃあ、ぜひぜひ参加させてくださいとなったわけです。

内山　小田原でお会いして温泉を経営していると聞いたので、いっぺん出掛けてみようと思っていました。でも、なかなか行く機会がなかったのですが、２０１１年の夏に、ゼミの合宿で使わせてもらいましたね。

鈴木　あの時は楽しかったですね。僕は『哲学の冒険』以来、あれこれ先生の著作を読んでいましたから、先生が山岳信仰の世界と共振するものをお持ちなのは、おぼろに感じていました。それで姥子にお誘いしたんです。姥子の森はすぐには得体のつかめない深淵なところがありますからね。

姥子温泉は長いあいだ、「神山」を霊場とする箱根神社の神領で、もっと古くは修験道の行場となっていたところでした。「神山」直下のふもとに位置していて、そこの岩壁から湯が自噴しています。湯滝となってわき落ちる湯壺が、そのままお風呂になっている希少な温泉です。その湯は、いよいよ疲れ果てた時にパワーをいただきに行く、僕の内緒の湯治湯だったんです。

ところが、ある日湯治に出かけたらその湯が買収されて持ち主が変わり、それまでの建物を全部取り壊してコンクリート造りに変える計画があることを知りました。ご主人に問いただすと、まだ契約前とのことでしたので、慌てて「投資効率」なんていうものとはまったく無縁に買い取って、当代の湯守りになることを即決しました。2004年のことでした。

内山　姥子の湯は本来の温泉らしい、いい温泉ですね。

鈴木　姥子の湯には伝説があるんです。足柄山の金太郎が枯れ枝で目をけがして患ったとき、心配した姥に箱根権現のお告げがあって、この湯に通って完治したという話ですが、それが「姥子」という地名の由来になった伝説です。

そんな伝承から「目に効く温泉」として室町から江戸期にはすでに眼病湯治でにぎわっていたようで、これは敷地内に祀られている薬師堂の奉納物の年号から分かります。

近年になって成分分析すると「硫酸アルミニウム」の含まれた泉質（含明礬酸性単純泉）で殺菌力があり、確かに目に効くことが分かります。しかし昔の人々はそんな知識などまったくなくても直感というのか、自身の体で嗅ぎ分けていたことに驚かされますね。

漱石も眼病治療で逗留したことがあったようで、『吾輩は猫である』の中で、「あの姥子と云うのは山の中の一軒屋でどうもこうも仕様のない不便な所さ」と書いています。その不便さは今もほとんど変わっていませんね。

内山　僕は姥子の「秀明館」は気に入ってます。確かに交通は不便だし、食堂もありませんが、ゼミ生と食材を持ち込んで、広い台所で自炊させていただきました。普段は客を泊めていないのに特別にお願いして泊めていただいたこともありましたね。その節はありがとうございました。

鈴木　いえ、またいつでもお越しください。参考のためにご説明させていただきますと、岩壁の間から自噴湧出する湧出量は、降水量に大きく左右されます。雨量の多い時には毎分3000リットルにもなりますが、雨が少ないとパッタリと湧出を止めてしまいます。だいたい例年降水量が増える新緑のころから湧き始めて、台風シーズンに最高に達して、11月あたりには湧出が止まります。梅雨時でも降雨量が少なくて湧出しなかった年もありましたから、なかなかヒトの思惑通りにはいかないものです、当たり前ですけどね（笑）。

現在はポンプ揚湯ができますので、自噴が止まりますとこれを使って湯船を満たしています。

●【姥子・秀明館】神奈川県足柄下郡箱根町元箱根110−1
＊問い合わせ先　TEL 0460・84・0026

内山　行楽地の温泉として開発されずに昔のままに残ったのは、箱根権現との関係がありますか。

鈴木　ええ、先ほども少し触れましたが、かつて姥子は箱根神社の神領であった場所で、この神領は駒ヶ岳から、神山、大涌谷、芦ノ湖に及ぶ広大なものだったのです。特に神山は名前のとおり霊山で修験道の行場とされてきた場所ですから、山を駆け回る山伏の荒行と、レジャーであった遊山湯治はなじまなかったのかもしれませんね。真剣にその湯を必要とする人しか湯治には来なかったのだと思います。

内山　修験道の霊山のあるところには大抵、温泉がありますね。奈良県の大峯山のふもとに洞川温泉（どろかわおんせん）がありますし、日光の二荒山（男体山）のふもとには日光温泉郷があります。ところで鈴木さんが経営しているもうひとつの温泉、箱根湯本の「天山湯治郷」のほうはいつごろオープンしたんですか。

鈴木　もともとわが家は父が戦後すぐ旅館を始めたのですが、ここは現在姉が経営しています。2キロほど離れた現在の「天山」の場所は父が52歳で亡くなる直前に買って、広い空き地に湯だけがそのまま川になって流れていて、もったいないということでおふくろが岩風呂だけ造って片手間に始めたんです。まあ父の遺志みたいなものですね。宿泊施設ではないので、最初のころは夜は無人になり、竹筒を置いて入浴料を入れてもらっていたんです。やがて風呂上がりにはビールも飲みたいという利用者の要望が増えたりして、夏の海の家のようなヨシズ張りの小屋掛けから始まりました。それが1966年のことです。現在の建物になったのは、僕が手掛けてから数年後の1986年です。

内山　まだ若かったと思いますが、そのときどんな想いで始められたのですか。

鈴木　僕は温泉の原点は共同湯にあると考えています。近隣に住まう人や外来の老若男女が自然に集う、解放区のような場をつくりたかったんです。共同湯って不思議な場所じゃないですか、見ず知らずの方といちばん無防備なハダカの状態で、そんなに広くない場所で寛ぐのだけれど、「ああしろ、こうせよ」といったうるさい規則がなくても、「そうしないのが当たり前」といった暗黙の規範みたいなものがあって、それさえ守れば、誰が利用しても許される。ある種アナーキーな場所が日本には大昔から自然に成立していたんですから愉快ですよね。たいがい集落や「湯組合」の共同管理で、ごく最近までは鍵もなく、開放されていました。平和の象徴みたいな場所ですね。

古くからの大きな温泉地では、湯の周辺に宿ができ、宿に泊まった湯客は「総湯」や「大湯」と呼ばれる共同湯に入るというのが一般的だったんです。やがて旅籠の中に温泉を引くようになって「内湯あります」という看板を掲げるようになりました。今でも「内湯旅館○○荘」という看板を見かけることがありますが、そのころの名残ですね。ただ、箱根は東海道の街道筋に開けたことや、江戸に近かったこともあって最初から「内湯旅館」が多かったようです。そのぶん外来の湯客が集う「総湯」の発展が見られませんでした。

そんなわけで、宿に泊まらなくても温泉を利用することができ、近在の人や旅人が共に過ごす「総湯」を今の時代の箱根につくってみたかったんです。まだ「日帰り温泉」という言葉もなかった時代でしたからね。

内山　日本は温泉天国だけど、いくつぐらいあるんですか。

鈴木　温泉地の数は3100カ所くらいですが、源泉の数は全国で2万7000本といわれています。

内山　そうなると、一生かかっても全部は入れない。10年で回ろうとしても毎日7つ以上の温泉を回らなければいけない勘定になる。すべての温泉を制覇しようとしている温泉リポーターのような人が、温度の低い温泉で、まだ沸いていない冷たい温泉を頭からかぶって、これで一つ入ったことにしようと言って、次の温泉へすっ飛んで行くのに出会ったことがあります。

鈴木　源泉ハンターと呼ばれそうな人たちですね。

内山　日本ではお湯に入るといっても、いくつかのパターンがありますね。まず普通の水道水を沸かしたお風呂、これはどうも皮膚とお湯と対立するというか、なじまない感じです。次に天然水、これは皮膚がピリピリしない、皮膚とお湯の親和力が高い。次に温泉ですが、いまはほとんど循環させているから消毒液が入っている。そうなるとやはりお湯が老化するというか酸化するので、やはり皮膚と対立する。4つ目が地下から湧いてくる源泉をそのまま浴びるというもので、これはもう鮮烈で、自然のエネルギーをもらうという感じです。

鈴木　何で焚くかということでも違ってくるようですよ。いちばんいいのは、おがくずで焚くとお湯がまろやかになると言われていますが、どうでしょう。

内山　お湯を熱くするだけだから、ガスだろうが電気だろうが同じようなものだけど、これが違うんですね。上野村の僕の家は五右衛門風呂です。下から鉄板を温めるだけだから何で焚いてもよさそうだけど、違うんだな。僕は天然水を薪で焚いている最高のお風呂に入っています。

鈴木　薪で焚く五右衛門風呂ですか！　薪割りから釜の火入れまで、なんか儀式のような手順を重ねてやっと風呂に入れるわけですね、湯に入れるありがたみがわいてきそうです。その点では温泉は手抜きみたいですね。蛇口を開ければ湯が出るんですから、ありがたみが薄れてしまいがちですが、地球の熱で温められた源泉こそ、もっと大切に扱ってほしいと思っています。

温泉の微妙な成分バランスは地球上に同じものは一つもありません。すべてに個性があります。そこに行かなければ出会えないローカルそのものの象徴です。たとえ湯量が少なくて温度が低くても、源泉のままの、塩素を入れてない温泉に入りたいと思います。ですから、循環加温の浴槽とは別に、ぬるくても源泉そのままの一人用の小さな浴槽でいいからあってほしいですね。その場所まで、わざわざ出掛けていく意味になりますからね。

内山　最近は、日本の温泉にとりつかれた外国人のファンも増えているようですね。

鈴木　ええ、以前から外国の方もよく見かけましたが、やはり少し増えているのかな。回数券を持ってらっしゃる方もいらっしゃいます。カソリックで育った人たちは青空の下の露天風呂で昼間からすっぽんぽんになる開放感がたまらないらしいです。しかも老若みんなが当然のように……。姉がフランス人と結婚して長く向こうに住んでいるんですが、たまに帰国して温泉に入るのを楽しみにしています。姉の案内するフランスの友人たちは、もう、感激しまくりです。お風呂から上がって浴衣掛けのまま、レストランはもちろん、どこへでも歩き回れるのも楽しいようですし、それに温泉は身分や階層や貧富の格差に関係なく誰でも入れるじゃないですか。駐車場にロールスロイスと軽トラが並んで止まっていることもよくあるので、われわれには当たり前ですが、いまでも階層社会に暮らしているフランス人には「もう、信じられない！」光景のようです。

内山　最近は、初めから温泉に入ることを目的に来日する外国の観光客もいるようですね。

鈴木　それだけを目的にされている方というのは分かりませんが、ガイドブックが詳しくなっているのかな、旅館に泊まって旅館のお風呂に入るよりも、共同湯に入るのがいいっていう方もいるくらいです。地元の人たちが日常的に利用しているお風呂に、ふらっとまぎれ込む感覚が新鮮なのでしょうね。

日本人の方でも海外にしばらく滞在していた方が、大きなスーツケースを携えたまま成田空港から直行で来られることもあります。温泉に手足を伸ばして浸かる夢を帰国直前に何度も見たとおっしゃられて、本当に焦がれていらしたんだろうなとうれしくなります。

内山 確か野沢温泉も共同浴場が多いですね。僕も野沢温泉に行った時は、旅館の風呂ではなく共同浴場の温泉に入ります。

鈴木 野沢温泉は南半球の人たちにとってスキーと共同湯のセットが憧れになっていると伺ったことがあります。野沢には「湯仲間」という地域組織があって、その方々が共同で管理されている共同湯の残るいい温泉場ですからね。温泉っていちばんローカル性の高いものだと思っています。それぞれの地域の風土を反映していますから、そこに行かないと味わえないし、その湯に浸かるとその土地の風土に溶け込んだような気になれます。

ところが田舎町の温泉にも都市からのお客さんが多くなってくると、「ここは街じゃないんだから……」という言い方が通らなくなってしまって、ややもすると都市の考え方に変えていかなければならないことが出てきます。例えば、住んでいる人たちは「この明かりで十分」、昔からずっとその明るさになじんできた街灯も、都市からすると異常に暗いと映り苦情になるので、平日の夜は歩く人もまばらな道が煌々と照らされていて、電信柱の白熱球は、蛍光灯やら水銀灯に変えられ、異様に明るい村道を温泉地に行くと見かけます。ローカルな暮らしの基準が、都市のイメージで変えられてしまう悪い例ですね。

内山 温泉地や観光地ではそういうこともありそうですね。

鈴木 数年前、「温泉偽装」としてやり玉に挙げられた白骨温泉の問題も同様な構図だと思います。温泉はすぐ近くの泉源でも泉質が異なることがよくありますし、地下から湧き出たばかりの源泉は空気に触れていませんから、酸化せずに白濁していないんです。ところが街のお客さんは「白骨温泉で、あの乳白の湯に浸かるんだ」というイメージがあって、白濁していれば喜ばれるし、逆にそうでないとイメージと違うとおしかりを受けたりするので、宿のほうでは仕方なく入浴剤を入れて白くしたというわけです。もともと湯量豊富な温泉にですよ。それで偽装！と言われたら気の毒な話だと思います。この問題は大方が、利用する側にあったことだと思います。温泉への理解がまだまだ足りないんですよね。先生のお住まいの上野村にも村営のいい温泉がありますね。

内山　上野村は箱根のような有名な温泉とはちょっと違っていて、昔は農閑期に近在の農家の人がやってくる湯治宿だったんです。御岳信仰の行者や御岳講の人たちもやってきました。大体毎年同じ顔触れの人がやってくる。その時、新しい農機具やタネを持ってきたりするから湯治場は見本市ではないけれど、情報と技術の交換の場となっていたんです。温泉を経営していた人はお金を稼ぐというよりも、そのような場を提供しようという地元の名士という人が多かった。

内山研究室に蔵書は少ない。［引っ越しが楽なように］というのが内山氏の弁。

鈴木　ほう、外の情報だけでなく、新しいタネっていうのがすごいですね。聞いてみないと想像のつかないお話です。温泉の見えない役割の側面ですね。先生は渓流釣りのために源流を歩いていらっしゃるから、ずいぶんいろいろな奥地の温泉に行かれたんじゃないですか。

内山　釣りにいった時はほとんど湯治宿に泊まりました。なにしろ宿の中でいちばん安い。若いころは1泊500円ぐらいでした。ふとんを借りればまた500円ぐらい。だから湯治客は食材や炊事道具、ふとんや薪まで持参してくる人もいました。ごはんを炊くガス釜なんか5分5円ぐらいでしたので、何十円か入れてごはんを炊くんです。採算が取れないんじゃありませんかと宿の人に言ったら、装置を取り換えるほうがお金がかかるなんていってました。僕は湯治ではなく釣りで泊まるわけですから、自炊道具も何も持たずに泊まるわけです。そうすると湯治客の人に、うちの部屋に来てごはんを食べなさいとよく誘われたりしたものです。

鈴木　あはは、取り換えるほうがお金がかかるって、確かにそうですよね。壊れるまでは使えるんですからね。実におおらかでいいですね。先生は海外、特に欧州の渡航先でも温泉に行かれることがありましたか。

内山　ありません。温泉の文化がまるで違いますから、あまり魅力は感じません。

鈴木　そりゃあ確かに、日本の湯治場のようなおおらかな場所はまずないでしょうからね、機能的ではありそうですが。日本では、「講」が集まるような神社や寺の聖地、霊場の近く

鈴木さんは立教大学で内山氏の講義を聴講したこともあったので、
この日の対談は師弟対談でもあった。

に温泉がくっついている点が面白いですね。

内山　日本の文化って神聖な一面を持ちながら、でも猥雑な一面と融合している。このあたりはヨーロッパの人には分かり難いでしょう。お祭りも本来は神聖なものですが、多くの人は猥雑な祭りのほうを楽しんでいる。だから神聖さと猥雑さみたいなものを自由に行き来している。猥雑さを切り捨ててもいけないし、神聖さを切り捨ててもいけない。

温泉そのものは自然の霊力をもらうものですから、もともと極めて神聖なものなんです。ところがその横に旅館ができ、歓楽街ができていくと、そこには猥雑な世界ができる。しかし、その地域社会がただ猥雑なものになってしまうと廃れてしまう。修験道などでも人々の猥雑さを否定しない。猥雑さの奥に神聖さがあるという感じです。

鈴木　僕も温泉に神聖さを感じる時がありました。3・11のすぐ後のことですが、なぜかうちの温泉はいっときお客さんが前年よりも増えたんです。ほかに遊びに行く場所がなくなったからというだけでなくて、これは感覚的なことですが、あれだけの自然の猛威を目の当たりにして、その後もしょっちゅう余震の揺れを感じながら、原発は対応策が見つからず、日本中が不安に包まれていたその時期に、館内がホッとした空気に包まれていたんですよ。きっと、全員、みんながそこでホッとしていたからなんでしょうね。あの時期は僕自身もそんな場所を探し求めていましたからね、温泉は人と自然との一番穏やかな接点なのだと、そのとき再認識をさせられました。

しかも、うちは普段でも夜は薄暗くしてあるんですが、節電でさらに暗い湯船の中で、お客さん同士、話もしないでじいっと温泉に向き合うように浸かっている。何か不思議な荘厳さと、神聖さを感じました。温泉場は単なる湯場ではなく、極めて精神的で日本的な情感の場なのだと気付かされました。先生、近いうちにまた確かめにきてください。

※

鈴木さんは『湯治郷の瓦版』という機関紙を発行している。2012年発行の53号に内山節は「温泉の本質」について寄稿している。

「温泉の本質」

温泉は薬効成分ではないのだということが、最近になってようやくわかった。地底から湧いてくるお湯の力を借りて、自然と人間の力強いつながりを取り戻すことのほうに、たぶん、温泉の本質はある。

日本の伝統的な民衆思想では、自然は真理である。なぜ真理なのかといえば、自然は「おのずから」のままに展開していて、一切の作為がないからである。昔の人たちはそう感じていた。作為がないということは「おのずから」のままに流れているということで、自然にはこの流れを押しとどめるものがない。

この思いは、人間の問題点の認識でもあった。なぜなら人間は自分なるものをもっているために、自分の意思や欲望が生まれ、そのことが「おのずから」の生き方を阻害してしまうからである。「おのずから」の流れが阻害されてしまうといってもよい。日本の自然信仰は自然の本質である「おのずから」への信仰であり、それは「おのずから」のままに生きられない人間の悲しさをみつめることと一体のものであった。

だからかつての人々は、自然の力を借りて、人間の悲しさから解放されたいと願ったのである。古代の文献には「山林修行」という言葉が見受けられるが、このような願いをもって山で修行をする人たちが後を絶たなかった。7世紀には役行者が山岳信仰である修験道のかたちをつくるけれど、それは人間の死を目指す信仰であった。自分をもつという「人間らしさ」に悲しき存在にならざるをえない原因があるのなら、この「人間らしさ」を山での荒行によって死に追い込み、自然と一体になった人間へと生まれ変わる。「おのずから」なる生命へと変わろうとしたのである。

法然や親鸞はこのような行者たちを自力の行者として批判しているが、この批判は当たっていない。確かに行者たちは自己を捨てるために山に入った。この点だけをみれば、自力の働きで山に入ったのである。だが山で修行をしていくうちにそれは自力の行為ではなく、自然に導かれた行だったということに気づくことが、自己が消えていく入り口なのである。自然との結びつきのなかにしか自分がいない、そのことへの諒解が「おのずから」なる生の出発点であった。

そして、箱根権現の山々の間に箱根の温泉郷が形成されているように、人々が自然に導かれ、自然の力を借りて修行する場所の多くに温泉があった。役行者が修行したとされる奈良の吉野、大峯の山々の下には洞川などの温泉が展開しているし、日光二荒山（男体山）の麓には日光温泉郷がある。温泉に入ることもまた自然の霊力を借りて、自分の身を清め、

「おのずから」なる生命の流れを取り戻すことだった。

自然の「おのずから」なる流れが体のなかに入っては流れ出て行く。自然と一体になるとはこの流れが阻害されないことで、この流れが阻害されるとき自然と人間は分離し、「人間なるもの」に人は取り込まれてしまう。この状態から解放されるためには、自然の強い力、霊力を借りて、自然と人間の一体的な流れを取り戻す必要があった。

だから温泉もまた信仰の場だったのである。江戸時代に入ると物見遊山的な旅も発生してくるが、それでも湯治は温泉の霊力を借りて体の自然な流れを取り戻し、そのことによって本来の生命力を受けることであった。

最近になって私もこの昔の人たちの感覚が少しわかるようになった。地底から湧き出てくるお湯の力強さが体に入り、細くなっていた体のなかの流れを回復してくれる。薬効成分ではないのである。それらを超越したお湯の力、温泉にはそれがある。

対談　株式会社ワイス・ワイス代表取締役　佐藤岳利氏×内山　節

本物の家具に囲まれて暮らせば人生が豊かになる

対談　2014年1月23日
場所　東京都渋谷区神宮前
　　　㈱ワイス・ワイス本社

佐藤岳利《さとう　たけとし》
1964年、群馬県渋川市生まれ。青山学院大学経済学部卒業。乃村工藝社に入社。海外勤務を経て94年、本社に戻る。1996年、株式会社ワイス・ワイス設立。

内山　僕が住んでいる上野村でも家具を作っていますが、家具というのは経営的にはそんな楽な仕事ではないですね。佐藤さんのところは分かりませんが、一般論として言うと家具というのは飛ぶように売れるものでないし、なかなか大変なんですけれども、ワイス・ワイスはただ家具を売っているというよりも、消費者を一種のファンクラブの会員というか、ユーザークラブというか、いっしょに歩む文化グループのように組織化している。そ

社会的な使命を認識しながら家具作りをしている佐藤岳利さん(左)を、内山氏は高く評価している。

れに違法伐採した木は使わないとか、国産材を積極的に使う努力をしている。

木というのは切っちゃえば流通させることはできるんですけれど、いまかなり乱暴なことが諸外国で行われています。森林地帯というのは伝統的な暮らしをしてきた人たちがいるわけで、森を守っていくというのはいろんな暮らしを守っていくということでもあるわけです。そういうことにきちっと配慮して、作ったり売ったり買ったりしなければいけないんですけれども、製品になってしまうとそういうことが見えなくなってしまう。私たちも知らないうちにいろんなものを破壊していく手助けしていることがよく起きるんです。そういう問題に対して佐藤さんはユーザーグループ、ファンクラブを組織化しながら、家具の会社を経営している。経営の中に社会的役割、社会的使命というものを組み込んで、先駆的な取り組みをしている人だと思っています。

佐藤 私がチャレンジしていることについて先生に評価していただいて感激です。私がやっている家具の事業は環境に配慮し、未来の世の中も豊かにするためのグリーンファニチャーというジャンルを日本に確立させようという試みです。グリーンファニチャーを簡単にご説明すると、違法伐採木材や生態系を破壊して伐採された木材を使わず、トレーサビリティーが明らかな木材、つまり原産地を証明することができる木材、森が健康に管理されていることが認証されている木材、地域（日本）の木材を使って作られた家具ということです。

裏を返せば、デフレ経済が長く続いたわが国日本において、先人が大切に守ってきた自然や未来の子孫のことまでケアしている余裕はないという風潮が業界の中にあるのです。

内山　そもそも佐藤さんはどうして脱サラ、独立されたのですか？

佐藤　私は世の中に貢献する意義のある仕事がしたいという思いで、今から18年前、32歳の時に脱サラしてこの会社を設立しました。事業を起こした時はパートナーがいて二人で始めたのですが、彼とはこれからどんな時代が来るのかよく話し合いました。世の中はますます使い捨ての時代、ファスト化していましたが、21世紀はライフスタイルを大切にする時代、心豊かに暮らすことをより強く求める時代になるだろうということだったのです。もっとモノを大事にすべきではないか、そのためには最低１００年は使える１００年家具というコンセプトを立てました。それにデザイン的には飽きのこないもの、壊れないものを目指しました。もちろん使う素材は環境に配慮したものをできる限り使っていこうと。

設立当初に取り組んだのはエコマテリアル（環境に配慮した）といわれているラタンを製品化することでした。これはインドネシアに自生している籐を使った商品で、スラバヤという街でつくっています。この商品は現在でも弊社の看板商品として長く売れ続けています。

内山　上野村の家具も百年は使える作り方をしています。１００年後の上野村がどうなっているか分かりませんが、永久に修理するという考えです。特にウルシを使っているものは5年6年では剥げてきませんが、50年60年使っていればどうしても剥げてくる。これを職人がいる限り50年後60年後でも修理するという考え方です。もちろん脚が折れたり、外れたりしたものも直してくれます。

佐藤　うちもまったく同じ考えで、椅子やソファの脚が折れても直します。塗装が剥げれば塗り替える。ファブリックが破れれば張り替え直す。メンテナンスはずうっと丁寧に行うという考えでやっています。

内山　家具って、お盆のような小さなものを含めて、どういう家具を使うかというのは生活デザインなわけで、どういう生活の仕方をするかということにからんでいる。つまり家具を媒介にして今の暮らしをデザインし直すという役割があるということを考えておかなければいけない。家具だけを作って売っていけばいいということにはならない。

上野村など田舎の家って大きいし、狭い部屋といっても10畳ぐらいある、しかも昔の畳は大きいから東京に持ってくると12畳ぐらいある。部屋の前に廊下があったりするから、部屋の中に明るいところと影になるところと濃淡があるわけです。しかも床の間があったりとか、昔の伝統家具というのはそういう重厚な部屋にぴったりくる。

「家具のデザインは生活のデザインにつながっていく」（内山）

しかし、今の多数派の暮らしというのはマンションだったり、それもあまり広くないマンションだったりですから、その暮らしに合うデザインをしなければならない。上野村でもいろんなデザイナーを入れたり一生懸命やっている。もしお客さんが茶タンスが欲しいとか衣装入れが欲しいとか言われるとその家を見に行って、どこに置くかを確かめるんです。昔の家具を今の家にそのまま入れると家具が威張り過ぎて人間が小さくなって暮らさなければならないということも起きてしまう。だから大きさだけじゃなく、生活を見させてもらってデザインを相談しています。こういう家具を作って売る場合は生産者だけではなく、流通など販売する人との協力も必要になってくる。

家具を作る場合、ちょっとした木でも50年60年たっているわけですけれども、ものによっては何百年たっている木もあります。そういう木を使わせてもらう側としては、その木にとって最良の使い方を考えなければいけない。最良のデザイン、木がいちばん生きるデザイン、それはどういう暮らしをするかという生活デザインとつながっていく。家具って本来はそういうものでなければいけない。

佐藤　あんまり言い過ぎてもいけないと控えているんですけれど、やっぱり〝もどき〟の家具に囲まれて暮らしている人は〝もどき〟の人生になってしまうんじゃないかという気がします。家にいても職場にいてもほとんどの時間は家具に座っていたり、触っているんですね。決しておろそかにしていいもんじゃない。

例えば、この湯呑みですが、わが社がプロデュースして東京ミッドタウンの「WISE・WISE tools」というお店で販売しているのですが、一個1000円です。似たようなものが驚く程安い価格で売られていますが、品質や味わいは全く違う。朝起きて、お茶を飲んで、毎日の食事の時にも使用するものです。〝もどき〟の生活道具を使用しているか、好きなものに囲まれているかでは、長い人生の時間で違う人生が展開されていくんじゃないかと思います。経済的には多少お金がかかりますから全部が全部良質なものを用意するわけにはいきませんが、自分が本当に気に入って大切に使う気にさえなれば、モノは一生だって使うことができます。要は価格ではなく、気持ちの問題です。この湯呑みだって、もともとはどこかの土を掘り起こすことから始まっています。誰かが掘って、運んで、捏ねて、焼いてつくったものです。こういうことを想像できるかどうかが大切で、想像できると自然と命とのつながりが見えてくるというか、モノがモノでなくなってくる。簡単には捨てられなくなり、大事に使おうと思うようになる。こういうことにこだわって、自分の気に入ったもので生活すべきじゃないかと強く思ってお客様に弊社の商品をお勧めしています。

内山　都市の生活というのはもともとバラックから始まっているんですね。居住空間というのは、それが奈良であれ京都であれ、人が集まってきてバラックから生活が始まる。そこに時間が経過してくると代々の定住地ができて、いい家をつくる人も出てくるし自然に厚みができてくる。戦後の都市っていうのは厚みの上に出来たわけではなくて、はじめはいろんな人が集まって展開したバラックの時代であった。その頃はとりあえず生活に必要なものを手に入れればいいという時代だった。これがある程度の時間の蓄積があると都市は都市なりのかたちができていくでしょうけれど、今の東京というのは決して完成された姿ではない。土地や家の値段はかなりしますが、まだバラックの延長線上にあると思ったほうがいい。

家具でもとりあえずは間に合わせで使っていても仕方ないけれど、やがて一つだけはこだわったいいものにする、次には二つぐらいはいいものにする。何から何まですべてがいいものにする必要があるかというと問題だけれども、ただすべてが〝もどき〟だと、古くなっていくとただ汚くなっていく。古くなって愛着が出てきたり、味わいが出てくるのが本物と思います。

佐藤　全く、その通りです。本物は古くならないんです。本物は古くなれば古くなるほど価値が出てくる。私はそんな仕事をしたいと思い、3つのことにこだわって家具づくりに取り組んでいます。1つめはシンプルなデザイン。過度な装飾を避け、見た目に華美にならないように努めています。シンプルであることで飽きが来ず、長く使うことができると考えています。2つめは素材。無垢材をはじめとして、時間がたてばたつほど味わいが増し、愛着を感じられるような素材をできるだけ使っています。3つめは強度。弊社ではJIS規格の3倍以上の強度を社内基準としています。例えば繰返し衝撃テストという強度試験があるのですが、JISマークをつけるには60kgの重しを載せて4000回の衝撃を受けるのですが、わが社の家具は1万2000回、3倍のハードルをかけて、これに合格したものでないとカタログに載せないと社内基準で決めています。わが社の椅子はカフェやホテルなどの商業施設などでも使ってもらっていますが、カフェなどは一日に10回転もする。

その間、ずうっと引いたり押したりされるわけですから相当な強度を必要とするわけです。それを日本の伝統的な木工技術と、最先端の技術を駆使して作っていますから、ちょっとやそっとでは壊れません。

内山　ワイス・ワイスは環境ＮＧＯと共働していますが、そのきっかけは何ですか？

佐藤　ひょっとしたら自分がオランウータンを殺している可能性があることに気付いたからです。私は木材を大量に使う家具製造の会社を経営していたにもかかわらず、創業して10年もの間、わが国が世界の先進国の中で飛び抜けて高い〝違法伐採木材の輸入、消費大国〟であることを知らなかったのです。世界環境ＮＧＯ、ＷＷＦやＦoＥ ＪＡＰＡＮなどの専門の方々からお話を伺うと、日本国に輸入される木材の実に10～20％もの木材が違法伐採の可能性があり、特に高質な材料を使用する家具には相当量の違法伐採木材が使われている可能性があるという指摘でした。私は子どものころからオランウータンに興味があり、あの愛嬌ある動物が大好きでした。しかしいま、オランウータンが住んでいるボルネオのジャングルの森林は凄まじいスピードで伐採されていまでは半分しか残っていないと言われています。トレースされていない木材を使っている自分の仕事とオランウータンの絶滅が繋がっているかもしれない。本当にショックで

「違法伐採の木材は使わないと決心しました」（佐藤）

した。知ってしまったからにはもう後戻りはできない。それまではおしゃれな家具をより安価で作ることばかりに腐心していたのですが、全商品の木材を100%トレースし、合法材だけで作ることを決意し、会社の中に環境NGOを招き入れ、全面協力を仰いだのです。

内山　その過程で中国での生産もやめたそうですね。

佐藤　はい。弊社のスタートはバブルがはじけたあとの1996年でして、その後順調に事業は右肩上がりに成長していました。ところが売上と反比例するように利益がどんどん減少し、リーマン・ショックの2008年にはとうとう赤字経営に転落してしまいました。そのプロセスにおいて、何が起こっていたのかと言うと、デフレ経済における過度な低価格競争と業界のダンピング合戦です。仕事を受注するために、同業他社よりも安価で仕事を受注する。競合先は更に値引きをし、うちも更に値引きをして仕事を取り返す。採算を度外視したダンピング合戦ですね。その予算にあわせて仕事をするには、当然の流れとして中国での家具づくりという選択にたどり着く。それでわが社も中国での製造を始めたのです。中国での家具づくりが始まり暫くすると、クライアントの要望は更にエスカレートし、それに応えるには更に安価に作ってくれる〝便利な工場〟が必要になったのです。あちこち探し歩くうちに、地平線の向こうまで続いているんじゃないかと思えるほど巨大な家具工場に遭遇しました。見ていると、木材を満載した大きなトラックがひっきりなしに入ってきて、大量の家具を満載した40フィートのコンテナが目まぐるしく工場から出ていく。この木々はいったいどこからどんな経緯で運ばれて来ているんだろう？　こんなペースで木が使われ消費されたら地球はひとたまりもない。それに経営者も職人も誰も笑っていないんです。いつも怒っていて、ぎすぎすしている。そんなところで作った製品を今度は日本に持ってきて納品すれば、あら探しをされる。きつい単価で引き受けてやっと納品しても褒められることはなく、ケチョンケチョンに言われさえする。誰も笑っていないこの仕事に何の意味があるのか？自分は何のために働き、何のために生きているのか？と思うようになりました。そんな時に環境NGOの方々との出会いがあり、「世のため人のために仕事をしたい」という脱サラ、独立した時の初心を思い出したのです。そしてトレーサビリティーの明らかな合法木材、森林が健康に管理されている認証木材、日本で育った木など、フェアウッドを使った家具づくりへの取り組みが始まったのです。

内山　違法伐採というのは非常に難しくて、全く無断で山に入っての盗伐というのは少なくて、ここまでが循環可能な伐採範囲と決められた範囲を超えて伐採していることが多い。これが合法の木材と一緒に流れてきて区別がつかなくなる。これを監視するにはいろいろな関係者の方と協力関係をつくっていかねばならないし、追跡調査しなければいけない。

佐藤　最初は海外から輸入される木材のトレース作業から取り掛かりました。弊社の主要協力工場に依頼し、木材の原産地証明書、輸出証明書など、それこそ土下座せんばかりに頭を下げて片っ端から書類集めに取り掛かりました。しかし工場にしてみれば「何を面倒なことを言い出すんだ。日本政府がきちんと管理してるだろう」といった感じで、正直なかなか協力してもらえませんでした。それこそ工場から言わせれば私たちの予算に合わせるために1円でも安い木を仕入れることに一所懸命になって仕事をしている訳で、さまざまな木材業者から仕入れているそれぞれの木の合法性を証明する書類を出せと言われても、それは無理だよといった状況でした。

内山　国産木材にもチャレンジされていますね。

佐藤　はい。今、特に力を入れて取り組んでいるのは日本で育った国産木材を使った家具づくりです。しかし、こちらも輸入木材の合法性を証明しようとした時のように、いやそれ以上に大変なことでした。というのは家具用材として使える国産木材が一般的に流通していないからです。戦後から昭和、平成と長期にわたる海外木材を使った大量生産、大量消費の社会システムがわが国の木材・家具業界においても出来上がっていて、工場にとってはわが社一社だけのために国産木材を手配することはとても面倒なことなんです。そもそも、工場では家具を作るための国産材がどのように流通しているか知らない。ですから、私が切り込み隊長として全国の森林組合や国産木材を専門に挽いている製材所を訪ね歩き、取引条件を整理して直接弊社の協力工場に引き合わせ、繋いでいく作業に奔走したのです。更に、先ほど先生からファンクラブという話がありましたが、私はとにかくチャンスがあれば、いろいろな山林や製材所の写真を持参して、国産材を使うことの意義や大切さを訴えました。

内山　今では国産木材を使った実績もかなりできているようですね。

佐藤　はい、おかげさまで私の考えに共感してくれる企業が徐々に増えてきています。昨年の10月に広島にオープンした藤田観光のワシントンホテルには広島のクリの木とヤマザクラを使って、家具を製作して納品しました。企業のほうもCSR、CSVという考えが普及してきて受け入れやすくなっているのだと思います。全国展開しているスープストック東京という飲食店舗では食材と家具内装もすべてトレースしていて、わが社の国産木材を使った製品を使ってくれています。三菱商事が手掛ける表参道の商業施設や、兵庫県のホロニックというホテル経営会社もです。ホロニックさんのセトレマリーナびわ湖というリゾートホテルプロジェクトでは、琵琶湖畔の木材を使った家具づくりに地元NPOの協力も得ながら取り組みました。このような取り組みが徐々にですが、新聞、雑誌、専門誌に取り上げられることも多くなり、そういう記事を読んだ人からの発注も増えています。

内山　佐藤さんの話にもありましたけれど、これまでの通常の仕組みで働いていると働くことが面白くないんです。作るほうも売るほうも面白くない。ホテルを計画している人だって、家具の発注先をただ叩くばかりでは面白くない。そういう時代が続いてきたんだけど、もういっぺん自分の労働にある種の有意義さを取り戻すというか、それを模索している人がいっぱいいる。社会の仕組みがあるからなかなか自分だけ変わるっていうわけにはいかないんだけれど、そういう人たちがたくさん出てきた。

佐藤　うちのような会社がつぶれないでやっているというのは、そういうことかもしれませんね。

内山　ワイス・ワイスの代表的な製品に、宮城県の栗駒木材で作っている杉の椅子がありますね。これはどんな経緯で手掛けることになったのですか。

佐藤　震災のあった年の4月、わが社は仕事のキャンセルが相次ぎ、どん底の暗い日々でした。その時、『オルタナ』(環境系ビジネス情報誌)が企画する復興リーダーを訪ねる旅というのがあって、思い切って私も被災地を訪ねました。まだ泊まるところがなくて、栗駒山の中腹にあるくりこま高原自然学校の佐々木校長が宿を提供してくれました。その時に、「服も食べ物も充分にある。これから被災地に必要なのは、自分たちの力で長期にわたって復興するための仕事である。東京の皆さんはぜひ被災地に仕事を作ってください」と言われて、㈱栗駒木材を紹介されました。この会社はスギ専門の製材所で、大場さんという方がすばらしい経営理念の持ち主で、お付き合いさせていただくことになりました。

内山　スギの間伐材で家具を作るというのはちょっと面倒だったと思います。年齢がたっているとだいぶク

森林や木工に造詣が深い哲学者との対談に、
佐藤さんは熱のこもった持論を展開した。

セが抜けるんだけれども、若い木だとモロにクセが出るんです。乾燥にも時間がかかるし、柔らかいから塗装も工夫が要る。あんまり塗り過ぎても雰囲気が壊れる。いろいろと手間暇かけた工夫が要る。いまのものづくりでいえばスギで家具を作るということは無駄な労力が必要ということになるけれど、昔の職人仕事でいえば当然必要な労力という考え方です。これからは無駄な労力と思わず、この工夫を楽しめるようにならないと、この社会はどんどん悲惨な方向に行ってしまう。

佐藤　日本は世界で3番目の森林大国です。山には伐採を待っている樹木がたくさんある。伐採して、植林して、循環する自然環境をつくっていかなければいけないのに、地球の裏側まで行って違法伐採までして木材を調達している。私はぜひとも、日本の木を使って、木の文化を大切にしてきた日本人のために、太古の昔より木工技術を継承してきた日本の職人や工房で作られた純国産家具、グリーンファニチャー市場を日本につくりたいと思っております。

内山　日本の家具は和室を中心に成長してきたのですが、戦後、急激に洋間化したんですね。部屋が広ければ和室の家具でも洋間に合うのですが、狭い洋間ではおさまりがわるい。それでイタリア家具やスウェーデン家具がもてはやされるようになった。しかし、日本のデザイン力というのは世界でも冠たる実力を持っています。ぜひ、佐藤さんにはグリーンファニチャーで日本を元気にしてもらいたいと思います。

佐藤　最後に社名のワイス・ワイスを説明すれば、人と人が手をつないで知恵（ワイズ）

を分かち合って、みんなでこころ豊かに幸せに生きて行こうよという思いで名付けました。

山で働く人も、製材する人も、その材で家具を作る人も、その製品を買って毎日使っている人も、もちろん弊社の社員もその家族も、みんながつながって、みんな幸せに暮らしている。そして未来の子孫や地球環境までもが豊かになる。そういう仕事をしたいと思っています。

第四章

私の好きな一冊《エッセイ》

私の好きな一冊

『自然・労働・共同社会の理論』

外からのまなざしと内からのまなざしの出会い

宇根　豊（百姓）

1、三十代の出会い

私の30歳代は減農薬運動の理論化と実践に明け暮れた。農業改良普及員という専門家であったが、百姓の経験を理論化するんだ、と意気込んでいた。ところが科学では理論化できない世界があることに気付いていた。例えば、「害虫が何匹以上いたら、被害が出るか」という基準（目安）は科学では決められないのだ。なぜなら⑴稲の生育も、天敵の数も、土や水や微気象も田ごとに異なる。⑵どれくらいの被害まで我慢するかは、経済的な判断以上に百姓の気持ちの持ちようで異なる。⑶そもそも「何匹」いるかを観察する方法が未確立だし、観察して「何匹だ」と確認する能力が百姓によって異なる。

「だから、決められた日にみんなで農薬を散布するんだ」という指導が常態化していた。科学的な農業技術にはこうした暗闇があった。この闇を照らしたのが「虫見板」で、この農具によって農薬使用は激減した。私は「農業技術には百姓の主体を疎外するものがある」ことを知った。しかしその正体を突きとめることができないでいた。そうした中で内山節さんと出会ったことは幸運だった。

田ごとの多様性の前で立ち往生して科学的には決定できない「基準」も、百姓が経験を積めば簡単に「目安」として自分で決められる。それはどうしてか、などと「考える」ことの作法と「考える」ことの意味を内山さんに習った。早速、福岡農業改良普及所を会場にして、内山講演会を催した。同じ歳なのに、私は考えが足りない、と発奮した。

2、外からのまなざし

内山さんに引かれた最大の理由は、村に注がれる外からのまなざしが、これまでの哲学者や農学者とはまったく違っていたからだ。当時の私は農業改良普及員として、同じように村の外から村に通って、村や百姓仕事を見ているのに、「こんな内山さんみたいな着眼はできなかった」とため息をつくことばかりだった。それまでも減農薬運動を理論化するために哲学書も読んでいた（例えば中村雄二郎の『臨床の知』）。しかし、それらの哲学者のまなざしで村の中を見ても、それまで見えなかったものが見えてくることは少なかった。ところが、内山さんのまなざしは、すぐに使えるのである。

『自然・労働・共同社会の理論』を再読した。じつはこの本が出版された1989年に、私は三十九歳で念願叶って百姓になったのだ。この本の至るところに線が引いてある。例えば「量をつくる技能なら客観化できる」「量の技能が成立したが故に、技能の技術化はすんだ」などというところは、農業技術論にも使える、とうれしくなったものだった。

当時の内山さんの言う「労働」は、ほとんどが労働者の労働が主なのだが、これが百姓仕事とも響き合うのは、外からのまなざしと百姓の内からのまなざしが出会っているからである。案外この交差のすごさに人は気付かない。

3、内からのまなざし

さて百姓になった私は、百姓としての内からのまなざしを身につけるようになる。そして内からのまなざしは外からのまなざしと交わらないと、本格的な表現に至らないことに気付いた。もちろん埋もれたままで何の不都合もないと百姓たちは感じているが、表現するかどうかも時代に決められてしまうのは悔しいことだ。

例えば、技術の中には数値化できる「上部技術」と数値化できない「土台技術」がある、という気付きも一つの表現だ。外からのまなざしだけの科学者や指導員はこの「土台技術」が見えないから技術の奴隷になるのだ、と時代に一矢報いることもできる。これは百姓にとっても無駄な表現ではない。それを『百姓学宣言』（農文協）にまとめてみた。

たしかに内山さんのまなざしは村から見ると、外からのまなざしなのだが、それがなぜ百姓の内からのまなざしと交差することができたかというと、内山さんの心が「労働」を内側から見ているからだ。これが内山さんの哲学の流儀であって、文体が優しいのもその現れだろう。

4、農本主義への道

この本を再読して新たな発見がいくつかあった。「人間が自然の中に使用価値の源泉をみなくなり、貨幣価値の対象としてとらえるようになった」ことは、言い換えると「農は資本主義に合わない」ということではないのか。それなのにＴＰＰに賛成する側はむろんのこと反対する人たちまで、経済の土俵の上で論じているのは破廉恥だろう。そうではない道を、私は「新しい農本主義」という「原理主義」として構想している。果たして内山さんには「どんなものであれ、そういう模索は非難しない」（本書１１７ｐ）と言ってもらえるだろうか。

私の好きな一冊

『時間についての十二章』

時間を存在させるものは関係である

小栗康平（映画監督）

内山さんに会いませんか、と誘われたのは群馬県知事の小寺弘之さんからだった。『眠る男』を撮った後のことだ。それまでにもメディアの取材などを受けた折に、群馬生まれの小栗さんが内山さんのことを知らないのですか、となかばあきれられたりもしながら、内山さんのことは聞いていた。聞けば面白そうなのにそのままに過ぎていた。だから小寺さんから内山さんの名前が出たときには正直、驚いた。ええっ、ここでつながるのか、だった。小寺さんは感度がいい人だ。いつもいいアンテナを張っていた。

『山里の釣りから』をまずは読んだ。上質な文学に出会ったような心地よいよろこびがあった。エッセー風に書かれていたからではない。従前の「哲学」とは向かうところが違っているのだなという予感があった。何よりも言葉づかいがいい。よくある大学アカデミズムのそれとはまったく無縁である。お会いしてみると、風貌は文体そのままに気取りがなくて、私はいっぺんに好きになった。以降はいっき、読みである。

今でもたびたび立ち返るようにして私が手にする本が『時間についての十二章』である。この十二章には、内山さんの労働論、貨幣論、自由論、森や里の思想、ローカリズム、あるいは祈りなど、すべての著書、発言の原型が、あるいは発展して整理された考え方が、ぎっしりとつまっている。私には私の内山論の、バイブルといってもいい。「目的は、時間意識を考察することでもない。時間を主体との関係によって変容する存在としてとらえることである」とあって、私が映画で求めようとしていたこともこうしたことだったのではないかと気付かされる。

映画はショットとして空間を切り取るから、俳優さんがどんなふうに映っているかを含めて、画像の広さや角度といったことに目がいきがちになるが、実際には時間としての感覚のほうが勝っていると感じることのほうが多い。固有な時間を引き出してくるためにこそ、独自な空間の把握、積み重ねが必要で、時間は見えないからその見えないほうにより心を配る。内山さんが書くように今日、時間は直線的に流れ去っている。映画もまた、舗装された直線道路を真っすぐに進むだけの、ただ分かりやすいだけの消耗品になり下がってきた。時間の「ゆらぎ」こそ大事なのだ。

内山さんと親しくなって、小寺さんから「国民文化祭」なるものをやるので手伝ってください、という申し入れを受けた。都道府県が持ち回りで開催する、文科省のお祭り行事である。私は即座に、なんでそんなつまらないものをやるのですか、おやめになったほうがいいですよと答えた。私に映画を撮らせたような人だったから、それで引き下がるはずもない。つまらないものだったら、つまるようなものにしてください、だった。どんなことだったら意義があるのか、その中身も運営の仕方もゼロからの討議になって、二年間を費やし、結果としては内山さんが総合プロデューサー、私が開会式、閉会式のプロデューサー、ディレクターということになってしまった。

中でもユニークだったのは、内山さんが名付けた「山里文化祭」だった。文化祭というと、どうしても展示や舞台といった発表表現に傾きがちになるけれど、内山さんのそれはまったく違うものだった。上野村の村人たちが暮らし、働いて、結果として里山の景観が維持されているのだとしたら、村人のだれもが風景の発表者である。文化祭の期間中に上野村でいくつかのイベント的な集まりはあったものの、文化を個人表現にとどめおくようなものにはしない、という内山さんの確固とした考えは、形になってみるとみんながみんな目からうろこだった。

そもそもが「個人」なるものをどう考えるかが問題なのだ。存在する（存在論としてとらえる）時間に「固有のもの」は成立していない、時間を存在させるものは、関係だからであると、内山さんは書く。時間を人間と置き換えても同義である。「自我の確立というヨーロッパ思想史」の欠陥を指摘する重要な論点だ。

二〇〇七年に小寺さんが五回目の知事選に出た。

多選批判にさらされて苦戦が予想された。私たちは多選ではない、自民党と決別して戦う、初めての選挙であるという立場に立った。ネットでの選挙活動はまだ認められていなかったから、私と内山さんは二人の往復書簡という形をとって小寺さんを後方支援した。残念ながら小寺さんは敗れて、すでに故人となられている。私の力不足もあり、往復書簡も止まったままだ。

まだ予定だが、次の映画がもしうまく成立すれば、そこにキツネの話が出てくるはずである。内山さんの本『日本人はなぜキツネにだまされなくなったのか』から少なからぬ影響を受けた。いい出会いをありがとうございました、と私は小寺さんに語りかけている。

私の好きな一冊

『自然と労働』

「稼ぎ」と「仕事」の違いによって地域の情景が変わる

速水　亨（速水林業代表）

内山節氏との初めての出会いがどこでどうやってであったかあまり記憶がはっきりしない。内山氏の活動と私の活動が重なり合うのは、故高木文雄元国鉄総裁が尽力されて1983年に作られ一昨年閉じた財団法人「森とむらの会」であったかと思われる。

一昨年亡くなった私の父が先に会っていたかもしれない。亡父も内山節氏との出会いを大変楽しんでいた。本を読むのが好きだった父は氏の森林に関しての本やエッセーを好んで読んで、「内山さんの林業を斜めから見る視点は良いね」といつも言っていたことを思い出す。

『自然と労働』は1986年の年初に出版されている。実際は1982年から1984年まで信濃毎日新聞に連載されたエッセー「現代への旅から」の文章と新たに執筆した文章で構成されている。当時の世相は国産のマイコンがNEC-PC6001として発売され、ワープロが広がり始めて、私も高い価格を払ってPCもワープロも購入した覚えがある。また学校や家庭内での暴力やいじめが問題となり、日教組の組織率が50％を切った。東京では民間が再開発を目指した地上げが横行し国民は財テクに走り、この年からバブル景気が始まったといわれ、少々国民が浮かれ始めている時期だ。

『自然と労働』は内山氏の専門の存在論、労働存在論、労働過程論という哲学を、旅をベースにエッセーとして著している。高度成長が終わって社会が経済を中心に回り、効率化を目指すことが重要視され、国土も大きく開発されて自然が人間の活動に圧倒された時代だ。

内山氏はここで、人と自然のかかわりが遠くなり、また職人と言われる技術や経験を重視する働きが次第に消えていき、人々のそれぞれの働きがパーツごとに分かれて、生産する目的や社会を変えていく姿が見えなくなっていくことで起きうる人々の心の変化を鋭く指摘している。

この本の出版から28年を経た現在が、まさに内山氏が指摘している社会の問題に突き当たっている。個人の生きがいと仕事との関係、人々が地方から東京に集中し、地方の集落だけでなく地方都市までもが消滅の危機に向かいつつある。

生産現場ではロボットや自動機械が並んで物を生産するが、その機械に動作を覚えさせるための技術は、実はベテランの職人が持っていたもので、職人がいなくなった現在では、その技術も機械に移転できない。田舎の子どもも川や海で泳がずにプールで決められた時間に泳ぎ、いまでは海で泳げない子が海辺の町にもいる。その子どもたちも相変わらず孤独は続く。

この本の出版後、林業とのかかわりが強くなる内山氏であるが、この段階ではまだ林業への考察はそれほど深いものではない。

内山氏は人工林をあまり高くは評価していない。本では「僕は植林された林のなかに無限の時間の蓄積を見ていないのである。」と書いている。確かに今の日本の森林管理の中には無限の時間の流れはない。しかしすべての人工林に短い時間が流れるわけでもなく、では人工林でない森林が人手も入らずに永遠の命をつなぐわけでもない。特に開発が盛んになれば、そのような林の開発に抵抗する力は、人工林より低いかもしれない。

少なくとも私は自らの意識の中には永遠の時間を持つ人工林をイメージできているが、常に人がかかわる以上、その永遠の時間がいつ途切れるかはその時になって初めて分かる。

それはともかく、私はこの本に大いに共感を覚えた。人が働くことを「仕事」と「稼ぎ」の違いに分けて、職人の働きや、いまだに残る田舎での人々の地域での活動、社会の未来、あるいは自分を高める働きを「仕事」として表し、単に金銭を求めるためだけに働くことを「稼ぎ」と分けている。また人々の働く姿がかかわった風景を「情景」と表している。

過去には職人たちは自分の仕事の結果に誇りを持ち続けていた。小さな建具や欄間一つ、椀一個でも社会に価値があった。でもいまは目の前を流れ過ぎる製造ラインの一コマにしかかかわれず、それもマニュアル化されて、素人でもそれほど苦労せず行うことができる。そこに「仕事」としての誇りや社会的な意義を見つけるためには、その「稼ぎ」の働きに自らが社会的な意義をつなげる努力をして、自らを納得させている。厳しい社会の到来である。

私の森林管理は人々の信頼の中で続いている。山を背負ってその地域から逃げることもできないのが林業であり、地域の人々が私の森林管理に安心感があればよい。山で働く者も現場に監督がいるわけでもなく、彼らと私、彼らと地域の人々との信頼が適切な森林管理につながると信じていたし、林業は現場一つ一つで状況が異なり、彼らの判断が非常に重要となる。森林管理の方針やその結果が地域の人に認められることで、勤めている彼らの地域での居場所が見つかるとも思っている。

美しく永遠の時間が流れる人工林で、土壌微生物までも命あふれる豊かな森林を育てる働きは間違いなく「仕事」であり、そこに従事する労働者は過去に蓄積されたさまざまな技と山の命を感じられる感性、そして新しいことに挑戦する意気込みを持ち得た人々である。彼らは決して、自分たちの目標を見失うことはない。

ここで林業に特異性があることに気付く。現代の林業は木材を生産することがおおむね経済的な目的となっているが、森林というのは木材生産だけが結果ではなく、森林それ自体が一つの結果でもある。つまり木材生産は経済的な目標ではあるが、経済性とは少し離れるものの、美しく豊かな森林は日常の林業での作業の結果であり、木材生産と等しく大事な目標となる。そしてドイツの19世紀末の林学者であるアルフレート・メーラーは『恒続思想』で「最も美しい森は、最も収益高き森林」と書いている。これこそ働く中に「仕事」と「稼ぎ」が同居している。林業ならではの二つの結果である。

内山氏のその後の著書『情景の中の労働』では、『自然と労働』以上に「稼ぎ」と「仕事」の違いによって、地域の情景が変わるとされている。私の森林管理は「仕事」として働く者がつくり上げる美しい森の「情景」にあふれている。森林は Because forests and people matter である。

私の好きな一冊

『共同体の基礎理論』

人々の暮らしを見つめ、地域のあり方を考える道しるべ

青山彰久（読売新聞東京本社編集委員）

何年か前の年の暮れ、群馬県上野村に暮らす内山節さんの家を訪ね、年末のもちつきに参加させてもらったことがある。朝8時から午後の3時過ぎまで、ひたすら餅をつき続けた。「用意された餅米は230キロ、集まったのは村人のほか東京から駆けつけた内山さんの友人や学生たち約70人」。当時の私のメモにはそう書き留めてある。それぞれが食べる正月の餅をみんなでつこうと続けている恒例のイベントだった。

前庭に並べた5つのかまどで次々と餅米をふかし、ふかしあがったそばから3キロずつを4人一組でかわるがわるついた。その間、漬物を盛った大皿が回ってきたり、お茶を入れてくれたり、カステラを出してもらったりした。そして最後にふるまわれたのは鹿肉のスペアリブ。その日、村の人が山で仕留めた鹿をさっそく解体して出してくれたのだ。つきたての餅から上がる湯気。かまどから昇る煙。それらの香りを胸に吸い込みながら、みんなで一緒に何かをやる楽しさの仲間に加えてもらって、幸せな気分になった。

小さな村には貨幣では計れない何かがあった。「それは自然とともに生活しながら、一人一人がかけがえのない人として、誰もがみんなの役に立ちながら、地域の中で役割を果た

しながら暮らしていること」「絶えず変化することが都市のエネルギーなら、農山村の魅力はゆっくりしか変わらないことで『持続可能な社会』をつくっていること」。内山さんは、当時、地方自治の制度改革ばかり考えていた私にそう言った。

『共同体の基礎理論』（2010年）は、この風景の中で誕生している。人々の暮らしの本質を考え続け、内側から突き上げてくる何かに突き動かされ、「いま書かなければ」という思いにかられて生まれたものに違いない。それは何よりも大塚久雄が1955年に出した同名の『共同体の基礎理論』に対して挑戦的に書かれたことからも伝わってくる。

マルクスやウェーバーを手がかりに近代の発展段階論や生産力史観に基づいて「共同体が終局的に『揚棄』されていく」とみた大塚とは違う。「地縁・血縁の共同体から利害と目的で結ばれた共同体へ移行するのが歴史の発展」としたテンニエスとも違う。「コミュニティの内部に人々の共同の関心を追求するアソシエーションが多様に存在する」というマッキーヴァーとも違う。

共同体とは、「共同の関心に基づく組織体」ではなく「共有された世界として生まれた結合体」という。「村では理由があるから結びついてできたはずの組織が、またたくまに、理由なく持続させる結びつきへと変容する。……理由があるから守ろうとするのではなく、理由を問う必要もなく守らなければならない大事なものだから……この共同体の中にいると、自分の存在に納得できる。諒解できるからである。自分の存在と共同体が一体になっているから、共同体への諒解と自己の存在への諒解が同じこととして感じられる。共同体とはそういうものなのである」

共同体の歴史を制度史とみなしヨーロッパの基準に合わない部分は「アジア的形態」と片付けるのではなく、「人々の生きる場の再創造」「そこにこそ人々や自然の生きる場がある」と捉え直そうというのだ。

この本が出版されて1年後、東日本大震災が起き、東北・太平洋岸の海辺のまちやむらが壊滅的な被害を受けた。その被災地に何度も通ううちに、危機の時こそ本質が見えるという思いが強まり、次第に『共同体の基礎理論』に書かれた言葉をかみしめることが多くなっていった。

民俗研究家の結城登美雄さんに促されて気がついたのだが、浜の人たちは、津波に流されて土台しかなくなった自宅の土地に、最初に花を植え始めた。花の暦が「どんな魚がとれる季節か」を教える魚の暦だからだった。そして人々はまず、いつも出漁のたびに大漁と漁の無事を祈っていた神社を復興した。いずれも「多くの人々の命を奪ったけれど、この海でもう一度、ともに生きていく」という気持ちのあらわれだった。また、もうすたれたと思われていた相互扶助組織「契約講」（共有の山林をもち、魚場や漁具を決め、漁獲を分け合い、冠婚葬祭を助け合い、女性たちが日常の愚痴も言い合う場）が、少しずつ復興の話し合いの単位になろうとしていた。この共同体は、「悲しみを分かち合い、希望をつくる組織」のようにみえた。

『共同体の基礎理論』では、これからの共同体は、一つのものにすべての人間が結合されているような状態ではなく、強い結びつきのものも緩やかなものがあっていいし、明確な課題を持っているものや結びつきを大事にしているだけのものもあっていい、と語られている。ただし、それを「共同体」と呼ぶにはひとつの条件があるという。

「それは、そこに、ともに生きる世界があると感じられることだ。だから単なる利害の結びつきでは共同体にはならない。群れてはいても、ともに生きようと感じられない世界は共同体ではないだろう」

　素敵な言葉である。人々の暮らしをみつめ、地域のあり方を考え、道に迷ったらもう一度ページをめくり直してみる。そんな本が、私にとっての『共同体の基礎理論』である。

私の好きな一冊

『自然と労働』

内山　節さんの魅力

小山邦武（信州味噌株式会社社長）

北海道での研究生活に終止符を打ち、長野県飯山市の山里、藤沢区に牧場経営を夢みて家内ともども移住したのは、昭和44年の春であった。慣れない牛飼いの仕事に追われ、読書する暇もないまま時が過ぎていった。移住後十数年たち上京した折に、丸善で手にしたのが、内山節著『自然と労働』であった。およそ哲学的思考からは縁遠かった私が、哲学者内山さんの平易な文章で表現される村人や自然に対する温かい、柔軟な想いに大変な共鳴を感じたものだった。

平成2年、思いもよらず行政にかかわりを持つようになり、掛川市で開催されていた内山、大熊、鬼頭、三氏による哲学塾に参加し、初めて内山節さんにお目にかかることができた。内山さんの誠実な、温かいお人柄にすっかり魅せられ、それ以来公私共に深いお付き合いをさせていただいている。掛川塾のあと、三回ほど飯山市で哲学塾を開催させていただいたが、日ごろあのような議論の場を経験したことのない市民の皆さんが、何らかの刺激を受けたのではと、いま懐かしく思い出している。

家内と一緒に上野村のお宅をお訪ねした時、部屋に出入りする仲良しのネズミ「チュー太」

クンのためにリンゴ、餅などを用意している。まさに自然体の生活をしておられることを知り、修行僧のような暮らしだなあと感じ入った次第である。

昨年暮れに新潮社から出版された『新・幸福論「近現代」の次に来るもの』を著者から送っていただいた。そこには、東日本大震災、原発事故以来、人々が新しい動きを模索し始めたこと、また彼が最も大切にしている「関係」を軸にしたローカルの時代をつくり始めていると説いている。

私が暮らしている信州飯山の雪深い山里、50戸、人口140人足らずの小さな集落であるが、そこに若い夫婦一組、若い女性一人、今春には若い夫婦が移り住んでくる。この現象は近隣の集落でもあるやに聞いている。私どもがこの地に移住して45年、村から出ていく人ばかりであったのが、三組も新たに村人になる。価値観の変化が生じているのだと思わざるを得ない。ありがたいことに、この皆さんは集落の行事にも積極的に参加し、村人たちとの関係も極めて良好である。

内山さんはご著書の中で、〝私は関係のなかに社会をとらえ、関係のなかに自己や個をとらえようとしている。ここで問題になるのは、近現代における関係の変容であり、関係の喪失なのである。そしてこの「関係の喪失」は、関係が失われていった、関係が消えていったととらえるよりは、関係が遠くに逃げていったととらえた方が、適切である。遠くに逃げていったのなら、もう一度引き返すことも出来る。だから私は「喪失」ではなく「遠逃現象」という言葉を用いた。〟と述べておられる。内山さんらしい言葉を使われたと感心をした。

私は逃げていったものなら、もう一度引き返すことができる、取り戻すことが出来るということに希望を持ちたい。

この7月には内山節著作集全15巻が発刊される。内山さんがますますご健勝で、この混乱した時代に生きるわれわれに指針を示してくださることを強く願うものである。

『里の在処』

〈里〉とは〈魂が帰りたがっている場所〉である

藤井　浩（上毛新聞社論説委員長）

群馬県藤岡市から奥多野の最奥部に位置する上野村まで週二、三回、車で通っていたことがある。勤務する新聞社の記者として多野・藤岡地区を担当した二〇〇一年から〇三年にかけてのことである。

片道一時間十分ほどかかったろうか。自然の風景が広がる国道はカーブが多く、ときに眠気を催すことがあった。が、上野村に近づくにつれて心が浮き立ってきた。

取材と称して村を歩き、地元の人の話を聞いていると、なんとも楽しかった。「気持ちがほどけていく」、そんな時間だった。

自然の豊かな土地ということであれば、他にもずいぶん知っている。けれども、村には他のどこことも違うものがあった。それが何なのか、はっきりしなかった。

ちょうどそのころ出版された内山節さんの『里の在処』を読んで、深くうなずかされた。

東京・世田谷に生まれ育った内山さんは、一九七〇年代に入ったころから釣り人として上野村に通い始め、思い立ってから十年かけて古い農家を買い求めることができた。そこで「半村民」として暮らし始めたころの、村人や、森、動物たちとの語らいをつづっている。

東京から村に通う、という生活をどうして続けるのか。理由はわからないと内山さんは言う。しかし「あえて述べれば」としてこう書いている。

〈(里をもたない人間である)私の魂は、たえず村に帰りたがっている。それに気づいたとき、私は、上野村が私の村であり、わたしの里だと感じるようになった〉

〈魂が帰りたがっている場所〉＝〈里〉とは、〈自然も人間も、どこかで結ばれていて、その網の目のなかに、それぞれの役割がある〉、そんな場所だという。

もどかしい思いが伝わってくる。知性では語ることができない、目に見えないもの、〈魂〉〈里〉としか言い表せない、でも確かに村にあるものを、内山さんは伝えようとしている。

具体的にどんなこと(もの)なのか。こんな言葉があった。

〈近代化された社会では知性に圧迫されつづけた魂が(略)森と川と畑と風と、そして村の人たちとともに居るとき、元の自然な状態に戻っている〉

季節ごとに村で起こる小さな事件や出会いを追いながら、その〈自然に戻っていく〉様子を丁寧に、ユーモラスに描いていく。

内山さんと初めて会って言葉を交わしたのは、この本を読んでから一年たった、二〇〇二年春のことだった。村の住民グループ「おてんまの会」が取り組む事業の一つ「上野村巨木めぐり」の準備会議と現地調査を取材した。

自然な状態に戻る喜びを、内山さんに直接聞きたいという思いがあった。

おてんまの会は、同書の終章で取り上げられている村の「山里文化祭」(二〇〇一年四月

～十二月）の計画・実行のために内山さんの呼びかけで発足した。

文化祭は、長い時間をかけて蓄積された村の伝統行事、生活のなかにある文化を見つめ直し、他の地域の人たちと交流する場をつくることに重点が置かれた。以後も、同会はその延長で活動を続けている。

会員たちとにこやかに意見を交わし、アイデアを次々と出す内山さんはいつも自然体だった。そして、「魂が帰りたがっている場所」で、山里からの思想がさらに深められているのを感じた。

上野村を訪れるときの楽しみの一つに、当時村長だった黒澤丈夫さんにお会いすることがあった。

海軍兵学校を出て、戦闘機搭乗員として過酷な戦争を経験。戦後、上野村に帰農し、五十一歳から上野村の村長を十期四十年務めた。頻繁に訪ねたのは十期目、九十歳前後のことだ。

「都会に住むことが幸せであるという価値観を見直すべきではないか」。全国の山村振興に尽くした指導者として知られるこの人が繰り返し述べた言葉に引き付けられ、集中的にインタビューさせてもらった。

そこで感じたのは、内山さんの自然、人間を見つめる姿勢と重なる部分が驚くほど多いことだった。

二〇一二年十二月、黒澤さんが九十七歳で亡くなった翌年、インタビューをまとめて出版することになった。そこで追加取材として、内山さんに、ぜひ、黒澤さんの人と思想について語ってもらいたいとお願いした。

内山さんは「時代そのものが、黒澤さんを評価する方向に変わってきたのではないか」と語った。

『里の在処』に描かれる自然、人々の普遍的な営みのもつ意味の重さもまた、一層、増しているのではないかと思う。

『古典を読む』（『かがり火』に連載中）

無名人の地域での実践こそ新しい思想を誕生させる

松本克夫（ジャーナリスト）

デジタル時代に乗り遅れたアナログ人間の負け惜しみでいうわけではないが、インターネットだ、フェイスブックだと騒いでも、メディアの革命としての意味は高が知れている。数万年前の言葉の獲得、数千年前の文字の発明、数百年前の印刷術の普及の方がよほど人類に与えた影響は大きい。何しろ、それによって、私たちは、何千年、何万キロメートルも隔たった古今東西の先哲を師と仰ぎ、知己とするという驚くべきことが可能になったのだから。思想的な営みとは、半ばはるか彼方の先哲との対話だといってもいい。

内山節氏が自ら編集人を務める地域情報誌『かがり火』に連載中の『古典を読む』は、まさにそうした営みである。自らの思想を形成するうえで足場となった古典に立ち返り、改めて自らの立ち位置を確かめる作業である。その中心的な主題は、西欧近代とその思想の問い直しと見てよかろう。

最初に取り上げたウィリアム・ペティの『政治算術』は、国力はいかにしたら強大化できるかを論じた最も古い経済学の書だが、内山氏は、「経済学の課題はいまもなお国のGDPの増大」であり、「本物の豊かさ」は課題になっていないという。重農主義者のケネーは

『経済表』で、「農業のみが社会的富を増大させる」と論じたが、内山氏は、その後、ケネー経済学は忘れられ、「人工的なものが富を増大する」と人々が考えるようになり、「今日の経済の暴走を生む出発点になった」と見る。

内山氏は、「伝統的に人間を個人としてとらえる」ヨーロッパの思想に違和感を抱き続けてきた。マックス・ウェーバーの『職業としての政治』は、結果に責任を負う「責任倫理」を政治家や官僚に求めた書だが、内山氏は、ウェーバーのように、問題の解決を個人に求めるのではなく、「結びあう社会の創造」を模索すべきだと主張する。エーリッヒ・フロムの『自由からの逃走』は、ファシズムの基盤になったのは「根無し草の大衆」だとして、強い個人である近代的市民の形成の必要性を指摘したが、内山氏は、むしろ「関係のなかで生きる社会をつくること」の必要性を説く。個人から関係への力点の移動である。

「結びあう」や「関係性」をキーワードに次の社会を模索するうえで、ヒントを与えてくれる先哲もいる。トクヴィルの『アメリカの民主政治』は、一人の人間がいくつかの小さな集団に属し、さまざまな「精神の習慣」を身につける社会を理想とした。内山氏は、経済成長一本やりの一元的な「精神の習慣」による支配が終焉を迎えた今日の日本に「健全な社会」の兆しを感じ取る。マルク・ブロックの『西欧中世の自然経済と貨幣経済』は、貨幣経済は歴史的必然の産物ではないと見抜いたが、内山氏は、ここから「貨幣の役割を少しずつ低下させていけるような社会のあり方をみつけだす」という課題を引き出す。

では、近代を超える新しい思想はどこから生まれるか。マルクスとエンゲルスによる『ドイツ・イデオロギー』に収録されたフォイエルバッハについての箇条書きは、「哲学者たちは世界をいろいろに解釈してきたにすぎない。たいせつなのはそれを変更することである」という警句で知られる。内山氏は、そこから「実践＝行為のなかから新しい思想は生まれる」という確信を得る。

雑誌『かがり火』は地域からの情報発信に徹し、原則として有名人は扱わない。地域づくりなどに励む無名人を取り上げ、無名人同士のネットワークづくりに努める地味な雑誌である。内山氏がなぜ『かがり火』の編集人を務め、そこに『古典を読む』を連載しているのか、不思議に思われるかもしれない。恐らく、内山氏は無名人の地域での実践こそ新しい思想が誕生する現場と見ているのだろう。

実際、『かがり火』が発掘する事例には、しばしば次の社会を予告するような内容が含まれている。無農薬・無肥料の自然栽培で「奇跡のリンゴ」を育てた青森県弘前市の木村秋則さんをいち早く紹介したのは、『かがり火』である。北海道サロマ湖でホタテ養殖をしている佐呂間漁業協同組合は、二宮尊徳の「報徳訓」の精神を受け継ぎ、漁業資源だけでなく組合員の家計まで管理する独特な協同のあり方を示す事例である。愛知県豊橋市にあるスーパーストア「サンヨネ」は、規模拡大を目指すことなく、売り場の担当者が自分の判断で物を仕入れて売るという「働く者にとっての醍醐味」を実現している。内山氏の哲学を味わうとともに、各地の無名人たちがそれとなく示すこだわりに新たな思想の萌芽を見出すのが『かがり火』を読む楽しみである。

私の好きな一冊

『労働過程論ノート　マルクス主義哲学の構築のために』
（田畑書店　1976年9月）

『増補新版　労働過程論ノート　労働主体の構築のために』
（田畑書店　1984年12月）

追想の『労働過程論ノート』

石橋浩治

多くの方々にとって、内山節さんの哲学とその世界との出会いは『山里の釣りから』『自然と労働』などのエッセーであったり、「代表作」とされる『自然と人間の哲学』『時間についての十二章』ではないかと思われます。わたしは、最近ではほとんどふりかえられることがなくなった内山さんのデビュー作品『労働過程論ノート』（初版1976年、増補版1984年）について思い起こすことを書いてみたいと思います。

『労働過程論ノート』を引っ提げて・・・

60年代後半から70年代前半にかけて闘われた全共闘や反戦青年委員会、べ平連などの闘争形態や闘争組織に行き詰まりが見えてきた70年代後半から80年代初め、これまでとは異なる、あらたな運動内容、組織のあり方が問われていました。そのひとつとして、「あれだけのエネルギーを闘争にさき、金も使い、自己犠牲を恐れないで闘ってきた新左翼運動10年、20年の歴史の中で、調査機関や学習運動を一つもうみだしていない」（埼玉県反戦・村上明夫氏）という反省から、82年5月に「労働分析調査会」が発足します。労働問題研究の知識人関係者と労働運動の活動家グループの協働による研究会です。労働社会学や労働法を専門とする知識人グループのなかに『労働過程論ノート』を引っ提げた若手の在野研究者として内山さんがいました。「『労働過程論ノート』を書き終えてから、私は幾度かヨーロッパの各地を旅行した」（増補版　273頁）内山さんは、三回目の研究会で「見てきたヨーロッパ」という報告をしています。討論集会では「労働運動の専門家ではありませんが……」と前置きしながら独自の労働哲学の立場から、労働者の世界や労働組合運動にコメントしている姿を覚えています。静かな、朴訥とした語り口はこのころから変わらない。ルックスは白のYシャツにループタイ、コットンパンツが定番でした。

わたしの手元に、石川県労働者学習センターが1984年に作成したB4のわら半紙にガリ版刷りのパンフレットがあります。「内山節氏が石川を訪れ懇談した際の内容を文章化したもの」である手書きのパンフレットは「労働を軸にした〝仲間社会〟の創造にむけて！」（1984年）というタイトルです。それから、当時の労働（組合）運動の学習文献の案内には「戦後―高度成長期の労働過程の変化とそれに伴う労働者の意識の変化を扱ったものとして竹内静子著『1960年代』（田畑書店）があり、内山節著『戦後日本の労働過程―労働存在の現象学』（三一書房）と共に重要な文献である」（「主体と変革」第26号

1982年7月）と紹介されています。

また、『山里の釣りから』の著者でもある内山さんは、釣りの名人としても知られており、一緒に川釣りに行ってきたという仲間が日焼けした顔で「あの人は本物の釣り師だね」と話してくれたことがありました。

労働組合運動のなかで読まれた『労働過程論ノート』

80年代初頭は「消費革命」といわれる生活様式の変化と並んで、今日のIT技術化と超資本主義的な資本の労働者支配につながるような、職場や社会のさまざまな分野の隅々にまで資本の社会編成の原理による支配が強まるなかで（当時は「ME合理化」と言われました）、それに伴って、労働者の意識、価値観にも大きな変化が見られた時代でした。労働組合も生産点を基軸に、生活、文化の領域でのラディカルな批判を持った、労働者が主人公の職場闘争の再構築、下からの組合活性化を図る闘いが模索されていました。

『労働過程論ノート』は、労働者を労働力商品所有者として位置づけるだけでなく、資本主義的生産様式のなかでの労働行為者として見ることで「労働者の労働過程と資本の生産過程との二重性」のなかに資本主義を内側からとらえようとする試み＝作品です。労働は人間の存在を律していく基盤であり、人間の存在自体がひとつの労働過程であるとする「労働存在論＝労働過程論」という『労働過程論ノート』をはじめとする内山さん独自の労働哲学は、資本の労働者支配の進行を批判し、新たな闘いの構築に大きなヒントを与えてくれるものでした。
具体的な闘争事例をひとつ。これまで労働集約的な作業が中心だった労働現場で機械化が進められることに抗して、組合は労働過程の変化＝機械化によって自分たちの労働がどう変わっていくのかを重視し、単純反復作業反対と労働疎外の問題として労働現場の作業態様や職場配置に根ざした要求を組み立て、例えば「この機械は一人でやれるようになっている」という会社側に「そんなことは分かっている。冷たい機械を前にしてポツンと作業をしている労働者がどんな感じがするか」と二人での作業を要求、最終的に「二人配置」をかちとるといった、合理化と労働者統合に対抗する「労働者の世界」＝「労働を軸にした〝仲間社会〟」を創造する闘いが取り組まれ、一定の成果を得たのでした。
労働組合の学習会や労働現場での闘いの中で読まれ、学び、活用された「『労働過程論ノート』初版は決して売れ行きのよい本ではなかった。しかし、少しずつ在庫は減っていき、六年後にようやく初版二五〇〇部が売り切れた」「その背景には、「労働」を思想の次元でとらえなおすことへの関心の高まりがあったように思う」（増補版・i〜ii頁）と内山さんも述べています。

「内山節の世界」の基底に生きている「労働過程論＝労働存在論」

内山さんとの出会いや関係を聞かれて「わたしは労働運動がきっかけでした」と答えると、「昔はそうだったらしいですね。でも、転向したんですよね」などと言われることがよくあります。しかし、現在でも、内山哲学の基底には「労働過程論＝労働存在論」が生きていると思います。

派遣切りやブラック企業、パワハラ、解雇、自殺など雇用や職場の労働環境はより悪化しており、グローバル化の中で進行する貧困と格差、生きづらさの中にある労働者はより厳しい情況を強いられています。労働の共同性や、労働を包み込んだ労働者の仲間社会―職場を作っていく、また地域や生活圏などで、いろんなかたちで助け合える仲間の社会を作っていくことなどが問われています。『労働過程論ノート』が語りかけるものは、現在でも豊かな想像力／創造力を解き放ち、触発してくれるものであり、だから、古典としての一冊でもあると思います。

＊プロフィール

石橋浩治（いしばし こうじ）

民間企業での人事・総務、ハローワークなどでのキャリアカウンセリングの業務の傍ら、労働者学習センター、派遣労働者のためのスタッフケア・サロン、千曲川・信濃川復権の会編集委員などの社会運動にかかわる。三人委員会哲学塾から派生した哲学塾東京分校（の・ようなもの）世話人、2003年から毎年6月に「内山節講演会と交流の集い」を開催している。

私の好きな一冊

『「創造的である」ということ 下 地域の作法から』

～住む土地に誇りを持つことが地域が無事であることとの原点

大黒 宏（ノースプレインファーム代表）

ここオホーツクの地、興部町で内山節先生にご講演いただいた折に強く心に残った言葉「地域が無事であること」について考えてみたい。

無事という言葉は、普段私たちが多く使う場面として、無事で何より、平穏無事、無事を祈る、無事終了といった、何となく心に少し余裕を持った時に使われることが多いように思う。そんなせいなのか「地域が無事であること」に対しての私の受け止め方は、「何とも心地の良い優しい言葉だな――。何もしないほうがこの町は無事で、このままで良いのかもしれない」といった軽いものだった。

そしてあれから5年、「無事」であることが何と難しいことか。何より自分の足元、自分の会社が無事でなくなっている現実。当町の商店が5年前50軒ほどあったが、12軒も減ってしまったこと。紋別空港から東京までの冬期間の直行便がなくなったことなど、変化はたくさんある。しかし、かろうじてまだ地域は無事であるが……。

私にとって、内山節先生の本の中で何と言っても一番は『地域の作法から』（農文協）である。文中のフランスのラルザックの農民と内山先生との会話に心打たれた。

【ラルザックに着いたときも、こんなことがありました。ここは土が瘦せていて草の生え方も良くない。それで私は少し気の毒な気持ちになっていたのです。ところが、会った農民はいきなりこう言いました。「ここは山羊に適した地域ですから」。実に誇らしげにそう言ったのです。山羊は粗食で荒地でも飼える動物ですから、山羊に適しているとは最悪の地とも言えるのですが、農民たちは決して自分たちの村を卑下したりしない。この素晴らしい山羊に適した土地で、自分たちは素晴らしい農業をしているのだ、という意識です。】

まさに畑作どころか、牛も満足に飼育できない劣悪な自然条件の中で、誇りを持って生きる農民の姿が浮き彫りにされている一節ではないだろうか。確かにラルザックはロックフォールチーズのふる里として世界的に有名である。自然に出来上がった岩の洞窟にチーズを寝かせ、谷底から吹き上げてくる冷たい風が適度に青カビの発生を促し、その菌が独特の風味を生み出すことを見いだしたのだ。

また、1999年、ラルザックの住民たちがとった抗議行動が、世界中に発信された出来事も紹介したい。ラルザックの農民たちと地域の住民たち約300人によって、近くに建設中のマクドナルドが解体されたのだ。取り壊した屋根には、ペンキで「マクドナルドは出ていけ、ロックフォールを守ろう」と書かれていた。あたかも過激派の行動のように聞こえるが、実は全く違っていて、農民の祭りのような雰囲気の中で家族ぐるみで行われたというから、あっぱれである。

そしてもう一度「地域が無事であること」に戻る。聞き心地のいい優しい響きを持った言葉の印象であったが、実は内山先生が発せられた意味が、グローバル経済に対しての抵抗と挑戦。その中からマグマのように絞り出されたエネルギーを持った言葉のような気がしてならない。残念ながら、いまの地域はこのままでは無事に暮らしていけない、大きな曲がり角に差しかかっているような気がする。

明治以降、和人がオホーツクに住み始めてから、当地は国の政策に翻弄されてきたと言っても過言ではない。原材料の供給基地として例えば東洋一の金山として名高かった鴻之舞金山。全盛時には1万4000人余の人口を誇った集落が、いまや金山の廃棄物として永遠に流れ出す重金属処理のための人間が駐在するのみ。林業では、オホーツク各地の山から材木を切り出すために網の目のようにつくられた森林鉄道も、いまや見る影もない。海の魚を一網打尽に獲ってしまう底引き網による漁業も、夜の繁華街に多くのドラマを残したが、長くは続かなかった。考えてみればオホーツクの地が「無事」であった時が、どれくらいあっただろうか。

この地の無事な営みについて考えてみるとき、まずは私たち以前にこの地で生活していたアイヌの人々、オホーツク文化人と呼ばれる人たちの暮らしを学ばなければならないのではないか。また、グローバルスタンダードの名のもとに、文化の画一化が地域にも進行している中、地域の住民が主体となって、多様性の基盤をつくり直さなければならない。いわゆる、その地の産物や、産物の生産過程の独自性を高めることこそ地域の価値にほかならないのではないだろうか。そこに、地域に住む人間の誇りが生まれてくるような気がする。この誇りこそが、地域が無事であることの原点ではないのだろうか。

そんなことを考えながら、内山先生のニタッと笑った風貌と、その思想の一端に想いをめぐらせている。

『怯えの時代』

グローバル市場経済の陰に対する陽を感じる

神津多可思（リコー経済社会研究所　主席研究員）

私が持っている『怯えの時代』には内山先生のご署名がある。私の名前も記していただいて、ひそやかな宝物となっている。ちょうど先生がこの本を出されたころ、私は先生に初めてお目にかかった。その意味で、この本は思い出の一冊でもある。

当時、私は日本銀行に勤務していた。その数年後に新しく設立された現在の研究所で働くようになるのだが、当時は、いわゆるリーマン危機後の混乱の中で、国際的に活動する銀行に対する規制の枠組みをどうすればよいか世界の仲間たちと議論していた。この本の中でも取り上げられているが、今回私たちが経験した世界的な経済混乱は、ますますグローバル化のテンポを速めつつある市場経済化の陰の面を万人にいや応なく突き付けた。その陰は、実は日本人にとっては、程度の差こそあれ、90年代初頭のバブル崩壊後ずっと意識されてきたのではないだろうか。それが本書のタイトルにある「怯え」の原因ともなっている。この陰への反応は、人によって、国によってかなり違う。

あくまでも私の個人的な印象にすぎないが、今日、世界の金融市場取引の規範設定に支配的な影響力を持っている米英のアングロサクソン国家の方針は、陰の部分を払拭し、市場機能に対する制御を回復するというもののようだ。現状を改善できる手立てのアイデアがある時、不確実性が高いのを理由にそれを試さないという姿勢を彼らはあまり採らない。これに対し日本人の反応は、大きく言えば、アングロサクソン流に賛成し従う者と、それに対し懐疑的で慎重になる者の二派だ。こと国際的な金融の議論に関しては、上述のように現状はアングロサクソン流が基本となるので、どうしてもアングロサクソン的な論理の展開、作業の積み重ねとなる。そういう状況の中で、ひどい時は欧州との間を月に何往復もしていたころに、私は内山先生と出会い、この本を読んだのである。

大学生のころ、私は最初マルクス経済学に興味があった。ドイツ語を第二外国語にしたのも、資本論をドイツ語で読めるようになるかもしれないと思ったからなのだが、結局は、日本語でも読破できないまま、当時、近代経済学と呼ばれた分野へと関心が移っていった。それは何故だったのだろうと、その後何回か考えてきたが、おそらく、現在、主流となっている経済学のアプローチのほうが、はっきり目に見えるかたちでの操作性が高かったからだろう。今日、電車の中で周囲が全く見えずにスマートフォンのゲームに興じている若者がたくさんいる。そのゲームには、行為と結果の関係が単純であり、操作の向上により結果が目に見えて改善するという分かりやすさがあり、それが人々を引き付けている側面があるのだろう。いまになると私にとって当時の近代経済学は、それに似たような魅力があったように思われる。

とはいえ、それが現実そのものだと納得していたわけではない。社会に出た後も、近代経済学的ツールで、複雑な現実をどう表現し、その制御のための含意を引き出すかというようなことを時折考えていた。しかし、モデルを現実に近づければ近づけるほど、技術的には極めて複雑になり、さらにそこから得られる含意も一般理論からは遠ざかっていくのも感じていた。そんな中で、大学生のころに大いに感じ入った「疎外」の問題を、実生活の中で感じたりもしつつ、しかし気が付けば何十年という時間がゲームに没頭する中で経過してしまっていたのである。

内山先生にオーガナイズしていただく年末のお餅つきに何度か上野村を訪れたことがある。片道10時間以上の飛行機の旅を繰り返したこともあり、座骨神経痛を患ってしまい、腰が痛くてそう長く餅つきができるわけではない。しかし、額に汗した後、周囲の山々を見上げ、都会から行けば鮮烈な空気を吸い込むと、そこにあるもう一つの世界を確実に感じることができる。グローバル市場経済の陰に対する陽がこれなのか。かったるくなった腰を伸ばしながら、いつもそんなことを思う。

内山先生がこの本で示しておられるのは、その陽の世界の可能性なのだというのが私の勝手な理解である。私たちはみなでその陽の世界へと行くことができるだろうか。ひょっとするとすべてが陽となった瞬間にそれはまた陰になってしまうのかもしれない。陰と陽の玄妙な変幻の中で私たちが生きているのだとすれば、陰の部分にもまたあるべきありようというものがあるのかもしれない。上野村の自然は、そのような思考の旋回を私にもたらしてくれるが、それにつけても何にも増して現実であるのは、そこにあるその自然だ。

内山先生とは、時折、仲間とともにご一緒させていただき、いつも楽しい時間を過ごさせていただいている。これからも、私の思考の旋回を収斂させるような刺激をぜひいただきたいと願っている。

私の好きな一冊

『日本人はなぜキツネにだまされなくなったのか』

内山哲学のタイムマシンとしての上野村

吉澤保幸（一社）場所文化フォーラム 名誉理事

内山哲学の楽しみは、その語り口の分かりやすさとそれを裏打ちする豊富な森羅万象、古今東西の物語りの面白みにある。そして著作の表題の妙にもある。その中でも、この本の表題は、哲学書としては極めて奇抜なものである。もちろん、「はじめに」にあるようにこの本は内山哲学では「歴史哲学序説」とされているが、読み手を引き込むひとつの面白さにもなっている。

50歳代以上の読者は、この題を見て、「そうだったね。こんな話はよく聞いたね」とつぶやくだろうし、40歳代以下の読者は、「へえ、これは、何のことだろう？」と興味津々でページをめくり始めるだろう。

キツネと人／1965年の革命／キツネにだまされる能力／歴史と「みえない歴史」／歴史哲学とキツネの物語／人はなぜキツネにだまされなくなったのか、という6章構成。「まえがき」には、「1965年に、日本の社会の何が変わったのか」この謎解きをし、「私たちの現在」を考える一助に出来ればと述べ、「あとがき」では、「書き終わってみると、なおさら私は日本の近代化とは何だったのだろうかという気持ちになってくる」と漏らし、「日本の伝統的な精神文化の世界には、言葉にできないものが埋め込まれている。おそらく私は、これからも、本書のテーマを追いつづけなければならないだろう。歴史とは何か。近代史とは何か。自然と人間の存在とは何か。そんな気持ちをもちながら、一旦筆を置くことにする。」とある。

では、この本（以下、『キツネ』とよぶ）は、内山哲学にとってどう位置づけられるのか。今、内山哲学の近著2冊、『新・幸福論「近現代」の次に来るもの』（新潮選書、2013年12月）と『自由論－自然と人間のゆらぎの中で』（岩波人文書セレクション、2014年1月〈1998年版の復刻〉）が手許にある。

『自由論』（1998年版）のあとがきで、「現代はどのようにして生まれ、いまどこに行こうとしているのかを問うことは、哲学の課題でもあるはずだ」と述べており、これが内山哲学の基本姿勢である。従って、内山哲学は、いつも、現代評論的性格を極めて色濃く持っている。また『新・幸福論』では、「私たちはどんな時代を生きているのか。それが本書のテーマである。……本書のなかで、私は、近現代の終わりをとらえようとした。」と「まえがき」に述べている。

その意味で、この『キツネ』は1965年という時点をとらえて、日本の伝統的文化に基づく「懐かしい暮らし」がなぜ消えてしまったのかを、キツネの話を素材に歴史的に問うた（歴史哲学した）ものであり、それ以降、そうした暮らしに代わって、いわば新しいキツネともいえるお金にだまされる「熱狂の時代」を突き進んできた「近現代」が色あせて、「今」をその終わりとして歴史分析しているのが、『新・幸福論』である。そして、次にくるべき確かな未来への転換のキーワードとして、「ともに生きる社会の創造」、「自由は個人のなかにあるという幻想から、個人を自由にする結び合いの模索へ」を提唱している。さらに、その「熱狂の時代」を支えたのがお金への幻想であり、同時に「近代的自由の概念」であったとすれば、この自由を問い直し、日本の伝統的な自由の概念（自在概念）を提示する作業を展開したのが、近著『自由論』であった。

ぜひとも、内山哲学を学び始めたい読者には、まずこの『キツネ』から読み始め、上記近著2冊に読み進んでもらえればと思う。内山哲学の全体像を把握するためにも。

改めて、内山哲学の核心はどこにあるかと言えば、「関係」の中に人間の本質を見いだし、「われわれのつながり」を取り戻す実践論と表裏の関係にあるということであろう。

そして、その具体の「道しるべ」は、氏が10代の中ごろから遍歴職人への憧れを抱きながらその姿として釣り竿を下げて日本各地を巡り、たどり着いたのが上野村であるが、氏にとってのタイムマシンになったその村に隠されているのではないだろうか。氏は、いつもそのタイムマシンに乗りながら、古民家の自宅周辺にかかわるさまざまな生き物（山川草木や鳥獣たち）すべてとの会話を通して（特に蜂やスズメとの対話がお得意のようである）、村の歴史をさかのぼり古人とも対話しながら（本書、第3章「キツネにだまされる能力」に語られる「山上がり」、「馬頭観音」、「山林修行」の話は秀逸）、「われわれの新たなつながり」の未来図を著作と共に、今後とも上野村の澄んだ青空に描き出していくのであろう。どうも内山哲学の経脈（つぼ）は、その上野村での営みにあるようである。

私の好きな一冊

『新・幸福論「近現代」の次に来るもの』

永遠の時間を信じて生きることができるようになった

中嶋初女（農業）

内山節氏の最新刊『新・幸福論』を読んだ。

まだ若いころ、この世に大きな歯車がギシギシ廻っていて、どんなに止めようとしても、逃げようとしても、人間など関係なく不気味に歯車は廻り続け、得体の知れないものの中に一歩一歩引き込まれていく――そんな恐怖や無力感を覚えたことがあった。なんてちっぽけな私だろうと。ごく普通に生きていれば、近現代社会の構造だとか、向かっている先にある宿命だとか、知る由もなく時代に流されていく。

いつも誰もが幸福を望んでいる。以前なら目標を持ち、計画を立て努力すればそこそこ夢は叶い、幸福になれた、ごく当たり前のように。しかし政治、経済、社会のしくみは、資本主義とか社会主義等が持つ構造の上に成り立ち、否応なく、定められた道を経済学者たちが予告したとおり辿るしかなかった。そして経済はひたすら資本増殖に動き、その道を支障なく進むためには何でもなされるのだ。例えば共同体という、人間を強固に結んでいた鎖もバラバラにされて丸裸の個人をつくり、ある時期には豊かさも幸福も与え、夢や希望も限りがなかったが、しかし構造の宿命は情け容赦なく、どんどん酷い本性を現し、もはや経済のしくみと人間とは相容れなくなってきているのだ——そういうことを氏の本は分かりやすく解き明かしている。

氏の本で最初に読んだのは『自然と労働』だった。今からもう30年近くも前、若々しく真っ直ぐに、ひたむきでみずみずしい哲学に感動したが、それは今も、何度読み返しても変わらず心を打つ。

それから時代は目まぐるしく変遷し、その波に揉まれながら夢中で生きてきた。氏の次々と出版される本や伺う話は、いつも今一番知りたい世の謎を、霧が晴れるように目の前に現してくれた。私が求め続けた「永遠の時間」とは？の問いも、氏の述べる循環する時間の中に私なりの答えを見つけ、私はいつも永遠の時間を信じて生きることができるようになった。これは私が農作業や田舎の暮らしの中から得たものだが、この本の氏の言葉を借りれば、私のイメージであるかもしれない。

「イメージ」とは？　本の内容を少し紹介すれば、例えば「高度成長期の国や経済がつくり出す豊かさのイメージと、個人としても豊かさの中に幸福があるというイメージが一体化した時に、イメージの社会化が成立し、そのイメージがあたかも真実であるがごとく、その社会の人々を支配するのである」と。

氏いわく「農山村は貧しいというイメージに包まれていた」ころ、忘れられないことがあった。高度成長期に私は高原野菜の産地、長野県川上村に嫁いだ。東京のある寄りでそう話すと、少し眉をひそめる空気がその場に流れたのだ。農業が気に入って、「農」はあらゆる哲学を包括し、ある超越した存在に畏敬の念を抱きながら大自然と共に生きていける最高なもの、と誇らしかったのに、農というだけで私自身を否定された気がしたのだ。そして「イメージの変化は人間たちの意識をかえる」、そのままに『農業、いいですね』とある時期からは言われるようになった。「イメージは時代の支配イデオロギーになっていく」と氏は述べている。

また、「遠逃現象」という言葉が、この本のキーワードとして登場した。「今まで確かなもの（政治、経済、社会で無視できない重要な課題であるもの）と感じられていたものが、次々に遠くに逃げていく、それらとの間には虚無的な関係しか感じられない。この遠逃現象と虚無が今日の時代のひとつの側面なのだと思う」と。氏は西洋思想史やマルクスから、労働や人間の疎外、主体である個の喪失を述べながら、氏自身は若いころから一貫しているることだが、主体も本質も個ではなく、あくまでも関係の中にあり、「人間は関係の中で自己の存在の場をつくり出している」とこの本では今まで以上に強く述べているがその上で、個の喪失ではなく、関係が遠くに逃げていったととらえるほうが適切である、と遠逃という言葉を登場させているのだ。

最近、ずっと不思議に思っていたことがあった。増税、年金引き下げ、TPP、特定秘密保護法、集団的自衛権、改憲等々、身近にしのびよる不安、不吉の影を見ながら、反対と声高に叫ぶ気にもならず、なるようにしかならないさ、というあきらめに私も含め、国民の多くが包まれている気がしていたからだ。氏の指摘は近現代の次にくるものを先端でとらえていると思う。

そして氏はこの混迷の時代に、私たちの社会は「近現代の幻想からようやく解き放たれはじめた」という。そして関係と共にある生き方を模索するいろいろな試みが始まっていると。それも若い人たちの間で共に生きる経済やコミュニティ、ソーシャルビジネス等々も。また最近マスコミでは、大学生の就活で、中小企業やもの作りを希望する人も増えていると報道されてもいた。その動きはこれからどうなっていくのか。何年後かには当たり前のようにその世界が広がっているかもしれないし、あるいはまた強められたナショナリズムの下でひっそり暮らしていることもあり得る。人間は本当に忘れっぽく、飽きっぽく、個人と集団ではガラリと変わったりする不思議な生き物であることだ。

『自然と労働』の中に、「どんなに追いつめられた精神を持っていたとしても、それでも人は生きていける（中略）どこまで誇りを失っても、どんなにみじめな精神を持っていても、屈折したバランスを保ちながら人は生きていけるのである」とある。人間へのいとおしさに涙が出そうだ。しかし、いま頻繁に起きる、やり場をなくして鬱憤を晴らすような若い人の犯罪は、もう人間がバランスを取れなくなってきているのでは？とさえ思う。

私は農が好きだ。種を蒔き育て、そして収穫するという労働の中で、収穫した野菜を手に乗せた時、その重さに命を感じ、万葉集の「君が行く道の長路（ながて）を繰り畳（たた）ね焼き亡ぼさむ天（あめ）の火もがも」ではないが、長い時間を繰り畳んで、作物が育った時間を、今、手にしていると感じる不思議さに驚くのだ。農は自然の摂理を感じ、謙虚さと驚きと歓びに満ちている。人一倍の苦労と努力と達成感も。自然と関係する労働として、今の時代に合う部分で再度農の道を多くの人が視野に入れれば、新たな幸福の展開もあるかもしれないと思う。

少し脱線っぽい『新・幸福論』に『自然と労働』も入り、私の好きな二冊になってしまったようである。

第五章

講演録

「豊かな社会とローカリズム」

（平成21年11月17日・国際ホテル松山）

日時　平成21年11月17日（火）13：00～16：45
場所　国際ホテル松山（愛媛県松山市）

【基調講演】　豊かな社会とローカリズム

哲学者　内山　節

〔群馬県上野村〕

私、普段は東京と群馬県の上野村を行ったり来たりしながら1年間を過ごしています。上野村といいましても分からない方が多いと思いますが、8月になると日航機が墜落したというニュースが必ず流れるあの村です。村の94％は森林です。2％くらい川がありますので、残りの4％に人が住んでいるという山間地域です。

養蚕、和紙の生産、それがかつての主要産業です。その後、こんにゃくを作ったり、いまはきのこを作ったりしています。山が多いですが林業地帯ではなく、江戸時代から戦後初期までの長い間養蚕を中心に暮らしてきた村で、現在の人口は1400人くらいです。うちの村は合併する意思を持っている人が満場一致で全くいません。ですから、これからも、よほどの圧力がかからない限り合併することはないと思います。ちなみに森林組合や農協も単独で、非常に独立心の強い村です。

人口1400人のうち約180人（2009・平成21年）がIターンの人たちで、私もその一人です。近い将来、半分くらいがIターン者でいいかなと何となく思っています。そういう人たちと一緒になって村をつくったりしています。

〔餅つき〕

私の家では、毎年、年末の29日に餅つきをやります。去年ついた餅の数が75臼。ハンパでない数をつきます。友人が来て、持って帰ったりするんです。

私がいる集落は8家族くらいの小さい集落で、周りは高齢化して自分で餅をつけなくなっていて、集落の人たちがうらやましそうな顔していたんです。じゃあ、うちで全部餅をつこうということにしたら、この数になりました。

毎年12月に入ると、餅の注文をとってまわっています。一人ではつききれないので、友人知人に応援に来てもらっています。例年50～60人が来ています。杵3本で3kgをつくと、だいたい1臼5分でつきあがります。臼を2つ使うので1時間で24枚の餅ができるというものすごいスピードです。

実は餅つきをやっていると、僕のほうは大助かりなんです。

僕はどうしても村にいないことが多いんです。村の暮らしって、村にいないとみんなに迷惑をかけることが多いんです。共同作業や何か困ったことがあればみんなで駆け付けてやるわけですが、いないので駆け付けられない。でも、お正月の餅をついてくれるから、と許してくれています。

餅つきで毎年応援に来てくれる僕の友人には、村の人たちの役に立って帰りたいという人が結構います。観光で行くのではなく、何かその地域の役に立って帰ることができたらいいんだけど、と思っている人たちが結構いるんです。

残念ながら都会の人間は、村びとのような技も知恵もないので、実際に役立つことは少ないのですが、村の人たちのお餅をつくのならできる、多少は役に立つ。そのことが楽しくて毎年来ている人が結構います。奈良県から来てくれる人もいて、交通費を考えると何万円という本当に高いお餅になっているんですが、毎年来て、お餅をついている。

都会で暮らしているけど、村を少し支える。村の人からすれば、少しは都会の人に支えてもらう。そんな相互性をつくりながら村を維持していくという雰囲気がうちの村にはあります。

〔村は宝庫〕

この間の日曜日も、村がマイクロバスを出して、東京から20名くらいの人が農業の応援に来ていたみたいです。

うちの村にも休耕地があります。休耕地というとマイナス要素にとらえられてしまいがちですが、ただ休耕地があるだけでなく、すぐそばに農業のベテラン、村のベテランがいるんです。その人間とセットで休耕地をとらえていくと、これほどいろんな活用ができる場所はない。

新しく農業をやりたいという人に貸してもいいですし、そこまでいかなくても農業体験をしたい、村の暮らしを体験してみたいという人たちがいるので、休耕地と村びとがセットで対応できる。そこから新しい地平が開けていく。休耕地は宝物です。

また、高齢者も宝物です。高齢者が多いというのはそれだけ技を持っている人、知恵を持っている人が多いことですし、高齢者は勤めていないので、平日の昼間でも時間が作れる人たちなんです。

村の伝統的な行事も、最近は小さな集落では維持できないということが発生しています。そういう時、都会の人たちに応援をお願いしています。

「こういう行事が、こういう形で持続できなくなってきているので、準備から応援してくれる人を募集します」といいますと、10人とか20人とか来てくれる人がいます。

都会から人が来てくれることになると、無理だからやめようと言っていた村の人たちが結構元気になって、しっかり準備してくれたりして、実は応援って要らなくなってしまう場合が多いのです。

村の伝統行事も、都会の人たちと一緒になって維持していくことで、村に住んではいないけれど、しっかり村と結びあっていく人たちを作っていくきっかけになっていると思います。衰退する伝統行事でさえ宝になっているのです。

休耕地や高齢者が多いことをマイナス要因でとらえるのでなく、どう仕組みを変えて宝物にするか、宝物としてどう活用するか。そんな発想で地域づくりをしていきたいと思っています。

〔結びあった豊かさ、個人の豊かさ〕

実は、餅つきは、去年から2回やることになっています。うちは75臼なのですが、それを見ていた役場とかいろんな人たちが、うちだけにやらせておくことはないだろうということになり、同じ方式でもう一つ餅つきをやることになりました。去年はそちらでも55臼くらいついているので、合わせて130臼を2日間でついたことになります。

役場の人たちがやりたいということで、それはいいんじゃないのと思っていたのですが、後で上野村のHPを見たら私と一緒に餅をつくということになっていて、私も餅つきにいなきゃいけないということ？　ということで一生懸命お付き合いさせていただきました。

こうやっていきますと、村って結構豊かな社会なんです。

経済面や懐具合だけを見るとあまり豊かとはいえませんが、みんなで助け合うと同時に外の人も巻き込んで応援してもらっていく。コミュニティも、村の中のコミュニティだけじゃなくて、外の人を含めたコミュニティというのも同時に形成しながら暮らしていく。そうすると、案外豊かな社会が存在する感じがしています。

それに対して、今の都市社会を見ますと、豊かな社会のようで非常に残酷な社会ではないか。個人の豊かさだけを追求してしまうと、そこからこぼれた、あるいはこぼれさせられた人たちには非常に残酷な現実が待っているんじゃないかと思います。

今、大学生が就職するとき、約30％は非正規雇用になってしまっています。もちろん僕は不当なことだと思っているのですが、それがもう現実です。

1カ月くらい前にも、就職活動をしている大学生と議論をしていましたら、その一人が、「でも、大学出じゃないと、派遣の職業もないんです」と言うんです。考えたらそうなんです。今はそういう時代になってしまっているんです。大学を出てないと、アルバイトしかない。非正規雇用、派遣は、企業の都合ですぐに解雇されたりしますが、とりあえず1年間契約があって、ちゃんとした派遣ならば社会保険も整備されている。そういう条件で働こうとしても、大学を出てないと派遣のクチもないという、まさしく恐ろしい社会。

それが今の都会の現実になっていて、そういうなか、個人はいろんな苦労をしている。制度の問題もありますし、今の企業体質の問題もあります。いろんなことを考えないといけないのですが、一つ言えるのは、〈結びあった豊かさ〉を持っていないことが、残酷な形で追い詰められていっているという現実だろうと思います。

私も村で働いていれば、収入的には非正規雇用くらいしかないことになる。しかし、私の村では、結びあっている社会があるんです。しかもそこには、自然と結びあっているというもう一つの面もあります。

村にいますと、貧しいはずだけど住んでいると貧しさを感じないという、ある種の豊かさが得られるという気がしています。

〔道具としての経済、貨幣〕

経済というのは、もともと、人間たちが豊かに生きていくための道具だったはずです。貨幣も同じで、人間たちが便利に交易活動をしていくために道具として発生したはずです。だから、経済も貨幣も、人間に従属した道具でなければいけないはずなんですが、いつのまにか地位が逆転してしまっている。

今、統計的に見ますと、日本の定年退職世代の人たちは、2千万円超の金融資産を持っています。平均して2千万だから大変な金額です。実際は3割くらいの人が3千万円以上持っていたり、一方で200万円以下という人もいますが、平均して2千万円近いというのは本当にすごいと思います。

しかし、その人たちが安心して高齢者としての暮らしをしているかというと、全くそうではなく、絶えず不安にさらされているというのが現実です。

実際、仮に2千万円くらい持っていたとしても、大きなインフレが起きたらどうしようと考えはじめると、貨幣が限りなく紙切れに近づいていく可能性もありますし、長期入院を繰り返すような大病をしたらどうしようと考え始めたりすると、安心してる場合じゃなくなってしまいます。だから、お金を持ちながら、不安になっている。

結局、貨幣という道具は、決して人間に安心感を与えないと思うんです。しかも、その貨幣が、道具でなく、今、我々の前で神様のように振る舞っている。

経済も同じことです。「日本社会をどうするのか」というと、たちまち私たちの頭の中には「日本経済をどうするのか」というテーマが浮かんでしまいます。例えば台頭してくる中国やインドに対してどうするのか、そういう経済だけのテーマがどんどん浮かんでしまいます。

〔まず「暮らし方」を考える〕

だけどそれはおかしいわけです。日本社会をどうするかというとき、まず私たちが考えないといけないのは、どんな暮らし方をしたら不安のない暮らしができるのか、どんな暮らし方をしたらお金ではない豊かさを感じられる暮らしができるのかということです。まず「どんな暮らし方」ということがあって、そのために「どんな経済」をつくったらいいのか、「どういうお金のまわり方」をしたらいいのかという順番で考えなければいけないのに、最初から経済のテーマで考えてしまう。

それだけ今の社会は、人間の前で、経済や貨幣が神様のような地位を持って動いている。昨年来、アメリカの金融危機からはじまり、世界経済が非常に落ち込み、混乱しています。そういうのを見ても、地に足を着けていない経済、人間の豊かさとか大地とか自然とかに足を着けていない経済は、そろそろ限界に来ている気がします。

サブプライムローンとか、その後、明らかになってきたいろいろな金融債権、それらはどこにも足が着いておらず、お金だけが自己回転している。なのに、巨大な力を持って取引される。そして、暴走し、勝手にはじける。

私個人は、株も国債も持っていないのですが、銀行に預けているお金の一部が国債に化けている可能性はあるかもしれません。

何の金融債権も持っていない私のような人は、アメリカの金融がはじけ、金融界が大変なことになっても高見の見物をしていればいいはずで、騒いでいる人が勝手に破綻していけばいいはずなんですが、そうならない。これは非常に困ります。

金融が勝手に暴走して、勝手に破綻していくのに、そのツケは、そういうことから一番遠い人たちのもとへ集中的にやってくる。例えば、派遣の人が首を切られたりする。なのに、金融債権を転がしていた人たちは、それまでにもらった高額のボーナスで逃げ切ってしまう。

こういう社会はどう考えても不正としか言いようがないんです。

怪しげな金融市場を作った人たちが破滅していくのならまあ正常なんですが、その人たちが逃げ切って、何の関係もなく暮らしている、まじめに派遣で暮らすしかなかった人たちが路頭に迷ってしまう。

それは、自然や大地、人間の豊かさ、暮らしとかと一切関係なく展開している今の金融経済の持つ恐ろしさが出てきている気がしています。

経済や貨幣とかを、どうやって、私たちが呼吸したり歩いたりしているところに下ろしてくるか。

この課題を解決しないと、繰り返し繰り返し、変なバブルが発生してはつぶれ、そのたびに関係のない人たちが被害に遭って、それを繰り返しているうちに、今の日本が既にそうですけど、大学を出ないと派遣社員にもなれない、3割の人が非正規雇用の職場を選ぶしかないという、まさにすさんだ事態に陥ってしまうと思います。

経済は暮らしの道具である、ましてや貨幣はそのまた道具である、そういうことをちゃんと言えるような社会をつくっていく必要があるわけです。そのためには、暮らしの豊かさとは何かということをもう一度きちっと見ておかないといけない。

幸か不幸か、私の村でも、過疎化していく過程で、村の暮らしが嫌いな人間はみんな出て行っちゃったんです。その結果、村の暮らしが大好きな人ばかり残ってる。だから、確かにGDP的な経済面ではかなり低いんだけど、村の人が顔を合わせると「懐は寂しいけど、暮らしはここが一番だよね」という会話が常に出てくる状態ができていて、それがまた不思議な豊かさの感覚をつくっている。暮らしの状態というのは、決して悪くないんです。

〈村の禁句、生きていかなければならない〉

村では、寄り合いという形で集まって議論をしたりします。そういう場で、この言葉を言ったらみんなに嫌われるというのがいくつかあります。中でも大きな禁句は、「といったって、我々も生きていかなければいけないんだから」です。この言葉は禁句です。言ったら、みんなに、お前はなんて文化程度が低いんだと嫌われてしまう。

明日、餓死しそうだというのなら、こういう言葉もいいんですが、今、生きてるんです。それなりに生きてるじゃないか、その豊かさをみんなで大事にしようじゃないか。そんなときに、「といったって、我々も生きていかなければいけない」と言ってしまうと、その瞬間に村の豊かさが崩れていく。だから嫌われてしまいます。

ある集落の寄り合いで、誰かがそんなことを言ったらしく、僕の耳にも、「まだ、そんなことを言ってるやつがいる」と伝わってきました。

生きていかなければいけないというのは、そんな言葉を使ってでも生きていかなければいけないわけです。それは、収入がないといけない、経済が発展しないといけない、というのと同じ意味合いで使われるんです。

そうではなく、我々が思う生きていくというのは、きちんとみんなで結びあって、そこに都会の人も入って来て、みんなで結びあいながら暮らしていく。それが生きていくということです。

そのために必要最小限の収入は必要です。ですが、収入は2番目の問題。自分たちが生きる世界をしっかりつくった上で、こういう経済をつくっていこうと考えていく。

餅つきも、来る人たちが気にするので、米代だけもらっています。去年から始まった村の餅つきでは参加費を取っています。村には冬場ガラガラの宿泊施設がありますので、年末の餅つきでは宿泊の斡旋もしていて、多少は宿泊施設にお金が入っていく。だけど、まず先に、餅をつきながら一緒に正月を迎えよう、つながりをつくろうというのがあって、それから、宿泊を希望するなら斡旋しますよという、多少なりとも経済活動につながっている。

この順序が逆になると、年末にお客さんを何人集めるというようなことが先に出てくるようになって、話が違ってくる。

結びあっていくときの豊かさとは何か。本日の開会の言葉を使えば「コミュニティの持っている豊かさ」でしょうし、「コミュニティがあるがゆえに成り立つ経済」といってもよいのかもしれません。それは何なのかというのを真剣に考えていかないといけないと思っています。

〈自然とも結びあう日本の社会〉

地域社会が結びあうというのは、必ずしも人間だけが結びあっているわけではない。自然もまた結びあっている。

町、村、集落、いろんな言葉を使いますが、町、村、集落といった時、私たちは、そこの〈人間社会〉をイメージする。でも、日本の伝統的な言葉づかいでは、人間社会のことではなく、〈自然と人間の社会〉です。あくまで構成要素の中に自然があるのが日本の特徴です。周りにある自然もすべて含めて、ウチの町でありウチの集落なんです。これが日本の特徴です。

〔だから日本の自治は難しい〕

ヨーロッパから発生していく自治は、人間の自治、人間社会の自治です。だから、人間同士がどういう契約をするか、どういうカタチで交流をつくっていくか、人間同士がどういうカタチで決定をするか、そのルールを作ればヨーロッパの自治は成り立った。

ところが、日本の自治がややこしいのは、自治のメンバーに自然が入っているということです。ですが、自然は投票権を持っていませんから、我々が、自然とともに生きる自治というものをいつも考えなければいけない。

だから、日本では、自然に対するいろんな信仰や行事が盛んなのです。例えば、山間地域では、どこでも山の神信仰というのがあり、その大祭などがあって、絶えず森と一体となった村のあり方、自治を考えていく。街の中には、水の神様や自然の神様などいろんな神様がまつられている。これらは、自然も自治の一員だということを、絶えず実態としてつくり出す機能を持っていたと考えていいと思います。

結びあう社会といったとき、人間同士の結びあい、人間も地域内だけでなくそこと結んでくれるちょっと離れた地域を含む人間同士の結びあいが必要でしょうし、自然との結びあいをどうしたらいいのかというのも必要になります。

そうなると、その地域が持っている文化とか歴史、伝統的な信仰などとどう結んでいくのかということをやっていかないと、自然と人間が結びあっていく社会はうまくつくられていかないという気がしています。

〔風土〕

いろいろなものが結びあっていく社会というものを考えていくと、一つの言葉、「風土」が出てきます。

風土については、いろんな人がいろんなことを言っていますので、誰もが納得する辞書のような説明はできないんですけど、振り返ってみると、昭和の初期に風土論が流行した時期がありましたのでご紹介します。

なぜ昭和初期なのかといいますと、一つは、日本が大東亜共栄圏に向かって歩んでいく時期に、ナショナリズムと絡みながら、日本のアイデンティティをつかみ直す動きが出てくる時期だったこと。

そしてもう一つ、その前の大正時代は、今からみるとそうでもないですけど、当時の日本人にとっては、大変、欧米化した時代でした。モダンガール、モダンボーイという言葉が流行して、洋装化した女性、当時の日本人にとってはビックリするような洋装で街へ出る人が現れた時代です。そんな大正時代を経て、昭和に入ると、もう一度日本のアイデンティティをつかみ直そうという気持ちが出てきた。

その両方が絡み合ったのが昭和初期です。

そのころを代表する風土論は、和辻哲郎さんではないでしょうか。和辻さんがヨーロッパへ留学して帰って書いた本があります。当時ですから、船で留学してアラビア半島に寄港しますので、ヨーロッパ、アラビア、日本の風土が描かれています。

その本では、〈人間たちの基本的な考え方というのは、風土がつくっている〉といわれています。

風土ですから、自然と人間の歴史がつくっているといってもいいです。人間たちがどんなふうに自然とつきあってきたか。自然とのつきあい方が、人間たちの基本的な考え方をつくってきた、自然とのつきあい方の違いが人間たちの基本的な考え方の違いをつくってきた。

ヨーロッパ的な風土の中からヨーロッパ的な考え方が出てきて、アラビア的な砂漠的な風土の中からアラビア的な考え方が出てきて、日本的な風土の中から日本的な考え方が出てきた。だから、人間たちの考え方に、進んだ考え、遅れた考えというのはない。そういうことを明確に述べていて、僕も賛同する一人です。

ただ、彼の風土論はあくまでも日本の風土論でした。日本を含む東アジアモンスーン地域に一体的な風土があるととらえていたため、日本のアイデンティティをつかみ直す風潮、ナショナリズムの高揚と容易につながってしまい、その後の大東亜共栄圏と重なってしまいました。

〔郷土のかけがえのなさを知って、世界を知る〕

もう一人、和辻さんと比べると有名じゃないんですが、三澤勝衛さんという人がいます。

長野県の旧制中学の地理の先生です。地理教育論などもたくさん書かれているのですが、旧制の小中学校の地理教育は郷土教育だけやっていればよいということを主張して、子どもたちをフィールドに連れ出して郷土教育だけをやっていました。

旧制中学ですから今でいう高等学校です。当時、日本を知って、世界に負けないアジアをつくろうという時代のなか、高校までは郷土教育だけをやっていればいいと主張し、やり抜いた人です。

それは、世界を知ることの意味が違ったんです。

実は、私、アメリカへ行ったことがありません。そんな私でも、アメリカにニューヨークという街があるとか、ロッキー山脈がある、ミシシッピ川があるとかということは知っています。でも、それでアメリカを知っていることには全くならない。

アメリカを知っているということは、どんな風が吹いていて、どんな水が地下を流れていて、そこで人々がどんな気持ちで生きていて、どんな働き方をしているのか。そういうことが分かって、初めてアメリカを知っていることになるんです。

そうであるにもかかわらず、知識で首都がワシントンだということを知っているだけでアメリカを知っている気になる。このほうがよほど危険です。

だけど、私たちは、世界中を知ることはできない。アメリカの人だっていろんな人がいるし、仮に、アメリカを知ったとしてもアフガニスタンの人たちがどういう気持ちで生きているかということは知らない。世界のことを分かりようがないのです。

だからこそ、三澤さんは郷土教育だと言うわけです。郷土を深く知ることによって、そこにどんなかけがえのない自然があり、かけがえのない人間たちの歴史があり、そこで今、人々は何を考えながら生きているのか。そういうことを深く知った時、自分の郷土以外の場所にも同じようにかけがえのない自然があり、かけがえのない人間たちの歴史があり、かけがえのない人たちがいることを知る。

それが日本であり、世界であることを知る。

自分たちの郷土のかけがえのなさを知ったとき、はじめて、世界中が、ある意味同じようにできていることを知り、世界が分かる。

地理の知識はないかもしれない。だけど、郷土を知ることで、はじめて世界が分かる、世界の人たちを理解できる。理解できる気持ちを持つことができる。

それをしっかりやっておくのが、今でいう小学校から高等学校までの教育なんだ。それができてはじめて、いろんなことが分かるようになってくるんだ。それをやらずして、薄っぺらの知識だけを与えても、何も知らないのに知った気になってしまう、むしろ困った時代を生んでしまう。

そして、徹底的に郷土教育をやり続けたのが三澤さんでした。

〔多層的に重なり合った風土〕

三澤さんは、「大気と大地がぶつかっているところを研究するのが地理だ」と言っています。

大地の中には地下水が流れ、長い間自然が作り上げた土壌の歴史があり、バクテリアや生物が住んでいる。

大気には風も吹いているし、雨も降れば、雪も降る。

大気と大地がぶつかっているところには、人間の営みがある。

そこを見るのが地理学で、三澤さんが唱えようとした風土です。だから、和辻さんの風土と比べると非常に狭い。まさに今、地域と呼んでいるような範囲を対象にした風土です。そして、三澤さんは、風土というのは多層的に形成されている、ということをよく見ていたんだと思います。

彼は長野県諏訪地域の人ですから、まず、諏訪地域の風土を見る。でも、よく見ていくと、諏訪地域の中にもいろんな風土がある。諏訪地域の中の小さな村々に、自然の違いがあり、人間たちの営みの違いがあり、歴史の違いがあり、それぞれの風土がある。

ところが、一つの村でも、風土としてとらえるには大きすぎる。深く追究していくと、一つひとつの集落で風土が違う。微妙に自然が違うし、微妙に歴史も違う。その集落も、もっと深く追究するともっと小さくなっていく。

最終的に彼は、一つの山の斜面の下に岩があると、岩によって気流がどう変わり、向こう側とこちら側でどう風土が変わるか。畑の一つひとつでどう風土が変わるか。そういうところまでいくんです。

諏訪地域の風土も風土、村々の風土も風土、集落ごとの風土も風土、畑一つひとつの風土も風土。風土というのは一つではなく、どこまで追究していくかによっていろいろな層がある。その層の全体が本当の風土。そういう、一つずつの風土も風土だし、重なりあったものも風土と見ている。多層的なとらえ方をしています。


〈風土と調和する産業〉


そういうことを通して、彼は何を考えていたのか。

今的な言葉を使いますと、持続可能な社会とは何かを考えていたんです。

当時ですから持続可能という言葉は使っていませんが、〈風土と調和する産業〉をどうつくっていくか。それが社会の持続を保証していくし、地域の持続も保証していく、もちろん、風土の持続も保証していく。

逆に、風土と不調和を起こすような産業を持ってくると、一時的な雇用は良くなるかもしれないけど、長い目で見ると必ず風土を壊してしまう。長続きしないし、むしろ、地域社会を破壊してしまう。

だから、深く風土を知ることができる人間を育てていかないと、その地域の持続ができない、持続する産業がつくれない。

そういう気持ちを持ちながら風土論を展開していたのが三澤勝衛さんでした。

〈結びあいがつくる、諒解する世界〉

昭和初期の風土論には、主流だった和辻さんの「日本や東アジアの風土論」と、少数派でしたが三澤さんの「自分たちが呼吸をしているようなところから世界を見ていこうという風土論」、この二つの対極的な風土論が存在していました。

結局、風土というのは、そこに暮らしている人間たちが、合理的にとらえて〈理解していく世界〉ではなく、〈諒解していく世界〉なんだろうという気がしています。

僕は上野村に40年近く行っていますが、村に行き始めた最初のころは、戸惑いがありました。

例えば、当時、お世話になっていたおばあさんのご主人が病気になって伏せっていると聞いたので、お見舞いに行ったんです。3世帯同居の家の奥でおじいさんは寝ていたんですが普通に会話ができたので、思ったより元気じゃないかと言ったら、すぐ横でおばあさんが、「いや、じいさんも、もうそろそろだよ」と言うんです。

東京では、病院に入院している人がいて、お医者さんが今晩がヤマですと言っていたとしても、まわりの人は、病人に必ず治るからと励まします。

ところが上野村では、まだピンピンしてる人を横にして「もうそろそろだよ」だなんて話をしてるわけです。僕はどう受け答えをしていいか分からなくて、非常に困ったんですが、当のじいさんはニコニコして聞いていて、「わしも、もうそろそろだから」とか言ってる。

とても良い感じなんです。

そのじいさんは3カ月ぐらいして亡くなってしまったんですけど、何年かして、今度はおばあさんが風邪をこじらせたと聞いたので、また見舞いに行ったんです。そうしたら、寝てるわけでもなく、元気にしてる。ところが、ばあさんも「この風邪は一生抜けない、そして私は死ぬ」と言ってるんです。とても死ぬようなばあさんには見えなかったんですけど、本当にそれから6カ月ぐらいして、その風邪が抜けなくて亡くなるんです。

死ぬとかという話がタブーではなく、ごく普通に行われていて、本人たちも何の苦痛もなく普通に会話に加わってくる。最初はその雰囲気に大変戸惑いましたが、だんだんと分かってきたのは、村には諒解できる風土があるということです。

あのおじいさんもおばあさんも、やるべきことはみんなやった人だという、ある種の尊敬があるんです。

やるべきことっていうのは、普通に畑を耕し、普通に暮らし、ある時に子どもを産んで育てたというようなことです。表彰されるような偉そうなことではないです。それだけのことですが、僕の村では、それこそが村の人間として一番の功績だとみんなが思っている。普通に暮らしてきた人たちこそが村をつくってきた最大の功労者だから、年をとってくると、あの人たちはやるべきことを全部やってきた人たちだと尊敬される雰囲気がある。

そういう結ばれ方がある世界にいると、当初は戸惑っていた僕も、自分が本当にやるべきことをキチッとやっておいて、あとは、先輩たちがやったように、時期が来たらあの世へ行くということが、自然に、素直に諒解できる。

　理論や理屈で理解しているわけではないです。結びあいがつくっている諒解です。

　風土も同じようなものです。

　自然と人間が結びあい、過去と現在が結びあい、そういう中で、ここにこそ豊かさがあると諒解できる。そういう中にこそ風土がある。今は、風土からもう一度世界を見直し、世界をつくり直していかないといけないということに気付きはじめている時代です。

　だから、片方ではグローバルな社会・世界がつくられているんだけど、もう片方では、もう一度ローカリズムに戻ろう、ローカルなところから世界をつくり直そうという動きが強く出ている時代でもあると思います。

〔ローカル世界から世界をつくり直す〕

　7～8年前、南フランスの標高1000mぐらいの村へ行ったことがあります。土の瘦せた村でした。ホテルに着いたら、ホテルが村の人たちのたまり場になっていて、村の人たちが、近くにあるファーストフード店、世界展開している有名なファーストフード店をぜひ見てこいというんです。僕も物好きですから、さっそく教えられた場所へ行ったら、そこには火事で真っ黒に焼け落ちた店があるだけなんです。ホテルへ帰って、見てきたよというと、村の人たちは、どうだ、良かっただろうと言うんです。

　我が村に、あの店は要らない。だから村の人間で燃やしてきた。何人か逮捕者が出たけど、村に帰ってくれば英雄なんだから何の問題もない。そんな話をしてくれました。

我が地域は、我が地域だ。地域の暮らしからはじめるんだ。

その時に、ああいうものは要らない。

やったことが良いことかどうかは別にして、そういうことを非常に楽しそうに話す雰囲気は良いなあと思いました。

ヨーロッパ社会でも、自分たちのローカル世界から世界をつくり直すという動きが活発になっています。

かつて社会主義勢力が強かった国でも、今、かつての社会主義勢力と同じぐらいローカル派というのがいる。

特に、地方へ行けば、そういうのがいっぱいいる。そんな感じがしています。

地域から世界をつくり直す。地域から経済をつくり直す。それでこそはじめて私たちは、本当の生き方ができる。

本当に今、そういう時代です。

すぐに経済政策という時代でなく、まず、地域政策でなければいけない。

地域政策も、風土とともに生きる豊かさをつくり直す。

そのためには、何とどう結びあっていったら豊かさがつくれるのか。

それがまず起点にあって、だからこそ、こういう経済をつくる。だからこそ、こういうお金の回し方をする。

そういう大きな転換をしていかないといけないという気がしています。今の問題は、私たちが、人間は一人ひとりだと思ってしまったことにあります。人間という個体に還元してすべてを考えようとしたのです。でも、そうではなかったのではないか。人間という生命も、さまざまな他者と結ばれてこそ、個々の生命である。人間という他者と結ばれている、自然という他者とも結ばれている、時には、歴史や文化というものとも結ばれている。そういう結びあいの中に生命活動がある。なのに、結びあいを切ってしまったことで、私たちは、ものすごく痩せ細った生命体になっていたのではないか。

そういうことを哲学としては考えながら、今までとは違う、人間の豊かさのとらえ直しをしていかないといけないのが、今の時代ではないかと日々考えています。

ご清聴ありがとうございました。

（協力／川井保宏）

第六章

三人委員会哲学塾

三人委員会哲学塾が発足したころ

榛村純一（元掛川市長）

1994年(平成6年)、国民森林会議は「新たな河川哲学の確立をめざして」と題する提言をまとめた。これを機に「かわの復権を考えるシンポジウム」を開きたいので掛川市で共催してくれないかと、かねてより指導いただいている河川工学の高橋裕芝浦工大教授から依頼された。同じテーマの問題意識を持っていたので、早速受けることとし、その相談準備会をもったが、そのメンバーに内山節さんが入っていて、それがお逢いした最初だったと思う。

その時の紹介では、東京と群馬の山村、上野村の二カ所に住み、残りは講演・調査旅行とフランスの田舎の村に毎年行くとのことだった。それは、私が当時言っていた、東京と田舎と外国のどこかと三カ所の土地勘を持つ人を地球田舎人と名付けて、そういう人物が本物の哲学を持つことができると言っていたので、うれしい出会いであり、森と川と村の新しいとらえ方を論じ合えると思った。肩書も哲学者だけで、どこからも禄を食んでいないと聞いて、肩書がないと困る風潮の世の中で大したものだと思った。

この時のシンポジウムの討論は、ぎょうせい刊行の『流域の時代―いつからだろう　そこなわれた森、そして川……』に記されている。

1997年(平成9年2月)、掛川市は二宮尊徳の教えの報徳運動が残る市町村に呼び掛けて、二宮尊徳サミットを開いていた。その会場へフラリと内山節さんが現れ、今度「三人委員会」なるものを作ったので、同志を全国に募ってセミナーを開きたいと思う。ついては会場提供と世話役をやってくれないかと誘われた。

そのころの私は、市長を5期務め分権の旗手などとおだてられていて、これからのまちづくりや生涯学習運動について少し哲学的に掘り下げておく必要を感じていたので、事務局的役割を喜んでお引き受けした。

三人委員会とは、哲学者内山節さん（1950年生）と、大熊孝（1942年生）新潟大学教授（河川工学）と、鬼頭秀一（1951年生）東京農工大学教授（環境倫理学）の三人であった。

普通、セミナーやシンポジウムは、一泊二日が相場であるが、この掛川哲学塾セミナーは三日間開き、徹底的に論ずるのが特色であった。全国から40数人の内山節＆三人委員会で論じ合いたい人が男女6分4分で、多士済々の思想家、変わり種が集まった。最初3年間3回各3日間開くとしていたが、途中でもう2年続けようということで、結局2001年（平成13年）まで5年5回合計15日間のロングラン哲学塾になった。

その成果は、農山漁村文化協会から『ローカルな思想を創る』と『市場経済を組み替える』と題して刊行された。

その後、この三人委員会セミナーは長野県飯山市、次は群馬県片品村と、所を変えて今も続いていて、内山節哲学全国ネットワークを形成している。

三人委員会哲学塾の十八年

同じ思想を共有する左から大熊孝、鬼頭秀一、内山節の三氏。
右端は哲学塾発足当時から参加している手塚伸さん。

【鼎談が行われた日時・場所】
2014年1月12日　午後2:00
（於：東京・神田〈なみへい〉）

■鼎談出席者（文中敬称略）
内山　節（うちやま　たかし）
1950年生まれ。哲学者。立教大学大学院教授。
『かがり火』編集長。
大熊　孝（おおくま　たかし）
1942年生まれ。工学博士／新潟大学名誉教授。
NPO法人新潟水辺の会代表。
鬼頭秀一（きとう　しゅういち）
1951年生まれ。環境倫理学・科学技術社会論。
2014年3月まで東京大学大学院新領域創生科学
形成科教授。同年4月から星槎大学共生科学部教授。

■司会進行・編集責任
手塚　伸（てづか　しん）
1959年生まれ。山梨県産業労働部。地域政策を
中心とした地方自治に従事。

1．三人委員会とは

三人委員会哲学塾は1996年秋、共通する思想を志向する、大熊孝、鬼頭秀一、内山節の三人の会として生まれた。欧米の近代思想を、欧米ローカルな思想として見ながら、地域と人間の関係を軸にして多元的な思想を創造していくことにより、自然、人間、社会をつかむ思想潮流を創りだすことを願い具体的な活動が開始された。

といっても、表面的には「三人委員会哲学塾」という何とも曖昧模糊とした名称の議論の場が、1997年の静岡県掛川市での第1回以来、掛川市（1997～2001年　5回開催）、長野県飯山市（2002～2006年計4回開催）、群馬県片品村（2007～2011年　5回開催）、山梨県北杜市清里（2013～2014年　2回開催）と18年間にわたり16回開催[注1]されたことに尽きる。

しかし、この議論の積み重ねは、日本の各地域に大きなインパクトを与えたばかりか、さまざまな人々のつながりを形成していった。この蓄積は特筆すべきものだと思う。ところで、三人委員会を生み出したエネルギーとは一体何だったのだろうか。

大熊　確たる、新しいものが見つかっていないような気もするけれど、18年間もまあ、よく続いているなあと思いますね。正直言うと、1980年代の末ころ、僕は絶望していたんですよ。ただ、絶望しながらも死ぬときには自分なりによくやったなと思えるように生きたいと考えていた。それで、「新潟水辺の会[注2]」や「阿賀に生きる[注3]」など、いろいろな活動の中に身を置いてきた。哲学塾もこうした活動の一環として、とにかく自分のできる範囲で取り組んできた。そしてこうした活動から、皆さんから元気をもらってきたような気がします。絶望せずにね。

僕の研究分野では底辺の部分は少しずつ変わってきたけれど、ダム問題など決定的なところでは僕の主張は負け続けている。そこを、どう乗り越えていけばいいのかずっと考えていた。三人委員会として哲学塾を始めたのは、こうした絶望感を超えるためだったかもしれない。

2．出会い

大熊が抱いていた絶望感とはどういうことであろうか。三人が意気投合した前年の1995年は、さまざまな出来事が日本各地で起こる画期的な年である。阪神・淡路大震災やオウム真理教による地下鉄サリン事件があった。また、当時日経連は日本的経営の見直しを宣言、日本の自動車メーカーの海外生産台数が輸出台数を追い抜き、GATTという不明瞭な貿易関税に関する仕組みはWTOによる組織的な仕組みに変わり、欧州首脳会議においてEU域内の統一通貨の名前が「ユーロ」に決定されるなどグローバリゼーションが進行する。

何もかもが、大きなもの、成長、グローバル基準など画一的な価値観の中で思考されていくことが当たり前といった雰囲気が強固に定着する中で、後に議論となる三人委員会の思想とはかけ離れた方向に社会が向かっているという気配が色濃く、この意味では「絶望感」が漂う時期でもあった。
一方、この年の正月に初めて首相官邸ホームページに首相の年頭挨拶が開示されるが、首相は社会党党首である村山富市であった。東京では青島知事が誕生し世界都市博覧会を中止、また、阪神・淡路大震災では、多くのNPOが災害復旧に存在感を示し、ボランティア元年と称される年となり、国や地域のあり方にも変化の兆しが見え始めた。
91年には旧ソ連が崩壊、また、戦後最大と言われるバブルがはじけている。そしてなぜか95年、戦後、世界を構成してきたさまざまな要素が顕在化し、良きにつけ悪しきにつけその後の時代の流れを形成する始点となったことは事実である。その翌96年、内山、大熊、鬼頭の三人が奇妙な縁でつながり、三人委員会という外から見ると極めて曖昧模糊としたネットワークを立ち上げたことは、こうした時代の流れと無関係ではないであろう。三人の出会いとは一体どのようなものだったのだろうか。

手塚　哲学塾が生まれた背景をお話し願いますか。内山さんは時々語られていますが、この機会に大熊さんと鬼頭さんからもぜひ語っていただきたいですね。

大熊　それは、東京駅で内山さんにバッタリ会ったからかな（笑）。そのあと、本郷でも2回ぐらい会って、広い東京で偶然にも内山さんに出会うなんてすごいことだなと思いましたよ。「毎日小学生新聞」で、内山さんが「森」について連載していて、その後を僕が引き継いで「川とふれあう―生命をはぐくむ流れ―」（1993年10月～1994年3月）[注4]を連載したので、当然、それなりに知り合っていましたが、示し合わしたわけでもないから。運命的な出会いなのかなという気がしますね。

僕としては、川の問題で、自らの主張[注5]とは異なる議論が展開していて、何とも歯がゆかった。当時、いわゆる日本の河川工学者といわれる人の中で、ダムはもうそろそろやめたほうがいい、と言う研究者は僕一人しかいなかったのではないかな。その意味では、非常に苦しい時期だった。その中で、何とか頑張ろうかと思えたのは、すべてとは言わないけれど半分ぐらいは哲学塾の存在があったかな。

近代科学技術が普遍的であるとの前提に立って、主流派の議論がごり押ししてくることに、どう対抗できるのか。僕はこうした環境の中で、半ばあぶれてしまってもいいな、と考えていました。しかし僕のような考え方の妥当性は、先の3・11東日本大震災でより一層明らかになっている。それは、防災・減災を重要視するなかで、地域の力で対応していこうということ。そしてものごとをすべて普遍的に考えるのではなくて、地域に根差して、ローカルに考えていくことが必要だということ。三人委員会結成の背景にある思想は、私にとっては、どんぴしゃりのテーマであったと言えます。

鬼頭　哲学塾が始まったのは、個人的には、『自然保護を問いなおす[注6]』が出た直後ぐらいだったという意味でも、ある意味で必然であったと思います。

当時、佐倉市にある国立歴史民俗博物館の民俗学者の篠原徹とその助手だった菅豊の二人が知恵を絞って新しい共同研究を行いたいと考えていました。それで、本で読んだだけの人や会ったこともない人も含めて、片端から電話して……中には既に亡くなった人もいたなんていうこともありましたが……研究会を立ち上げたのです。その中で内山さんと出会いました。内山さんの著作はそれ以前から読んでいるし、共感を持っていました。研究会を重ねる過程で「そろそろローカルな思想を創り出していく時ではないか。一緒にやらないか」と内山さんに声を掛けてもらいました。

　僕の研究分野である環境倫理学では、当時、自然保護思想は自然主義、ロマン主義の枠の中だけで語られていました。つまり、近代における単純な「自然と人間との対立論」あるいは「近代的な開発思考」に対するアンチテーゼという形で議論されていました。

　しかし、僕はどうも違うのではないかと感じていました。自然主義やロマン主義的に、自然と人間とを切り離して議論するのではなく、もっと地域での暮らしとか伝統的に結ばれてきた関係とか、近代的な「対峙した自然」というイメージとは異なる、「人の暮らしの中に息づく自然」[注7]に関心があった。

　僕は初めて青森でフィールドワークを実践して、世界自然遺産の白神山地に関する本を書いたところ、内山さんの思索と符合したのです。というより、僕自身が内山さんにかなり影響を受けていたと言ったほうが適切かな。

　自然保護論が、従来の議論の殻を破って、僕が主張するような形[注8]になったのは『自然保護を問いなおす』が初めてだったのかなと思う。大熊さんの河川工学に関しても、博士論文なのに数式がない、また、土木工学なのに地域学のようなベースがあり、その文脈の中でダムなどを見ている。近代の学問から生まれているんだけど、その意味では、近代の学問を根底から崩していくところから始めることを試みている。単にダムに反対している河川工学者というよりも、もっと深いところで大熊さんは河川と地域を見ている。

こうした議論のベースに、内山さんの関係性を軸にしたローカルな思想がしっかりとあって、僕ら三人を結び付けているのではないかな。近代という枠組みの中でのみ自然や河川を考えてきた従前の思想とは違う視点から思想をとらえていく必要性を痛感する中で、哲学塾が生まれてきたと言えます。

手塚　三人委員会という摩訶不思議な集団を立ち上げる時、「団結ガンバロー」みたいなことを誓い合ったりしたんですか。

大熊・鬼頭　ありません（笑）。

手塚　どこかに集まって、「俺たちが世の中を変えるんだ」みたいな、青臭いことを話し合ったこともない？

大熊・鬼頭　まったく、全然、ない（笑）。

手塚　さて、内山さんは、『ローカルな思想を創る』[注9]や『かがり火』の「古典を読む」シリーズなどで「哲学塾とは何ぞや」について言及されていますが、あらためて哲学塾を始めた経緯などをお話し願います。

内山　僕ら三人には共通することがいくつかあります。一つは、われわれだけではないけど、三人とも源流がヨーロッパにある近代的な学問から入っていること。これは、どの分野でもほとんどの人がそうですが、ただ、「それではいかんぞ」という思いがどこかにあった。

僕たちは、それぞれの「場」の視点をとても重要視している。それはローカルな視点を大事にしているとも言い換えることができる。大熊さんにしてみれば、川は一本一本違うわけで、一本一本違う川とともに人はどう生きるかということだし、鬼頭さんが立ち向かう環境問題もぜんぶ「場」が違う。それぞれの場の中で環境問題は考えないといけない。

要するに、近代的学問から出発しているけど、どうもそれではうまくいかないな、という観点から共通する方向へ向かうことにより、それを超えようとした。そのあたりが一つ共通項としてあったと思うんです。

もう一つ言うと、僕ら三人とも孤立することは結構平気でね。大熊さんが先ほど言ったように、孤立して大変ではあるけど、だからといって打ちひしがれているわけではなかった。それどころか、それぞれの分野で、「われ一人」でも構わないという一面を持っている。ただ、僕としては、同じ傾向なんだから、そろそろちょっと協力し合ってもいいのかなと感じていました。

というのは、戦後日本においては、僕の子どものころは、「真理は少数者の手の中にあり」と言われ、正しいことを主張して孤立していくことは良いことだという雰囲気があった。でも、それに甘んじているというのは、あまりいいことではない。

正しいかどうかは別にして、やはり自分たちの考え方を提示しながら、多数派をつくっていくんだ、世の中を少しでも変えていくんだという気持ちを常に持つ必要はある。だから三人で協力していこうと考えたということ。ただ、精神的にはかなり協力してきたけど、具体的には哲学塾を開いてきただけかな（笑）。

手塚　何冊か本も出しましたので十分かと思いますが。

3. 軌跡

哲学塾は掛川を第1回に飯山、片品、清里とバトンをつないできた。掛川には、今では死語となってしまったが「太平洋ベルト地帯」に位置する産業都市で、ポスト成長、ポストバブルのムードが漂うものの、まだその意識から完全に抜け切れない雰囲気があった。飯山では、近現代が追求してきたことと対極の暮らしが展開する地域で、ローカルな場の持つ力を実感しながら議論が積み重ねられた。

さらに片品では、政権交代や東日本大震災という出来事を挟み「これから私たちはどこに向かっていくのか」という道筋を考えていた。

清里は、小河内ダムの建設に伴い水没した山梨県小菅村、丹波山村の人たちの開拓地として、そして、立教大学の教官であったポール・ラッシュが、戦後の日本において若者に対する環境教育を実践する地として拓いた場所であり、いわば日本の戦後を背負った地でもある。

それぞれの地域で、個性的な人々が興味深い議論を展開していった。

手塚　それぞれの地域で、印象的な議論としてはどのようなものがあったでしょうか？

鬼頭　掛川で第1回を開催したのは、時の市長だった榛村純一さんとの関係があったからです。当時、地方自治とかローカリズムの発揮という潮流の中で輝いていた掛川で開催したという意味合いがあります。次に、山深い飯山では四季を通して開催しました。掛川では、自然と地域との深い関係性をもうひとつ主題化することができなかった感じがしましたが、飯山はその対極といえる地でもありました。

飯山で重要だったのは、「禍と無事」というテーマで議論した第8回。このテーマが出てきたのは2005年ですが、その前に、阪神大震災、中越沖地震があって、3・11につながっている。その流れの中で禍をテーマとして語ることは極めて重要だったと思う。また、当時、田中知事[注10]の下で脱ダム県政を進める長野県で開催したことも意義深かった。こうした考えに賛同する多くの人々が参加されましたから。

大熊　そういえば、ちょうど脱ダムの最中だったね。

鬼頭　そうなんです。参加者も掛川と飯山とで

「哲学塾のテーマと社会の出来事が一致していた」（鬼頭）

は変わってきました。継続する人もいたり、離れていく人もいました。これまでの「一覧表」を眺めると、時代ごとのテーマや関心があることに取り組んできたのかなという印象をあらためて強くしますね。

大熊　僕としても、精神的にはとてもありがたかった。東大河川研究室で河川工学における三奇人と言われた仲間とも次第に離れ、利根川・江戸川有識者会議（2012年9月〜2013年3月）では八ッ場ダム[注11]をめぐって彼らとも激論をしたばかり。

同じ釜の飯を食べた仲間からも孤立してしまったわけだけれど、それを支えてくれたのは、新潟水辺の会の仲間だったり、「阿賀に生きる」でかかわった仲間の存在も大きかった。それに加えて何よりも哲学塾の仲間もありがたかった。

手塚　さて、よく「地域づくり、地域おこし」と言いますが、旧自治省や旧国土庁が進めてきた地域づくりは大きな成果を出せていないように思えます。こうした中で、当時「地域づくり先進自治体」と認識されていた掛川から哲学塾を始めたということは、大変意義深かったと思います。

内山　掛川を最初の開催地としたのは、榛村さんと以前から知り合いだったのというのが一番ですけど。個人的にも首長としても立派な方で、ローカルな思想を基礎に象徴的な地域づくりを進めておられましたから。

ところで、数日前に榛村さんから電話があって、雑談的にいろいろな話をしました。榛村さんは山庄屋さんで、掛川市の中でも山のほうに江戸時代からの立派な庄屋宅を構えて住んでいる。その庄屋宅の外の塀と何かが傷んできて、修理をすべきか考えている、けれど一体修理して何になるかとも考えていると。悩んだ末に修理したら、何千万もかかったと（笑）。立派な家ですから。それで修理したんだけれど、どう思うっていう電話でして。もうやっちゃったことですから今更無駄なんだけれど、僕の気持ちは多分、榛村さんと同じで、やれる余力があるならできればやっておいたほうがいい、というものでした。榛村さんに言わせると、立派な庄屋宅ができたのも、封建主義の時代の搾取の上に乗っかっているからこそであって、だからこそこうしたものを後世に残していく必要があるんだと（笑）。

それを含めて直せるなら地域の一つの景観として残していく。それも皆さんがどう判断するかは、それぞれで考えればいい。意味があるとか意味がないとかではなく、むしろ、そこで代々暮らしてきた人間として、どうすることが自分の責任を全うすることになるのかが重要ということです。

4．蓄積

哲学塾は、膨大な議論[注12]を積み重ねてきた。それらはどのようなものだろうか。

手塚　ここで、哲学塾で主張してきたことを簡潔にお話しいただけたらと思います。まず、鬼頭さんに。環境倫理の立場からすると、日本的な自然観といったものが大きく変化していくことに対する危機感があったのではないかと思いますが。

鬼頭　もちろんそうした危機感もありましたけれど、地域的な視点、ローカルな視点から自然観などを考えてみたかった。開発か保護かといった問題をどのようにとらえたらよいのか、という問い掛けももちろん大切なのだけど、むしろ開発に対する闘いみたいなものが地域的なものにならなかったことに疑問を感じていました。私の本に関しても、自然保護団体には、最初はほとんど無視されましたからね。要するに、敵の本なのか、味方の本なのか分からないという感じなんですよ（笑）。

例えば、それまでの自然保護論に従えば、場合によっては自然保護の立場からは農家は敵だったりするじゃないですか。でも、昔から地域に溶け込んだ農の営みがあるという視点で見つめ直すと、また違うわけです。当初は自然破壊が激しかったこともあるけど、基本的にはとにかく反対運動という形式があった。こうした状況が18年たって、すべてが僕らの成果というわけではないが、議論してきたことが根付いてきたなと感じています。

象徴的なこととして、3・11後、復興計画を検討する中で従前より高く強固な防潮堤を建設する計画が持ち上がりましたが、その際、聞こえてきた声は絶対的な反対ばかりではありませんでした。典型的なものとして気仙沼では、防潮堤を勉強する会が立ち上がった。勉強会にはこうした防潮堤建設に対して反対の立場の人も賛成の立場の人も含まれています。とにかく、いろいろな人の話を聞いて考えたい、とりわけ気仙沼というローカルな地域で暮らす人々自身が考えたいという勉強会です。

以前だったら環境保護の立場からすると、政府が計画した公共事業にはとにかく反対となる。さらに、国がもはや社会全体の中で反対運動をコントロールできなくなってきたという一面もあり、逆説的に「何であれ公共事業に反対するという風潮」の中で、地域の人々が冷静に地域計画を考えることができなかった側面もあります。

ところが気仙沼では防潮堤に対して反対するためには、自分たちで地域の計画を作らなくては根拠がないという観点から、ある地域では、すべての集落が復興計画を作りました。その復興計画の中で防潮堤の高さも決めたいという思いがあり、若い人が中心となって動いていた。そういう動きは以前にはなかったと思う。

大熊　その意味では、第十堰[注13]の問題が典型的な例だったと思うけどね。真っ向から反対するのではなく、第十堰の持つ役割を根本から考えてみようというものだった。

鬼頭　ただ、第十堰は歴史的な視点からそのあり方を考えるというものでしたよね。防潮堤問題が厳しいのは、現に、また津波に遭ったらやられるかもしれない、その危険性にどう対応し地域の安全性をどう確保するかという緊迫感、臨場感という点で、少し違うかもしれない。

手塚　津波で流されてしまった釜石の旅館が、以前と同じ場所に建物を再建しました。

そこの女将さんは、津波対策の実態をアメリカの学会などでお話しする機会が多いのだそうです。アメリカの学者からは、「何で現地に再建したのか」と問われることも結構ありますが、答えは「何代もここで暮らしてきたし、これからもここで暮らしたいから」というもの。もちろん、耐震性や避難経路、車いすの方でも容易に避難できるような導線を設けての話です。相当の投資額だったようですが、こうした人々がこの18年の間に着実に増えてきたように感じます。

鬼頭　増えてきたし、社会の中で着実に姿を現してきた。皆さんそれぞれが地域の課題を持っていたけれど、地域から問題をとらえることはメディアを含めてもあまりなく、極めて少数派だった。そういう中で、三人委員会のメンバーもそれぞれに具体的な課題を抱えながら、哲学塾の場で、地域の人と一緒にそれぞれの課題を語り合えたことが哲学塾の存在意義でもあったと思うのです。また、地域で孤立して活動していた人たちが、ここになら何かヒントがあるかもしれないと思える場だったこともあります。

最初のヒント、糸口は三人が主張したということもあるんだけど、語り合えるという雰囲気が哲学塾にはあった。われわれ三人の議論ということだけではなく、皆で議論する中から、いろいろな課題が見えてきたんです。むしろ、地域の課題が先にあって、皆で議論する過程でさらに新たな課題も明らかになりました。こうした基礎があったからこそ、哲学塾の議論の中から生まれた2冊目の本[注14]は、さまざまな人が共同執筆しています。

内山　三人委員会の18年間は、同じような仲間が増えていく18年間でもありました。しかもそれは、いわゆる学問世界での仲間が増えたということ以上に、いろいろな形で行動している人たちと出会えた18年間だったということ。ただ、近現代思想の枠の中で凝り固まった世界では、まだ孤立感はあるけれど、最初のころに比べると、僕ははるかに孤立していない。

多分、そのあたりが大熊さんと僕らとの違い。大熊さんの場合は最終的には、川のダムを撤去する、あるいは造らせないとか、堤防を直す場合もどう直すのか、具体的な姿が出てきて最終的な成果になる。だからかかわる人の中に仲間が出てこないと、成果として表れません。僕や鬼頭さんの場合は、最終的には土木工事による成果ではないから、いろいろなかたちで仲間が増えて、それが一つの成果にもなっていく。

大熊　部分的には千歳川放水路の中止や第十堰の保全、そして足元の新潟でも清津川ダムの中止などいろいろ成果はあるけれども、日本の河川工学はどうあるべきかというところは変えられない。壁にぶち当たっている。何も変わっていないそこを、どう変えていけばいいか。ただ、いずれ崩れるだろうと思うな。いまの河川工学上の計算の仕方は腐敗している。このままでは技術者たちが誇りを失ってしまう。

手塚　ちょうど脱ダムのころに、大熊さんが、下諏訪で開催された砥川ダムの建設を止める趣旨のシンポジウムにおいでになりました。その時、大変印象深かったのですが、地元の高校の地質の先生、確か松島信幸さんという方が、砥川ダムを造ることの無意味さを明快に説かれた。地域の人が地域のことをしっかり伝えられるような時代に

「哲学塾は正しい意味での地域政策具現のための思想形成と実践の場だった」（手塚）

なったんだなと思い、随分感慨深かった記憶がありますが。

大熊　昔は洪水に関する計算は大学を出た土木技術者しかできなかったけど、今は誰もができるようになってきた。国土交通省やコンサルがやっている間違いを市民が指摘できるまでになってきているのです。

　しかし、困ったことにその誤りが明らかなのに、それを国交省なり日本学術会議なり裁判所が認めない構造になっている。僕の関係する分野では、昔は完全に技術者が独占していたものを、今日、市民も手にし始めて、全く技術的に対等な世の中になっているにもかかわらず、と思います。

手塚　哲学塾の成果の一つである、『ローカルな思想を創る』で、当時の議論の様子が紹介されていますが、その中で、鬼頭さんが諫早湾に関する持論を展開され、そのことに対し、全体討議の中で議論がなされています。哲学塾の初期にこうした問題が既に発生していたのですが、先日、福岡高裁と佐賀地裁で、異なった判決が出ました。

　このことについて、鬼頭さんはどう思われますか。農民と漁民、同じ自然を相手に生業を持っている人たちが対立してしまったという構図で、驚くことに哲学塾が始まったころ

「脱ダムの問題では僕は孤立していた」（大熊）

と同じようなことが起こってしまったわけですが。

鬼頭　というよりは、ずっと同じなんじゃないかな。最初のころのボタンの掛け違いが今も続いている。諫早の場合は当然現時点で漁業権があって、そこで漁業もしているけど、農家の方も、昔から浜でいろいろなものを採っていた。その漁の仕方はかなり特徴的だったのに、この点が近代思想との関連も深いのですが、いつの間にか漁業権という形になってしまって、近代的な漁業協同組合が成立して権利を持った人だけしか漁労ができない、という仕組みになってしまった。歴史をたどれば、入会とかコモンセンスという仕組みの中で、本来は漁民と農民は対立するものではなかったんですよ。それを埋め立てという政策が結果として対立を生み出してしまった。

1951年に長崎県知事が長崎大干拓構想をぶちあげた。将来的には有明海全体を埋め立てようというもので、もうめちゃくちゃだったんですよ。浜でそういう暮らしがあることをほとんど理解せず、あるいは無視して、浜を農地にしていこうとした。言ってみれば、農業と漁業を切り分けて対立させようとした。

農家にとっては、干潟は厄介な場所ではあるけれど、長い間居り合い[注15]をつけながらやってきた。居り合いの中では小さな土木事業を施せば済むのに、大潮が来たときの対応や自然災害への対応などの理屈をつけて、何となく大きな干拓をしなくては駄目だという幻想をつくり出して対立させてしまった。それがいまだに続いている。

今、もっとひどいのは、干拓したところにかなり高いお金を出させて農家を入植させ、そこで農業をやるために農業投資をさせるという対立をつくり出していること。つまり、行政が漁民と農民を対立させるような構造をつくりつつ、公共事業をやり続けてきたということになるわけです。このことはある意味で、日本の公共事業の典型ですよね。

人間と自然との関係を単純な対立構造の中に抽象化してイメージ化することによって開発事業に反対する運動が一時期ありました。諫早の問題が深刻なのは、なぜ漁民と農民が対立させられてきたのか、これまでお話ししたような問題の原点に立ち返らなくては、あえて対立の構図をつくり出す権力には立ち向かえないことです。この原点を見失ったため、近代的な自然保護とか、開発主義に対する反対闘争が失敗してきた。その典型が実は諫早だった。

諫早の問題は、今では修復できないところまできています。農家と漁業者が一緒に何がつくり出せるか、暮らしの視点から考えるという枠組みをつくらないと、こうした問題は解決しないと考えます。そういう核心的なことを僕らは議論してきたんじゃないかな。

大熊　八ツ場ダムの問題も同じですよ。今になって東京都民や下流の県民たちが裁判を起こしているけど、あれを今から20年ぐらい前にやっていたら全く状況は違っていただろうな。これまで長い間孤立させられてきた中で、今更中止といわれても対立の構図が残るだけ。その意味では諫早と同じ構図なんですよ。

鬼頭　諫早もあんな大型公共事業ではなくて、平安時代から続いているような小さな干拓事業が持っている意味合いをもっと考えるべきだった。地域における存在価値を認識するべきだった。単に土木事業は駄目、公共事業は駄目ということではなく、続いてきた小さな干拓事業が農民や漁民にとってどのような意味を持っていたかを問い続けることで、大型事業の矛盾が見えてきたはずだと思う。

5. 新たな多数派形成

絶望感と闘いながらも、三人委員会の理論と実践は、少しずつではあるが着実に賛同者を増やしているように感じられる。諫早も八ツ場も、それぞれに農民と漁民、上流と下流という二者択一の対立構造がいわば政策的に生み出された結果でもあると言える。こうした構図は、いずれが多数派なのか決着をつけるという結論を必然としてしまう。

このことに関し、内山は興味深い実践を行っている。内山は数年前から哲学塾と並行して「新たな多数派を形成する上野村シンポジウム」を主宰している。本鼎談の前半で、内山が「やはり自分たちの考え方を提示しながら、多数派をつくっていくんだ、世の中を少しでも変えていくんだという気持ちを常に持つ必要はある」と述べている。

近代社会が前提としてきた多数決による民主主義と、内山が主張する「新たな多数派形成」とは似て非なるものだと思う。哲学塾を始めた時からこうした流れを想定していたわけではないと思うが、興味深い動きである。

手塚　内山さんが4～5年前に新たな多数派を形成する上野村シンポジウムを始めた際、

最初からこれを狙っていたのか、すごいな、と思いました。哲学塾で展開されてきた議論を前提にすれば、多数派を志向するということは、場合によっては多数派工作とか権力志向と受け止められる危険性がありますよね。

その意味では、内山哲学の中では違和感があるところを、少々失礼な言い方かもしれませんが、隠喩というか謎かけというか、はたまた計算された洒落というか（笑）、いずれにせよ「新たな多数派をつくる」という、とても奥深い言葉で言い換えているように思うのですが、このことに込められている思いについて伺えますか。

内山　既存の日本の社会を前提にして多数派になることは容易ではないし、また、仮になったとしても別の問題も起きる。僕は上野村の人間であって、上野村の人間としてはある意味、多数派なわけです。日本の中では圧倒的に少数派だけど（笑）。じゃ、上野村には少数派がいるかという話になると、実は厳密にはいないんですよ。

例えば、何かの課題について議論するときに、賛成、反対の意見は当然出ますから、それについて少数派になるか多数派になるかはあり得る。一方、村をこれからどう創っていこうか、それなりにみんなで考えていくときに、例えば、国に依存していては駄目になるばかりとか、自分たちの力でどうするかとか、外部の人たちとどう手を結ぶかとか、自然の力をどう活用したら地域がつくれるかとか、そういう発想では、だいたいみんなが共通する。だから大枠としては少数派もいないぐらいに多数派となる。

ただ、個別の課題が出てくれば、賛成・反対は出てくる。しかし、反対したからといって少数派になるわけではない。なぜかというと、上野村は産業政策はやらなくてもいいわけで、村をどうするかという意味では、地域政策を進めればいい。地域政策という言葉を使うと妙に近代的になっちゃうけど、村をどうしていこうかという、ただそれだけなんです。

6．思想と実践

16回開催された哲学塾の中では、当然、哲学塾のあり方そのものに対する批判も多数存在していたことも事実である。その中の一つに「理論は分かる。しかし実践をどうするか」という問題がある。このことに関し内山は、『かがり火』の連載の中で次のように述べている。「単なる理論は物事を解釈することに終わる。そこからは新しい思想は生まれない。実践＝行為の中から新しい思想は生まれるのだ。[注16]」

このことは単なる理論と実践の統合という言葉遊びではなく「多数派形成」という行為を二者択一の争いの具とせずに、「その地域にかかわる者たちによる地域の構想づくりの場としていくこと」＝「地域政策としてとらえること」、つまり本質的な意味での「思想と実践」の統合を追求する姿と私はみている。内山は続ける。

内山　そして、村をどうしていくかとなると、ある程度働く場所も必要だし、ある程度の収入も必要だしということになって、その仕組みをどうつくるかが重要になります。でも、そこを産業政策ではなく、あくまで地域政策をやろうとすると、産業というよりも、そこにかかわる皆が受け止められるような、働く仕組みをどうつくるかについても決めていく必要があるだけのことなんです。

上野村の中では僕は少数派ではないけれど、日本の中では少数派になってしまうという構図がなぜ出来上がってしまうか。多分それは、日本の社会には一貫して地域政策がなかったことに起因する部分が大きい。今、行われている地域政策は役所の政策にすぎなくて、本当の意味での地域政策ではない。はっきり言えば、個別の産業政策だけをやってきた。それは農業政策や漁業政策だったりして、そこでは時には利害対立が発生してしまう。

本当の意味での地域政策である限りは、みんなが共に生きる世界をどうつくるかが課題であるにもかかわらず、です。皆が共に生きるという発想をつぶして、個別の産業政策の課題としてしまう。だからあらゆるものが見えなくなってしまう。

諫早でも、大規模農業化してしまうと、農産物も地域にあまり流れない仕組みになってしまいます。大消費地の大阪や東京に行く仕組みになってしまって、しかもさらに、値段が安ければ中国に出そうかということにもなる。本来、地域の農業とは、農産物があるから誰かが生きていけるわけで、まさに共に生きる世界の中での営みだし、漁業も同じ。

それが妙に産地化されてしまって、地域の中で循環しない農業になっていく。全部が地域に回らなくてもいいけど、せめて1割ぐらいは地域を支える農業になっていけばいろいろなことが考えられます。しかし、ほとんど工場のような形になってしまい、生産物をどこに売っていこうかとなってしまった。

大熊　長野県の川上村では、キャベツやレタスを作っているけど、農家は深夜1時、2時に起きるんだよね。大消費地に向けて、朝出荷するためにはそれくらいから働かなくてはいけないことになる。ものすごく非人間的な労働を強いられている。体を壊す人も少なくないらしい。今の農業のあり方は、こうした労働の結果、それなりのお金は入るのかもしれないけど、これで幸せなのかなと考えてしまう。

7．状況変化

内山、大熊、鬼頭の三人が奇妙な縁で結ばれてから約20年を経た現在、さまざまな分野で哲学塾を始めた当時に極めて近似した、絶望感を抱かざるを得ないような状況が生じていることも一方では否定できない。
それは例えば、画一的な公共事業の復活や、新興諸国といわれる国々を中心にした、これまでとは少々異なったグローバリゼーションの進行、国民国家の役割を強化しようとする動きなどである。こうしたことについて三人はどのように感じているのだろうか。

手塚　少し話題が変わりますが、国土強靱化基本法の制定や科学技術基本法の改正などに如実ですが、土木や科学技術の世界では揺り戻しが起きているように感じるんですが。大熊さん、いかがですか？

大熊　土木の世界の科学技術は限界にきていると思う。僕はまだ土木学会の会員だけど、例えば利根川の治水も、でたらめな計算と、でたらめな根拠を持ち出さないと推進できない状況になっている。

そのことを、市民、県民、国民は分かってきていて、それを凌駕しているんだけど、政治的な利権構造の中で身動きがとれないだけじゃないかな。その意味では、このような科学技術の世界はいずれ崩壊するだろうと思う。むしろ、土木界も原子力の問題も含めて、いったん崩壊しないと駄目なんじゃないかな。

鬼頭　単に学問の問題じゃないかもしれないですね。防潮堤建設に係る諸問題にしても、数十年、数百年の単位で起こるかもしれない津波に対応するために計算しているけど、計算した専門家に聞くと、その計算を基礎にしてこれくらいの高さの防潮堤を造るべきだという議論にはなっていないということです。

地域計画や防災計画との絡みで、ソフト面も含めて高さは決めていくもので、専門家の計算は客観的な条件を所与として計算したにすぎません。これをうのみにして、何ら地域性や地域の意思を加味しない状況で、不必要な能力や容量を持ったハードを造ってきたのがこれまでの公共事業のやり方だった。専門家の計算は机上のデータであり、あくまでも参考値にすぎません。専門家がどこまでやるかという話にも関連するけれど、問題はローカルな世界でどのように対応していくのか、先ほど触れた地域計画などとの関連でどのようなものが必要とされるか、ということだと思う。

手塚　特定秘密保護法の制定や、東南アジアを中心とした新しいグローバリゼーションの動きなども出てきています。「いつか見た風景」的なところもありますが、一方、18年前とは随分異なる部分もあろうかと思います。そのあたりについて、内山さんはどのようにお感じですか。

内山　実際にはだいぶ変わってきていて、変わってきているからこそ、自分たちの価値基準を変えたくない人たち、変えることに不安を感じている人たちの発言も強固になってきている。それが目立ってきているのが現実ではないかという感じですね。例えば、前回の選挙では、自民党が圧勝していますが、僕は民主党の支持者ではないけど、選挙が始まるころには自民党は大勝するなと思いました。

それはなぜかというと、民主党時代に政権として大きく価値観が変わったわけではないけど、自分たちが考えている古き良き時代みたいなものが崩れていく。民主党政権という枠組みの問題ではなく、新しい市民活動などいろいろなものが次々と出てきて、それに不安感を抱いていた人たちがいるわけです。つまり、自分が生きる価値基準みたいなものが古いものとして葬り去られていく時代が始まるのではないかという不安感が相当あった。その人たちがもう一度、経済再建、日本は強くなくてはいけないという価値観に呼応していく雰囲気があった。その強固さを感じたときに、今回は自民党が大勝するだろうなと感じた。それが今の安倍人気にもつながっています。

ただ、一方でだんだんそういう人たちが孤立しつつある。だけどこの層は、選挙になると必ず投票に行く人たちでもあって、選挙的には勝てるかもしれない。社会が変わっていくときというのは、旧勢力を守ろうとする人たちが、権力を担って守ろうとするのではなくて、旧時代の価値基準で生きてきた人たちが、自分たちの生き方を否定されるような不安感がどっと出てくるときでもある。今はそういう時期なんじゃないかなと思っています。

大熊　得票率でいうと自民党は全然伸びてない。前回の選挙とほぼ同じかそれを下回る得票率だったけれど、仕組みをうまく利用して大勝した、という結果じゃないかな。

鬼頭　内山さんの話はよく分かりますね。現在の状況は、昔に戻したいという感じよりも、原発もそうですが、メディアに出る人や旗を振っている政治家の議論が前と比べると随分一方的で強権的ですよね。逆に強硬に進めないと政権が持たないと感じている状況だと思います。強行採決もそうですけれど、やり方が随分荒っぽい。これは、内山さんが言うような危機感の表れだろうと思います。

ただ、若い人たちが両極に分かれている感じがします。ローカルな地域にも随分と若い人が入っている。例えば自然保護に関心がある人も地域に入って具体的に動いています。また、そういう人たちがとても優秀で、以前ではあり得ない状況です。その一方で、そういう場を持たずに浮遊している若者もいる。労働環境も多分、絶望的な状況に置かれていて、何かよるべきものを求めている若者たちもいる。

今、世の中でいろいろなことが動いていることの背景には、こうした世の中に対する漠然とした不安感がある。靖国参拝の問題も、安倍支持の急増も同じです。地域密着で動いている人たちとは異なる層、昔だったらいわゆる無関心層といわれる膨大な人たちがネットなどを活用して都市部でこうした動きをしている。

グローバリゼーションについて言えば、確かに新しい動きが進展していますが、その一方で地域に密着して動いている層も厚くなっているので、その狭間は昔とは随分違うんじゃないかな。

総じて言えば、表面的にはメディアや政治が、地域に根差すことなく浮遊した状態のイメージをつくり出し、これを基に議論したりしていて、絶望的な状態なのだけれど、具体的に地域に入っていけば、状況は以前と全く異なっていて、若い人たちが自然保護や農業に真剣に取り組んでいます。日本の姿も大きく変わったな、という実感を持つことができます。哲学塾があったからというわけではないけれど、ローカルに根差して新しい思想を創っていこうと考えているわれわれにとっては、こうした若者がものすごく増えていることはうれしいことですよ。まぁ、哲学塾の一つの成果といってもいいのかな。

ただ、こういう人たちが世の中の上に行って、もっと活躍すると思っているけれど、現実にはこうした層と異なる人たちが、現場から乖離した議論を展開して、政治を利用して状況を以前に引き戻すような動きをしている面もある。これはどうしたものかと思ってしまいます。

手塚　内山さん的に言うと、多数派が形成されつつあるところへ、ちょっと嫌な空気が流れているという感じではないかと思いますが、そのあたり、大熊さんはどのようにお感じですか。

大熊　グローバリゼーションは、市場経済を通して非人間的なことをあちらこちらで起こしていると思うんです。おそらく東南アジアでも、無理やりエビを養殖するとか、相当ひどいことが起こっている。非人間的なことが重なってくると耐え切れなくなってくる。だから、グローバリゼーションはどこかで破綻すると思っている。

若い人の話ですが、30歳すぎぐらいの優秀な人たちがたくさん出てきている。10年くらいの経験を積んだ職人とか、さまざまな分野ですごい人材が出てきている。それも僕たちが三人委員会をやっていたからかな（笑）。

この18年間で大きく変わったことの一つは、３・11で多くの人が、まず時間軸のとらえ方が変わった。千年単位でものを考えていかないといけないというふうに。２００９年に「太田総理」というテレビ番組に出た時…これは八ッ場ダムの是非を議論する番組だったけれど…浅間山が５００～６００年に一回大爆発するから、八ッ場ダムを造るとしたらこれを考慮しなければならないよと話したら、太田総理はそんなこと言ったら何もできないと僕の意見をすぱっと切った。３・11以降に呼ばれてこの話をしたら、考えなくてはいけないとなったはずです。３・11の以前と以降で、国民の多くの時間軸のとらえ方が少し変わった。

また、災害をある程度受容しようという考えが、前よりは明確に出ていて、どの地域でもこうした議論が行われるようになっている。

さらに、洪水とか津波を単に災害として受け止めるのではなく、通常時に累積した自然の疲労がこうした攪乱によって回復するものとしてとらえられるようになったことです。

この点については、この10年ぐらい、洪水という攪乱によって川の生態系が回復することが指摘されるようになりましたが、気仙沼の畠山重篤さんが3・11の大津波で海がきれいになったと言われたことで、きちんと再認識されたと思います。確かに、異常な自然現象は人間にとって短期的には災害でしかないのですが、長い目で見れば、必ずしもマイナスではないということです。

これに加えて、他人の痛みに対する思いやりが出てきた。このことが再確認されてきている。水俣病もそうですが、結局他人の痛みをどこまで思いやることができるのか、そこがポイントだったのに、対応の途中で、他人への思いやりがおろそかにされ、とりあえず一定の基準を決めて、あなたは水俣病ではないという決め方をしてしまった。

今回の東京の選挙[注17]で注目しているのは、電力の問題でも、東京は地方に犠牲を強いて存在している現状に対して、反原発の細川さんが出てきて都民はどう考えるのか。新潟や福島を犠牲にしていいのかという点まで配慮した結論になるのか、投票の行方が気になります。人の痛みや、自然がどう収奪されているのか、そういうところに多くの思いやりの気持ちが配られて、自分の立場をどう表現するかが重要だと思う。3・11以前は、こうした思いやりが忘れられていた。このことを再確認できたことは大きいのではないかな。

内山　今の時代って、妙に有効性や機能性にとらわれ過ぎている。最近、いろいろなかたちでコミュニティ論が隆盛してきているけど、ソーシャルキャピタル論[注18]とかあまり好きじゃない。コミュニティがある種のキャピタル的機能を果たすということを否定しているわけではないけど、ああいう有効性で人間の生きる社会をとらえていくのは、いかがなものかと。

いかにもアメリカ的な発想だなと僕は思います。人間の生きる世界では有効であるか否かについては、お金を出す時には少しは考えるかもしれないけど、そんなものは全体の中では1割ぐらいの役割にすぎないでしょう。家族を見ると分かるわけで、家族も小さなコミュニティで生きる世界だけど、そこでは有効性なんてどうでもいい。とにかくみんながうまく生きていればいい。それを有効性だの、機能面だのを重要視して判断し過ぎていて、こうしたことが今の時代になると産業政策重視という流れをつくっている。

ローカルな視点を大事にする思想を内山氏は語り続けてきた。

逆に、そういうものは「どうでもいいんじゃないの」という感じが若干出始めているのも今の時代じゃないのかな。例えば、原発の反対意見も二つあって、原発は値段が高い、再生エネルギーで賄ったほうがコストが低いという意見がある。けれど、これは機能面のみをとらえた意見。そういう議論も一面ではちゃんとやっていく必要もあるけど、今の人たちの脱原発の動きは、原発には依存したくない、有効・無効ではなく止めようよ、という気持ちが先にある。

止めようと先に言っておいて、次に止めた時の対応をどうするか。その際には再生エネルギーを増やしてみようか、省エネの努力をしてみようか、とか考えていく。「止めよう」から始めることは、生きる世界をどうしようかから始まっているということです。今は、そういう方向に若干変動が起きていると思う。これに対して、まだ社会の枢軸で決定権を持っている連中は有効面や機能面で動かそうとしているので、ズレが発生してきているような気がする。

大熊　さっきの川上村の話にちょっと戻していいかな。昨年の清里哲学塾に川上村の人が3人来たかな。その中のＪＡの関係者が、去年、新潟水辺の会で川上村までの観察ツアーを開催した時に、川上村のことをいろいろ説明してくれたんですが、昨年、清里に彼らが来たからこその話で、これはすごいことだと思う。

あの時、きれいな川が川上村を通過すると真っ黒になるよ、これ、どう思うのって言ったら、自覚してますって言ったんだよね。前は自覚してなかったんだよ。昔は、自分たちが千曲川、信濃川を汚しているという自覚なしに、これだけ立派な農業をやっているという感じだった。今は自然に負荷をかけているとか、人に迷惑を掛けていることを自覚し、矛盾を感じる中で農業をやっている姿に変わりつつある。そこまで一歩、進んできたと僕は思っている。

手塚　そうですね。彼らが多数派か少数派かは存じ上げませんが（笑）。清里萌木の村の船木村長の話によれば、川上でレタスを作り始めたのはベトナム戦争が契機だということです。ハンバーガーを食べるアメリカ兵にレタスを送る必要があるけれど、中国や東南アジアでは作れない。川上なら作れると。それで厚木基地から送ったそうです。何となく因果も感じますが。

8．これから

繰り返しになるが、哲学塾誕生の契機の一つに1995年がある。この年はさまざまな意味で大きな転換期であり、この際の「私たちは何かを間違ってしまった。」という漠然とした問い掛けとこれに対する危機感が議論の出発点である。この時点から数えて20年目になる2014年現在、私たちの周りでは、表面的には20年前と同じような状況……国民国家による暴走、新たなグローバル化、エネルギーをはじめとする資源と環境に関する問題……が生まれ、別な意味ではあろうが再び絶望感が漂い始めている。

こうした閉塞感を取り払うために、18年間の議論や実践を基に、私たちはまだまだローカルな思想を創り、行動を重ねていく必要がありそうだ。それでは、三人は、今後の哲学塾にどのような展望を描いているのだろうか。

手塚　さて、さまざまに課題は尽きないわけですが、一体哲学塾はいつまで続くのでしょうか？

大熊　まずは僕が死ぬから、それでなくなるな（笑）。

鬼頭　ここで紹介されている16回はメーンの哲学塾。でもそのほかに阿賀野川哲学塾を2回やったし、今度は水俣でやる。哲学塾がさまざまに形を変えて進化を遂げつつある。こうした動きを見る中で、5年でやめるべきだという話もあったりして、実際5年で参加しなくなった人もいた。僕自身もどこかでけりをつけるべきかとかも考えたけど、今、面白い展開になりつつあります。これからは自己運動みたいなことが起こってくるかもしれないし、そのほうが面白いかもしれない。

手塚　思想と実践というか、議論したことをどう進めていくのか、その中から新しい思想が生まれてくるかが大事だと思います。それを声高に言うこともないかもしれませんが。

鬼頭　声高に言うことはないかもしれないけど、これまでの哲学塾の実践が、今、地域で頑張っている若い人たちの応援になっているのかなと感じます。自分たちのやってきたことを再確認・再評価する場にもなっている。

　哲学塾ではないんですけど、この前、9月に里山シンポジウムでしゃべる機会があったんですが、若い人で、実際に地域で動いている人に反響があって、お礼として年末にお米など送ってもらいました。そういう感じのウケが若い人には結構ある。前回の哲学塾もそうですよ。永野三智さんという若

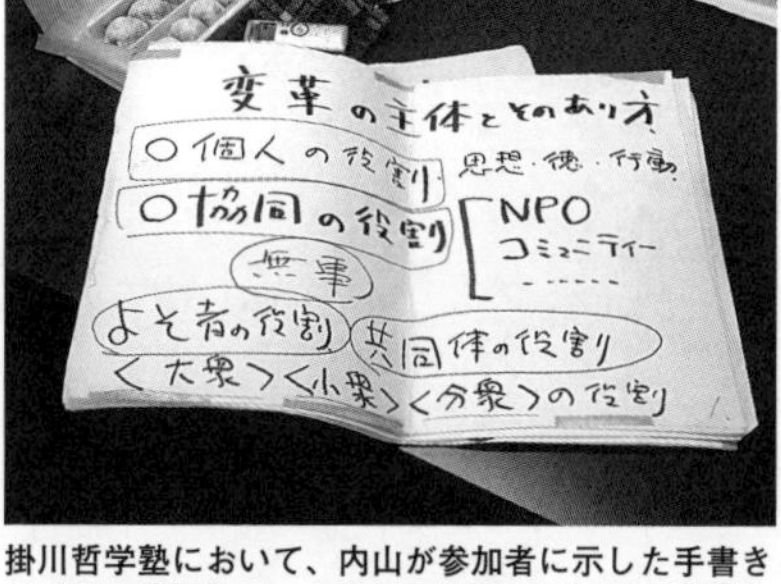

掛川哲学塾において、内山が参加者に示した手書きのメモ。参加者の一人である小原いおりさんが所蔵。

い女性が、清里に来て、そこに居場所を見つけて、今年10月に水俣で哲学塾を開催したいとなりました。こうした新しい若い人たちが、現れてきている。

今日、哲学塾が始まったころに似た危機感のようなものはあるものの、18年前と比べると、さまざまな点で大きく異なっているように思える。大熊も鬼頭も、地域に根差した思想をしっかりと持ち、地域に根差して生き生きと活動する若者の姿を見つめ、確かな違いを実感している。このことに関し、内山はどのように感じているのだろうか。

手塚　内山さんは哲学塾の中で、自己確立の仕方に関して、日本人は垂直的、つまりとことん自己を深めていく。一方欧米人は水平的、すなわち他人と自分は違うんだということを際立たせる、といった手法を取ることにおいて大きな違いがあることを説かれています。大熊さんや鬼頭さんのお話にあったように、今日、地域に行けば行くほど、そういう垂直的な自己確立を図る人が多くなっているように感じます。

そして、自己を深めれば深めるほど、逆説的ですが誰かと、あるいは何かと結び合っていかなくてはやっていけない。鬼頭さんが言うように、こうした人材が、行動の再確認や再評価をする場としての哲学塾という意味でも哲学塾を続けていくことは意義がある、と私は思います。

さて、内山さんは、3分の1は東京、3分の1は上野村、3分の1は旅に出るという暮らしですが、地域に入る若い人たちが増えてきているという印象ですか？

内山　ものすごい勢いで新しい人が出てきているのは確か。むしろ今、僕らが気を付けなくてはいけないのは、ある程度の年齢になれば経験があるわけで、その経験に居直らないようにしないといけない。新しい人たちに教えてあげようとなると、全くいかんわけで。新しいことを始めている人がいるので、その動きをよく見ながら、むしろそれに僕らは学びながら、ただ、経験に基づいて言えることがあれば、参考程度には言うけど、それくらいの感じでいかないと。

昔の時代に戻したい人たちも、突き詰めれば、名刺を出せば通用した時代に戻したいということもあってね。定年退職して名刺はないんだけど、それでも私は元○○会社の□□でと言えばそれがそのまま人間の評価になった時代というかね。それはたぶん名刺だけではなくて、そういう形で生きてこれたということ。経費も使い放題使えたしということも含めてね。自分が生き生きとしていたように見える時代に戻りたい。やはりそうした圧力はある。でも、その時代には戻したくても、もう、戻れませんよということ。そこをちゃんと見ないがゆえの、いわば抵抗勢力をつくってしまった。実は、われわれもそういうことをやりかねないので、絶えず自覚しないといけない。

原発問題でもそうなんだけれど、僕は反対してきたし、今ももちろん反対です。そうすると署名活動とか呼び掛け人になってくださいと手紙がくる。でも、僕は全く応じないんです。運動している方の足を引っ張るつもりはないし、やる人はやってくださいという感じです。ただ、こういう人たちが署名していますということが何か力になるという幻想もまた、戦後幻想だろうという気がしている。原発を止めるにしても原発の要らない地域をつくる人とかいろいろな活動が積み重なる結果であって、誰が言ったから、例えば湯川秀樹が言ったからといって止まる問題ではないわけです。だから僕としては、やる気にならない。

たぶん今、旧革新勢力とかリベラル勢力と言われた人たちも、あまり社会的に力がないのも、一面では彼らが古い発想に依存しているからだろう。三人委員会も、こうしようとか、こうしなければいけないというのは古い発想なわけで、そんなもの持つ必要もない。鬼頭さんがおっしゃられたように、面白い展開があるようだから続けてみようとか、ま、このへんでいいかなとか、あまりこだわらずに決めていけばいい。

手塚　「いつまで続くか」と質問した僕自身も実はそう思っていて（笑）、愚問だったかと反省です。『かがり火』の読者には地方自治体の職員も多いと思います。こうした議論をしていると、飯山で議論したような自治に関する議論が必要で、もちろんこれは制度上の自治、ということではなく、内山さんがさっきお話しされたような意味での地域政策を構想できるような人たちが育っていくような議論の場が用意できれば良いなと感じています。

ところで、哲学塾のテーマを見てくると、結構いいテーマというか、時代の空気を読み取ったキーワードがありますよね。ジャーナリスティックな視点が入っていると思うんです。けれども、これからが、テーマを決めるのは難しくなってくるかもしれないですね。遠逃現象[注19]ではないけれど、反グローバルとか反権力とかいう議論も一巡した感もあるので、明快なテーマが出しにくい雰囲気がありますよね。

内山　ただ、時代的に、そろそろ具体的なテーマでやったほうがいいかもしれない。例えば、原発問題でもいいし、別にそこで反原発を決議するわけじゃないけど。原発という問題の奥に、どういう問題があって原発問題なのかと。ただ危ないだけではなく、原発推進の奥に何があったのかとか。あるいは、尖閣問題でもいいけど、単に中国や安倍批判をするレベルではなくて、その奥に何があるのかをできるだけ議論する。そういう手もある。

手塚　僕としては、若い優秀な人が増えているので、そういう人に話を聞きたいですね。隠岐の海士町に行くと、若い人の話が

“いつまでやると決めないで成り行きでいくのがいちばんいい”と三氏は口をそろえる。

実に面白い。われわれおじさんがぼやぼやしているうちに、地域ではこんなに優秀な若い人が育っているんだなという感じがします。

さて、哲学塾の今後の方向性について、内山さんからは、例えば具体的なテーマを掲げて行うのも良いのでは、というご提案がありましたが、大熊さん、鬼頭さんはいかがお考えですか。

大熊　10月に水俣に行くと、また、新しい動きが出てくるかなと思います。時代がどんどん変わっていくから、時代に応じてやっていくことは必要だろうと思う。

私のテーマとしては、若い人たちに五感で自然を感じる体験をしてもらいたい。新潟でそれがどうできるか試行している。今は船小屋をつくって、カヌーを置いて、いつでも子どもたちが楽しめるようにしようとしている。モノの認識の仕方を、本や映像ではなくて、体で知っていくことの重要性を一度、議論したいなという気もしています。内山さんも上野村に住んでいて、五感で感じることができるからいいんだと思うんだよね。

手塚　私の知り合いの農業者に多いんですが、内山哲学はストレートに体に入ってくるんだと言うんですよ。「俺たちが普段考えていることを言葉に表すとこういうことなんだな。」という感じですね。

ところで、内山さんの大学にも海外からの学生がいると思うので、海外の学生たちの話をぜひ聞きたい。日本優位とかヘイトスピーチの話にはならないはずですよ。

大熊　この前、韓国に行ったけど、直接的には全然関係ないよ。

鬼頭　僕の研究室にいる中国人の留学生は今、佐渡の地域おこし協力隊で島に入ってます。結構溶け込んで、すごく喜ばれているみたい。彼女は博士論文を書くところだったんだけど、「私はまだ書けない」と言っていてね。もっとちゃんと地域に入って本質を理解してからでないと書けないと考えているようです。

手塚　最後に鬼頭さんから今後の哲学塾についてご発言願えますか。

鬼頭　哲学塾から何かを興していくというよりは、僕たちの役割は、やはり聞くことにあるのかな。話を聞いてそれにどのように対応していくか、というより考え方を共有できる場にしていく。一種の思想運動ではあるんだけど、こういう思想を広げるということではなくて、地域で起こっていることを、われわれが聞くことによって、その場の思想にしていくということではないかと思う。

その場で形にしたものを、参加者が持ち帰って、また、何か実践につなげてもらう。思想運動って、これまでの定義からすれば特定の思想を広げるというものだったけど、ローカルな思想とは、地域に潜在的に根付いているものを、われわれが聞いて、その場で形にしていくこと、これが本質なんじゃないでしょうか。

（取材協力／佐々木泉・小原いおり・阿部道彦）

【注】

■注1：文末一覧表を参照。

■注2：NPO法人新潟水辺の会は、1987年10月15日、宮崎駿製作・高畑勲監督の「柳川堀割物語」の上映&シンポ開催をキッカケに、新潟県内の水辺環境について考える会として発足した。大熊はNPOの代表世話人である。

■注3：故・佐藤真監督による渾身のドキュメンタリー。1965年、新潟県の阿賀野川一帯で昭和電工株式会社によりもたらされた水俣病を患いながらも、川に寄り添ってたくましく生きる3組の夫妻の姿を描いた映画で、大熊はこの映画の製作委員会委員長を務めた。

■注4：この連載は、『川がつくった川、人がつくった川』（ポプラ社 1995年 大熊孝）として出版された。

■注5：内山は大熊の思想について次のように述べている。「大熊が専門にしている河川工学の世界では、河川を流れる水をどう利用し、どう押さえ込むのかがこの分野の方法であり、いわば水の利用と水との闘いが河川工学の課題だとされていた。その方法として採用されていたのは河川土木であり、ダムの建設、河川の直線化、川をコンクリートの水路に変える三面張りなどの工事が各地でおこなわれていた。……そういう状況のなかで河川に関心をもつ人々に大きな影響を与えていった大熊の理論は、河川が流域に暮らす人々との関係のなかに存在しているという視点を基礎にして成立していた。……ともに大熊の理論は、江戸期の川と人との関係をふまえていた。流域の人たちが川を治め、川を多様に利用しながら、川がもたらす災害とも向き合いながら自分たちの生きる世界をつくっていた川と人との関係

を、である。」（『かがり火（No.１４８）』「古典を読む　第16回」から）

■注６：１９９６年　ちくま新書。

■注７：鬼頭は当時、青森公立大学で教鞭を執っていた。

■注８：内山は鬼頭の思想について次のように述べている。「鬼頭の自然保護思想は、持続可能な地域の営みを取り戻すことであり、そのことをとおして自然と人間の調和を図ることにあった。……環境思想は、人と自然の関係のあり方を問うことをとおして、地域社会学的な視点や民俗学、人類学的な視野をも包み込む、いわば地域の人々に寄り添う思想でなければならなかったのである。」（『かがり火』前掲注）

■注９：内山節、大熊孝、鬼頭秀一、木村茂光、榛村純一　１９９８年　農山漁村文化協会。

■注10：田中康夫は『なんとなくクリスタル』などの小説で一世を風靡した作家であり、１９９５年までは「バブリー」な存在であった。それが、阪神・淡路大震災を目の当たりにして、関西国際空港から50ccバイクで被災地を訪れボランティア活動に専念した時点から、小説家から政治家に舵を切ったように感じられる。阪神・淡路大震災におけるボランティア活動の広がりが引き金となり、平成12（２０００）年度の国民生活白書は１９９５年をボランティア元年と定義した。ちなみに、田中のお父上はかつて信州大学で教鞭を執っていて、田中自身も長野県で育っている。

■注11：利根川の主要な支流である吾妻川中流部、群馬県吾妻郡長野原町川原湯地先に建設が進められている多目的ダムである。建設の賛否が長い間議論され、民主党政権では無駄な公共事業の象徴として中止が決定されたが、自民党が政権復帰した後、方針が見直された。２０１５年度の完成予定だったが、２０２０年完成に延長されている。完成すれば神奈川県を除く関東１都５県の水がめとしては９番目の

ダムとなる。（ウィキペディアを参照）

■注12：『かがり火』No.155 「哲学する地域……三人委員会哲学塾への想い」参照。

■注13：吉野川第十堰は、1752年に水位をかさ上げし、吉野川本川から旧吉野川への流量を確保する堰として、当時の第十村（現在の石井町）につくられたもの。その後、何度かの継ぎ足しが行われ、現在の姿に至っているが、基本的に当時のままの美しい姿の青石組みが残され、堰としても有効に機能している。1982年ころになると、当時の建設省により第十堰の改修（可動化）計画が持ち上がり、伝統的な堰を守るか、近代的な堰に変えるか、地域を二分する争いに発展した。徳島市は、住民投票条例を制定し民意を問うた結果、改修計画は実現せずに今日に至っている。治水をどのように行うかという問題に加え、地方自治の問題としても画期をなした事案であった。

■注14：『市場経済を組み替える』1999年　農山漁村文化協会。三人委員会のほか、哲学塾に参加した人々が共同執筆している。

■注15：一般的には「折り合う」。哲学塾では共通の場に共存する＝居るという意味で折れるのではなく「居り合う」ことと理解される。

■注16：『かがり火』No.152『古典を読む』第20回「フォイエルバハについてのマルクス」（『ドイツ・イデオロギー』収録）。

■注17：猪瀬知事の辞任を受けて2014年2月10日に行われた。脱原発を掲げ、細川元首相が立候補し、これを小泉元首相が応援するという構図で注目を集めたが、結果は自民党などが支持する舛添要一氏が当選している。

■注18：地域の人々の絆やつながりの強さが、その地域の厚生や活力の増大に重要な要素であるとする理論。ハーバード大学のロバート・パットナムが『哲学する民主主義』（2001年　NTT出版）で提唱したことが契機となり、注目された議論。日本でも内閣府による試算結果が公表されている。

■注19：「私はそれを、大事なものが遠くに逃げていく現象としてとらえている。あえて言葉をつくれば「遠逃（えんとう）現象」とでも言っておけばよい。今日の社会ではさまざまなものが、この遠逃現象の中に放り出される。前記した原発もそのひとつだ。誰もが原発に完全な安全性などないことを知っていた。だから都市部にはつくらなかった。そして、いつの間にか原発は私たちの近くから遠くに逃げていった。」（『新・幸福論「近現代」の次に来るもの』内山節　2013年　新潮選書）。

三人委員会哲学塾の歩み

回	テーマ	開催地	開催日
1	なぜ新しい思想が必要なのか	掛川市加茂荘他	1997.0802 ~ 04
2	新しい思想を創造する	同上	1998.0731 ~ 0802
3	新しい哲学を掛川から	同上	1999.0731 ~ 0802
4	消費されない時間をつくる	同上	2000.0728 ~ 30
5	社会を変える教育、未来を創る教育	同上	2001.0720 ~ 22
6	無事な時間の創造を目指して	飯山市なべくら高原森の家他	2002.0720 ~ 22
7	自治…自然と人間がつくりだす自治の姿の発見を目指して…	同上	2003.1024 ~ 26
8	禍（わざわひ）と無事	同上	2005.0121 ~ 23
9	ふるさとはいつ生まれたか～国民国家を問いなおす～	同上	2006.0519 ~ 21
10	里の哲学・繋ぐ思想	前橋市群馬会館ホール・片品村オクタ他	2007.0728 ~ 30
11	片品村で語る！「尾瀬の時間‥地域の時間」	片品村鎌田住民センター　他	2008.1004 ~ 06
12	自然の輝き、地域の輝き	片品村かしや他	2009.1010 ~ 12
13	世代交代	同上	2010.1029 ~ 31
14	ポスト3.11の日本を哲学する	同上	2011.1106 ~ 08
15	ローカルな思想の存在価値は変化したのか！	北杜市清里萌木の村他	2013.0208 ~ 10
16	「共に生きる」・・・どのような関係性を築いていくか	同上	2014.0418 ~ 20

第七章

聞き書き・内山節年譜

聞き書き・内山 節年譜

取材・構成／押しかけ聞き書き人　鈴木江美留

内山節歴25年。「日本の山村の問題にかかわりたい」と考えていた学生のころに内山さんの著書に出会い、「これは私のバイブルではないか！」と衝撃を受けた。7～8年前より、内山節HPの「押しかけ」管理人。埼玉県秩父市出身。神奈川県中井町在住。

たくさん遊んで学んだ少年時代

1950年　誕生

◆映画プロデューサー内山義重氏の長男として、東京都世田谷区に生まれる。父、母、姉、弟の五人家族。「ごく普通の家庭で育った」と内山氏は言うが……。

特に映画人が集まるような家ではなかった。ただ、映画の原作を書いた小説家や大道具小道具といった映画製作スタッフ、それから、映画監督の五所平之助などはよく遊びに来ていた。文藝春秋のドンだった池島信平もよく来ていて、「たかしちゃん、就職なかったらうちに入れてあげるよ」などと言っていたが、実際に内山氏が就職のころには亡くなっていた。「そんな空手形を出してもらっても困る」（笑）。

昔は今と違って、俳優や女優はあまりプライバシーを見せなかった。だから、家に来ることはほとんどなかったが、毛利菊枝という女優が来ていたことは覚えている。着物をきちんと着た折り目正しい感じの人で、いつも高級和菓子などのお土産を持ってきてくれるので、「毛利のおばちゃんが来る」というとうれしかった。

1954年 4歳

◆自宅から一番近くにあった私立若草幼稚園に入園、中退（笑）

みんなで一緒に歌ったり遊んだりする幼稚園はちっとも面白くなかったので、3日で不登園に。朝、お弁当を持って家を出ても、幼稚園には行かず、近所の雑木林や野原で鳥を見たり虫を捕まえたり、小川で魚を取ったりして遊んでいた。特に両親にしかられることもなく、結局、幼稚園は1カ月で辞めた。

物心ついたころには、すでに釣りをしていた。釣りを教えてくれたのは、父親の会社の釣り好きなスタッフ（後に近代映画協会の社長となった高島道吉氏）。休みになると「たかしちゃーん、釣りに行こうー」と会社の車で迎えに来てくれて、一緒に出掛けていた。フィールドは主に多摩川だったが、上流域まで遠征したり、東京湾に海釣りに行くこともあった。

当時はまだ多摩川にも川漁師がいて、夕方に小舟を出して投網を打っては登戸あたりの料理屋まで漕いで持っていくという感じだった。東京湾もきれいで、冬にハゼ釣りに行くと、海の底にいるハゼが見えた。延べ竿でそこにエサを落として何回か動かすと、ハゼがパクっと食いつく。そんな楽しい釣りをした。

1956年 6歳

◆世田谷区立桜丘小学校に入学

入学式の前日、父親に呼ばれ、「これだけは覚えておきなさい」と〈うちやまたかし〉というひらがなを教わった。毎日遊んでばかりいたので、小学校に入るまで読み書きはまったくできなかった。

小学校に入ってからは、義務教育だというのできちんと学校に通ったが、相変わらず雑木林や野原や小川で遊んでばかりいた。当時の世田谷は農村の中に住宅地が入り込んだような感じで、今の東京の一番郊外の住宅地のような雰囲気だった。特に虫が好きで、アリの行動を何時間も飽きることなく眺めていたこともある。といっても、別にひとり遊びが好きだったというわけではなく、みんなで野球をしたりもしていた。

割と勉強はできた。学校で将来の夢を聞かれた時に「農業をしたい」と言ったら、先生が自宅まで「もったいない！」と話しに来たこともある。ただ、両親は「やりたいことをやればいい」という姿勢だったため、その後も自由に遊んでいた。親から「勉強しろ」と言われたことはない。

コラム① 内山氏と野球

当時の少年たちはみんな野球が大好きで、内山さんも何となく西鉄びいき、稲尾選手などを「すごいな」と思いながら見ていた。

ただ、やがて広島カープファンに転向。カープがあまりに弱かったので、応援しているうちに好きになってしまった。現在もカープファンである。

ちなみに、カープが初優勝した1975年は、暇だったこともあって、後楽園球場、神宮球場、川崎球場で行われた試合はほとんど球場まで見に行っている（たぶん50試合以上）。

1962年 12歳

◆世田谷区立桜丘中学校に入学

中学生の時、軽い興味から初めてマルクスを読む。が、まったく分からなかった。小・中学校時代は、哲学はもちろん、小説のような文学系の本もほとんど読んでいない。読んでいたのはもっぱら理科系の本。小学校高学年ごろから化学の実験道具や天体望遠鏡、顕微鏡などを持っていて、本で勉強しては自分で実験してみるということに没頭していた。

当時は、「物理学のほうに進むのもいいな」などと思っていた。戦後の明るい話題の一つに湯川秀樹のノーベル賞受賞があり、物理学者にあこがれの気持ちを持っていた。ただ、物理学はその後、大型装置による実験の世界へと移ってゆき、いかに大きな投資をして高性能の装置をつくるかが学問の成果を左右するようになる。内山少年にとって、物理学は徐々に魅力的なものではなくなっていった。

コラム②　内山氏と水泳

中学3年間は水泳部に所属。友だちに誘われて入部したが、運動するのはそれほど好きじゃなかった。だから練習もあまりせず、特に速くはならなかった。が、クロールも平泳ぎもバタフライもバックも何でも泳げたので、選手が足りないところに入れられる感じだった。カッコよくいえばオールマイティ。

ちなみに、大人になってからふと思いついてプールでバタフライをしてみたが、背筋が落ちていたせいか体がちゃんと上がらず、まるでおぼれているようになってしまった。それ以来バタフライはしていない。

ただ泳ぐことは割と好きで、ヨーロッパ旅行の際に地中海！やエーゲ海！で泳いだこともある。

1965年　15歳

◆東京都立新宿高校に入学

新宿高校を選んだのは、遊べそうな立地と普通の制服（ひと目見てどこの高校か分かるような制服は着たくなかった）がポイントだった。授業にはあまり出ず、本をたくさん読み、学生運動に参加していた。

当時、マルクス主義や社会主義は人気があって、たくさんの議論が交わされていた。そもそものところが理解できていなければそういう議論も面白くないから、本を読んで勉強した。

哲学に興味があるならマルクスは必須という時代だったから、まずはマルクス。そしてマルクスを理解するためにヘーゲルを、ヘーゲルを理解するためにカントを、カントを理解するために古代ギリシャの哲学を……。内山青年の哲学の旅は、こうして始まった。

高校のころに読んでいた本は、いわゆる哲学と言われるものが3割、経済学系、歴史学系、社会学系などが7割という感じ。何を読んでも、哲学と関係ないということはない。例えば生物学の本でも、それと哲学を重ね合わせながら読めばいい。古典哲学はともかく、近代哲学を勉強するにはある程度の社会科学の勉強は必要だ。

といっても、当時は別に哲学を専門にやるつもりで勉強していたわけではない。哲学には、専門領域の哲学と一般的哲学――例えば〝農民の哲学〟といったようなものがあって、農民の哲学と専門家の哲学のどちらが優れているかを一概に言うことはできない。農民は農業を通してつかんできた自然観・世界観を持っていて、そちらのほうが専門家の哲学よりははるかに深い場合もあるからだ。

哲学の表現は自由で、農業でも、絵や音楽でも、あるいは自分の一生で語ってもいい。そういう意味では人間はみんな哲学者であり、すべて平等。ただ、専門領域の人は哲学を言語化することに長じているという違いがあるだけだ。そして、このころはまだ、「自分の哲学を文章で表現しよう」という考えはまったく持っていなかった。

学生運動に参加した動機は、「僕は戦後5年の生まれだから、小さいころは戦争の話をよく聞かされていた。みんなは〝軍部にだまされた〟という言い方をしていたけれども、僕からすると、その場その場で自分を守るように、みんな普通に生きていたという感じがしていた。だから、普通にただ生きていることの犯罪性というようなものを僕は感じていて、その轍だけは踏みたくないと思っていた」とのこと。

高校3年生のころには、学生運動のリーダー的存在になる。そして、それを取材に訪れた、雑誌『週刊エコノミスト』(毎日新聞社)の記者であった竹内静子氏と出会う。

コラム③ 内山氏とマンガ

内山さんはマンガも結構読む。小学校低学年のころは、近所の貸本屋から月刊マンガ『冒険王』や単行本『鉄人28号』などをたまに借りて読んでいたし、やがて週刊マンガ雑誌の『少年マガジン』や『少年サンデー』が登場してくると、それらもよく読んだ。

高校生のころになると、白土三平の『忍者武芸帳』『カムイ伝』などもなかなか面白かったし、つげ義春といった個性的な漫画家も出てきて人気があった。ちばてつやの『紫電改のタカ』とか、みんなが読んでいるものを普通に読んでいた感じ。ただ、手塚治虫はあまり好きじゃない。なんとなく啓蒙主義のにおいがするというか……。

現在も週刊マンガ雑誌を買っているが、最近は読むことよりも、それを喫茶「こころ」（後述）に提供するのが目的のようになっている。

1968年 18歳

◆新宿高校卒業。大学へは進学せず

〝大学解体〟は全共闘運動のスローガンの一つであり、知の体系を否定してきた自分が大学に進学するというのも変な話だと思い、受験はしなかった。ただ、勉強は続けようと思っていたから就職もしなかった。将来のことなどは、そのころまったく考えていなかった。「うちは代々そんな感じで、祖父は、別にお寺に生まれたわけではないのにお坊さんになりたいと思ってなっちゃって、名古屋にある永平寺別院の理事長までなった人だし、父は、大学時代に新劇に加わっていて、卒業して新聞記者になったけどすぐに辞めて演劇に戻って、そのうちに映画会社に誘われて、やがて独立してプロデューサーになったという人だし。家族も親戚も、〝まあ、30歳くらいまでに考えればいいんじゃない〟という感じだった」とのこと。

◆このころから、竹内静子氏と一緒に暮らす

上野村で釣りをしながら哲学した20代

1970年　20歳

◆このころ車の免許を取得

コラム④　内山氏と車

最初に乗った車はスバル１１００。その次の車はスバルレオーネ、次がスバルレガシー。実は内山さんは〝スバリスト〟であり、レガシーは今の車が３台目。

スバルの車は基本的なところが手を抜かずにつくられていて、少し激しい運転をしてもきちんとついてきてくれるところがいい。例えば山道ではカーブで先が見えなかったりするので、急に対向車が来ても避けられるように真ん中をあけて運転しなければならない。そういう道でスピードを出していくには、自分が狙ったライン通りに走れることが重要になってくる。けれどもそれは意外に難しいことで、ボディ剛性がしっかりしていなければならない

し、サスペンションの問題もある。そういう意味で、スバルの車は大衆車の中ではよくできている。

　ドライブは好きではないが、運転は好き。スピードは出すほうで、一度、中央高速で捕まって免停をくらったことがある。計測器では40kmオーバーだったが、おまわりさんには「その直前は絶対に70kmはオーバーしていた」と言われた。それ以降は〝捕まらないように〟気を付けている。

1972年　22歳

◆上野村との出会い
　たまたま車で通りかかった上野村で、谷底を流れる神流川の美しさに魅了され、釣りに通うようになる。当時、東京では経済成長につれて自然環境は悪化、それとともにあった人々の暮らしもどんどん消えていた。一方上野村は、きれいに手入れされた山と自然のまま流れる川の間に畑があり、人家があり、夕方になると各家から煙が上がる。その全体の景色が何ともいえず美しかった。人が住むと環境や景色を悪くする世界がある半面、人が住むことで良くなっていく世界もある。この違いはどこから発生するのか。その奥にある本質的なものを探ってみようと思った。

　しばらく釣りに通ううちに、村人と仲良くなり、長期滞在をするようになり、畑を借りて耕すようになり……。東京と上野村を往復する生活は現在まで続く。

内山哲学にとって上野村との出会いは間違いなく重要なものの一つだが、これは実は「いいかげんな地図」の功績。東京から軽井沢まで車で行く用事があり、渋滞を避けて行こうと地図を調べたところ、国道２９９号線を通って上野村を抜けていくルートが「全線舗装」と書いてあった。これはよさそうだと試しに行ってみて、美しい神流川を見つけたというわけ。

しかし、実際には「全線舗装」というのはまったくのデタラメで、上野村辺りからの峠道はスコップがなければ通れないほどの悪路だった。そういう意味ではヒドイ目に遭った。

1973年 23歳

◆26cmのヤマメを釣り上げる！

高校時代からあまり釣りをせずにいたせいか、あるいは魚が少なくなったせいか、上野村に通うようになって1年近くも、まったく魚を釣り上げられずにいた。当時、定宿にしていた上野村の鉱泉宿の主人から「蜂の子をエサにしてみたらどうだ？」とアドバイスされ、決死の覚悟で蜂の巣を入手。そして、その蜂の子をエサに、ついに立派なヤマメを釣り上げることに成功！　以降、内山氏の渓流釣りの腕は順調に上達。最近は、寒い時期以外はほとんどテンカラ釣り（日本式の毛ばり釣り）である。

◆執筆活動開始

初めて書いた原稿は、雑誌『週刊エコノミスト』から依頼された書評。日本共産党の幹部であった上田耕一郎著の『先進国革命の理論』について「思想的に中立な立場から」ということで内山氏に白羽の矢が立ち、「現代革命論の基本分析」という原稿を書いた。

この時もまだ、哲学を文章で表現していくつもりはなかったが、次に同誌に掲載された、柴田高好著『マルクス国家論入門』についての書評「国家論の基本的解明に挑む」が、雑誌『現代の眼』（現代評論社）の編集者の目に留まり、そこから原稿の依頼が入る。そして、その『現代の眼』に掲載された論文「労働過程と政治支配―マルクス主義政治学における労働過程の問題」が、最初の著書である『労働過程論ノート』の執筆依頼へとつながり……。そんなふうにして、何となく途切れることなく執筆活動が続いていった。

コラム⑤ 内山氏とカメラ

初めてまとまった原稿料が入った時に買ったのは、〝ニコンF〟というカメラ。カメラが好きで、現在はライカM6とライカM（デジカメ）を所有している。といっても、写真を撮ることが好きなわけではなく、メカニズムのほう＝「光をどんなふうに切り取ることができるのか」というところに興味がある。だから、新しいカメラを手に入れると、いろいろなタイプの光を撮って、どんなふうに写るのかを確認する。記念撮影的な写真はほとんど撮らない。

1976年 26歳

◆最初の著書『労働過程論ノート』（田畑書店）刊行

資本主義を労働過程から分析した本であり、この論旨は現在も内山氏の思想の一つの基幹をなしている。

◆このころから、喫茶店「こころ」の常連に

当時から東京都文京区本郷の東京大学の近くに住んでおり、自宅から歩いて4〜5分のところにあった「こころ」にふらりと立ち寄ったのが最初。「こういう雰囲気の喫茶店は少なくなってきていて、でも落ち着くし、そうこうしているうちにお店の人と仲良くなってしまって……」。ということで、以来、お付き合いは40年近くになる。もはや常連客というよりは家族。

コラム⑥ 内山氏とタバコ

内山さんは愛煙家である。タバコを吸い始めたのは高校生のころ（もう時効・笑）。

初めはショートピースを吸っていたが、紙巻きタバコは紙の味がしてあまり好きじゃなかった。それでパイプや葉巻を吸うようになるが、それらは

ちょっと吸うのが面倒くさい。というわけで、そのうちに〝リトルシガー〟と呼ばれる葉巻系のタバコを愛好するようになる。
長いこと「ランバージャック」を吸っていたが、最近は「キャプテンブラック」。どちらもリトルシガーの中では低価格のもの。1日に10本程度。

本格的に執筆活動を開始した30代

1980年 30歳

◆初めてフランスへ

20代後半に、『週刊エコノミスト』から「経済の現状分析的な原稿を書かないか」と打診されたのを機に、経済の問題に取り組むようになっていた。30歳のころ、ほんの1週間程度の旅行で何となくフランスへ。〝経済は発展しても人々がエネルギーを失っている〟先進国社会の一つとして興味を持ち、日本との比較をしてみようと考えた。以後、定期的に足を運ぶようになる。

別にフランスでなくても、ドイツでもよかったが、「実は、食べ物とお菓子がおいしいというのがフランスを気に入った一番大きな理由。ドイツは飯がまずいからね。何度も行く気にはならない（笑）」とのこと。

コラム⑦ 内山氏とフランスの釣り

1週間程度の滞在の場合はほとんどパリで過ごすが、時間がある時は地方へも足を延ばす。特に北部ピレネー、バスク地方が好き。とてもいい川があって、ブラウントラウトが釣れる。

ただ、フランスは日本よりずっと厳しくて、入漁券と河川立入券を手に入れないと釣りはできないから大変だ。それらは地元に入ってから、自分で交渉する（もちろんフランス語で）。内山さんのフランス語力は「旅行に困らない程度」とのこと。

フランス以外にもヨーロッパは割とあちこち旅をしていて、旅行カバンにはいつも釣り道具一式を入れていた。そして時間を見つけては釣りをした。

竿を手荒に扱われるのが嫌で手荷物の中に入れていたため、空港の手荷物検査で止められることもしばしば。カーボンファイバー製の竿は警報機を鳴らしてしまうのだ。

畳んだ状態の竿は鉄パイプのように見えるので、係員から「何でこんなものを持ってるんだ！」と言われる。「釣り竿だ」と説明しても納得してもらえないため、その場で伸ばして振って見せたことも何度か。内山氏、ヨーロッパ各地の空港で釣りパフォーマンス歴あり。

◆『山里の釣りから』（日本経済評論社）、『存在からの哲学』（毎日新聞社） 刊行
『山里の釣りから』は論文形式ではないスタイルで書いた初めての本。「何となく〝原稿を書くのも面白いかな〟と思った本で、これで〝作家的生活も悪くない〟という気分になった」とのこと。

1982年 32歳

◆『戦後日本の労働過程』（三一書房）、『労働の哲学』（田畑書店） 刊行
◆このころ、経済社会学者の渡植彦太郎氏と出会う。渡植氏は当時すでに80歳を過ぎており、しかも愛媛県在住だったため、東京にいる内山氏とは主に手紙で議論が交わされた。議論の中心的なテーマは「使用価値」について（詳細は、『時間についての十二章』第六章〝「使用価値」とその時間〟をご参照ください）。この論争的文通は、渡植氏が亡くなるまで約10年間続いた。
◆美しい国土と緑を子孫に残すため、将来の森林や林業、山村のあり方を提言し、実現を期す「国民森林会議」発足（87年より常任理事）

1983年 33歳

◆『フランスへのエッセー』（三一書房）刊行

1985年 35歳

◆『哲学の冒険』（毎日新聞社）刊行

1986年 36歳

◆『自然と労働』（農文協）、『やまめ物語』（現代書館）刊行

1988年 38歳

◆『自然と人間の哲学』（岩波書店）、『情景のなかの労働』（有斐閣）刊行

◆東北農家の勉強会に講師として呼ばれる

初めに打診された時は、当時、上野村で少々の畑仕事をしていたとはいえ、専業農家の方々を前に話せることはないと思った。が、あるとき山形県で開催されたシンポジウムに出席していたところ、山形県金山町の農林家・栗田和則・キエ子ご夫妻が会いにきて、「今の世の中はどのように変わってきているのか、その中で農業や農村がどうあるのかを勉強したい」と言われ、参加することに。その時に栗田さんから山盛りのキノコをおみやげにいただいた

だいてしまったため、断るに断れなかった……というのは半分冗談で半分本当。

東北農家の勉強会を機に、九州や静岡、北海道などの農民の会にも参加するようになる。「最初はバリバリの専業農家に囲まれて、とても緊張した（笑）。けれども、僕がそれまで知っていた上野村とは違う日本各地の農村、日本の農業が倒れたら自分の生活もつぶれてしまう、そんな専業農家の世界を知ることができた」とのこと。東北や九州の勉強会は、年に一度のペースで現在も継続。

1989年 39歳

◆『《森林社会学》宣言』（編著　有斐閣）、『自然・労働・協同社会の理論』（農文協）刊行

森林と人間の関係学を〈森林社会学〉という一つの学問分野として明確にしたのは、実は内山氏のこの本が最初。〈森林社会学〉という言葉自体は大正期から存在していたが、実際の学問の内容に即したかたちでそれが〈森林生態学〉と名前を変えてからは、死語になっていた。

当時、林学系の大学には森林政策学としての〈林政学〉と、それ以外を扱う〈林業経済学〉しかなかったが、これ以降、あちこちの大学で〈森林社会学〉の授業が置かれるようになる。

◆森林と親しみ、行動する会「森林フォーラムの会」発足

年に一度の山村交流ツアー「上野村フォーラム」の添乗員、「森の哲学塾」講師として現在も活動中。

日本中の農山村を飛び回った40代

◆**1990年 40歳**『続・哲学の冒険』（毎日新聞社）、『山里紀行』（日本経済評論社）刊行

◆**1991年 41歳**「森と村の旅14000キロ」で日本各地の森林、山村、林業地を2カ月半にわたり訪ね歩くこの旅については、後に『森にかよう道』としてまとめられる。

◆**1992年 42歳**『戦後思想の旅から』（有斐閣）、『やませみの鳴く谷』（新潮社）刊行

コラム⑧ 内山氏と料理

内山さんは料理好きである。時間があれば結構やる。魚をおろしたりも得意で、魚料理、和食を作ることが多い。

食材はしっかりしたものを選びたいので、最近はもっぱら東京の家の近くにあるクイーンズ伊勢丹という高級スーパーマーケットで買っている。お店に行って食材を見ながら、何を作るかを決める。一般の料理店で外食するより、自分で作ったほうがよっぽどおいしい。

ちなみにお酒は、20歳を過ぎてからはほとんど飲んでいない（笑）。飲めないわけではないが、あまり飲みたいと思わない。ただ、山梨のワイナリーと付き合いがあり、そこのワインはおいしいので、たまに飲んでいる。

1993年 43歳

◆『時間についての十二章』（岩波書店）刊行

〝論証せずに書く〟ことに挑戦した本。「論証できないものこそが重要だということを、どういう方法を使えば示すことができるかということが、これを書くことで見えてきた」とのこと。

◆このころから、三重大学（旧農学部）で1年に1度、3日間だけ、「森林社会学」の集中講義を行うようになる。仲良くしている三重大学の三井昭二教授から熱心に誘われたので引き受けたが、特に大学の教員になるつもりはなかった。

1994年 44歳

◆『森にかよう道』（新潮社）刊行

コラム⑨ 内山氏とファッション

このころ、筆者は初めて内山さんにお会いした。内山さんはいつも、チノパンに白いワイシャツ、そしてループタイ、というファッションだったが、当時、筆者はループタイに対して「田舎の役場のおじちゃん」というイメージを持っており、「内山さんは若いのにループタイというのが何だか哲学者っぽいなぁ」などと思っていた。

内山さんとしては別にそれにこだわりがあったわけではなく、ネクタイは苦しいし面倒くさいからループタイを使っていたにすぎない。

ちなみに、最近、内山さんがよく着ている〝修験道Tシャツ〟は、奈良県にある修験本宗総本山金峯山寺で販売しているもの。実はこれ、内山さんが懇意にしている金峯山寺の宗務総長である田中利典氏に、内山さんから「作ったほうがいい」と提案して商品化された。割とよく売れているらしい。内山さん、修験道復活へ向けて、一役買った。

◆山形県金山町杉沢集落で「金山フォーラム」開催
山形県の山奥にある小さな集落に、東京はじめ各地から人々が集まり山村のこれからを考え話し合うという、ある意味とても画期的な集いだった。参加者は民家に分泊、地元の人々と交流を深めた。以降、2013年まで20年間続く。

1996年 46歳

◆『森の旅』（日本経済評論社）、『子どもたちの時間』（岩波書店）刊行

◆大熊孝氏（河川工学・新潟大学教授〈当時〉）、鬼頭秀一氏（環境倫理学・東京農工大学教授〈当時〉）とともに「三人委員会」を発足。
〝地域を軸に、関係論的視点からものごとをとらえていく〟という共通点を持つ三人が、ただ純粋に議論をする場として〝夏の哲学塾〟を開催。毎年1回のペースで現在も続いている。この哲学塾は、参加した人たちがそれぞれの地元でまた活動を開始する……というかたちで、ネットワークが全国各地へと広がっている。

◆上野村に古民家を買う
上野村に通うようになって20年以上もの間、上野村での滞在は、村の最奥の集落〝浜平〟

にある鉱泉宿「奥多野館」だった。非常に居心地よく、まるで居候のように暮らしていたが、いつか上野村に家が欲しいと思っていたので、ずいぶん前から村の人たちに「いい話があったら教えてほしい」と頼んでいた。ただ、貸してくれるという話は多かったが、売ってくれるという話はなかなかなかった。

ようやくいい話がきてやっと手に入れることができた家は、日当たりの良い集落にある大正期に建てられた2階建ての農家。栗の材がふんだんに使われたしっかりした造りをしている。あちこち修理は必要だったが、大工仕事は好きなのでむしろ楽しかった。ちなみに風呂は五右衛門風呂。そして、最初の訪問者は「野ネズミのチュー太」だった。

家の敷地に1haの雑木林も含まれていたので、林業センサス上では〝森林所有者〟になった。さらにこの後、家の隣の150坪の畑も購入。

1997年 47歳

◆『往復書簡　思想としての労働』（共著　農文協）、『貨幣の思想史』（新潮社）刊行

コラム⑩ 内山氏とパチンコ

このころ内山さんが使っていた原稿用紙は、本郷のパチンコ店で仲良くなった印刷屋さんに作ってもらったものである。

実は、内山さんは高校生のころからのパチンコ好き。当時は手動のレバーで玉を一発ずつはじき出すパチンコ台だったので、まず釘を読み、どういう強弱の加減で玉をはじき出せば狙ったところへ入れることができるか、その〝技術とメカニズム〟のところが非常に面白く、はまった。

やがてパチンコ台がダイヤル式の発射装置がついたものに切り替わると、玉の回転調整という部分のテクニック的な面白さは減ったが、それでもそれ以外の仕組みは変わらなかったので、時間があればふらりとパチンコ店に行っていた。

ただ、その後コンピューター内蔵型のパチンコ台が主流になると、大当たりを出すために重要なのは技術ではなく〝プログラムを統計的に予測すること〟になってしまい、面白くなくなったのでパチスロに転向。このほうがまだプログラムを読む面白さがあるが、スロットマシンは目を酷使するので、目を悪くしてからはやらないようにしている。

1998年 48歳

◆『自由論』(岩波書店)、『ローカルな思想を創る』(共著 農文協) 刊行

1999年 49歳

◆「第16回国民文化祭・ぐんま2001」の総合プロデューサーに任命される

◆『市場経済を組み替える』（共著　農文協）刊行

◆パソコンを自作する

上野村に置くパソコンは自分で修理できたほうが都合がいい（修理してくれる店がないため）と考え、パソコンを作製。内山氏はかなりのメカ好きで、子どものころからラジオを組み立てたりしていた。当然、秋葉原も好き。

コラム⑪ 内山氏とDVD

自作したパソコンは、DVDを見るにはかなりの高性能であり、とても快適だったため、これを機にDVDを買っては見るようになる。

現在、所有するDVDは700～800枚。残念ながら最近はなかなか見る暇がないが、上野村の家にずらりと並ぶDVDを眺めながら、「一日に2枚くらい見ても1年過ごせるな」と。「で、1年たつともうよく覚えてないからまた見る。そうすると、これで永遠に時間が過ごせると思ったりする（笑）」とのこと。

ちなみに、現在はパソコンではなく、ちゃんとテレビで見ている。上野村のほうは32インチ、東京の家には40インチのテレビを置いているが、映画のためだけなら80インチくらいのものが欲しい。(「内山氏と映画」については、最後にスペシャルコラムを掲載しましたので、そちらをお読みください)

50歳から現在まで

2000年 50歳

◆森林ボランティア団体・森林所有者・行政関係者・企業等とのネットワークにより〝森とともに暮らす社会〟の創出をめざす「NPO法人 森づくりフォーラム」発足、代表理事になる

2001年 51歳

◆群馬県で「第16回国民文化祭・ぐんま2001」開催

上野村では、国民文化祭に合わせて村人の自主活動グループ(のちの〝おてんまの会〟)が発足。村の文化の総点検を行い、それをプログラム化し、「山里文化祭」と銘打って、会期中、数多くのイベントを開催した。

おてんまの会は、これ以降現在まで、上野村の文化の発信、都市の人々との交流活動を続けている。

◆『里の在処』（新潮社）刊行

コラム⑫　内山氏と原稿

パソコンが普及してからも、内山さんは原稿を手書きしている。最近は、編集部の都合も考えて短い原稿はパソコンで書くが、書き下ろしの単行本などはほとんど手書き。

なぜかというと、例えば「行く」と書く時、ケースによっては「いく」としたほうが感じが出ることもある。パソコンの場合、一度「行く」と変換すると次もまた漢字が出てきてしまうので、それを平仮名に直す作業が必要になる。そういった、原稿を書くこと以外の技術的なノイズが入ってくるのが好きではない。それに、日本語は基本的に縦書きだという感覚もある。

出版社が用意してくれる原稿用紙は、会社によってマス目が違って使いにくいので、自分に合ったマス目のものを自分で刷って使っている。ちなみに、万年筆は〝ウォーターマン〟を愛用。

2002年 52歳

◆立教大学大学院21世紀社会デザイン研究科兼任講師となる
別に教員になるつもりはなかったが、熱心に誘われたので受けることにした。翌年の東京大学も同じ。

2003年 53歳

◆三重大学生物資源学部非常勤講師、東京大学文学部・同大学院人文社会系研究科兼任講師となる

2004年 54歳

◆立教大学大学院異文化コミュニケーション研究科特任教授となる（5年任期）

2005年 55歳

◆『「里」という思想』（新潮社）刊行

2006年 56歳

◆『戦争という仕事』（信濃毎日新聞社）、『「創造的である」ということ』上巻「農の営みから」・下巻「地域の作法から」（農文協）刊行

◆長年、内山氏を支えてきた竹内静子氏、他界

実は、竹内さんが亡くなった時に初めて、内山氏が竹内さんと暮らしていたことを知った人が大勢いました。もちろん筆者もその一人。誠に失礼ながら、内山氏の風貌はいかにも「やもめ」風なので、てっきり独身だと思い込んでいました。訃報と結婚を同時に知るという事態に本当に驚いて、「哲学者ってやっぱり普通と違う」などと思ったものです。

それにしても、竹内さんが所属していた『週刊エコノミスト』が内山氏の執筆活動のきっかけとなったことを考えると、もし竹内さんがいなければ今のような哲学者としての内山氏は存在しなかったかもしれず、内山氏から多大な影響を受けながら人生を過ごしてきた筆者としては、竹内さんに感謝したい気持ちです。

竹内さんについては、「やませみ便り」第37号（内山氏が親しい友人たちに宛てた個人通信）にすてきな文章が書かれています。

2007年 57歳

◆東京大学農学部非常勤講師となる

◆『日本人はなぜキツネにだまされなくなったのか』（講談社現代新書）刊行

◆修験道の衣装（ホラ貝も）をそろえる（が、修行はしていない）

近代化の過程でなぜ民衆の自然信仰はたたきつぶされなければならなかったのか、という関心から修験道に興味を持ち、出羽三山や白山などの霊山を「車で」回り始める。修験道の修験本宗総本山である金峯山寺とのご縁もでき、修験道を通して「日本の自然信仰、仏教思想、人間たちが自然の霊力を信じていたことやその意味も、だいぶ理解できるようになった」とのこと。

2008年 58歳

◆「第1回 新たな多数派の形成をめざす上野村シンポジウム」開催

〝これからの多数派はどんな思想を必要としているのか〟を考えるシンポジウムを上野村で開催。各地域で活躍する若者や、共同体やローカリズムを出発点に置いた社会をつくりたいと考える官僚などが、手弁当でパネリストとして参加してくれた。

現在も年1回のペースで継続中。議論の様子は、インターネットを通じて配信されている。

2009年 59歳

◆『怯えの時代』(新潮選書) 刊行

哲学の視点から日本社会の現状分析を行った本。この流れは、『文明の災禍』、『新・幸福論』へと続く。

◆『清浄なる精神』（信濃毎日新聞社）刊行
国家レベルではなく民衆レベルで〝日本〟というものを視野に入れ、日本社会論と日本思想を合わせて理論展開するという方向性を打ち出した。この流れは、『共同体の基礎理論』へと続く。

◆地域づくり情報誌『かがり火』の編集長に就任

2010年 60歳

◆『共同体の基礎理論』（農文協）、『自然の奥の神々』（写真・秋月岩魚　宝島社）刊行

◆東京・日比谷にレストラン「にっぽんの…」オープン
吉澤保幸氏（場所文化フォーラム代表幹事（当時）、元日本銀行）が中心となって、日本各地の生産者など、仲間たちと一緒に出資し合ってつくった店。

出資者は、配当の代わりに食事券などがもらえる。つまり、出資してお金をもうける＝「金で金を生む」というような現在のお金のあり方ではなく、「店のオーナーとして友人や家族とおいしい料理を楽しむ」「ふらりとそこへ行けば仲間に会える」といったことに価値を置いた新しいお金の使い方の提案である。現代版〝講〟とでもいうような、都市における共同体的な仕掛けの試みでもある。

◆このころより、編集者の女性と暮らし始める
（まったくの余談ですが、実は内山氏は女性にモテます。内山氏は否定しますが、間違いありません。若い時には年上女性と、還暦のころには若い女性と……内山氏はある種の男のロマンを地でいってるな、などと下世話なことを思う筆者です。）

2011年 61歳

◆『文明の災禍』（新潮新書）刊行

◆立教大学大学院21世紀社会デザイン研究科教授となる

2013年 63歳

◆『内山節のローカリズム原論』（農文協）、『新・幸福論』（新潮選書）刊行

コラム⑬ 内山氏とオーディオ

内山さんはオーディオ好きである。音楽ファンというよりも〝音ファン〟であり、どういうシステムでどういう音が出るのか、というところに関心があ

る。といっても、オーディオは凝り始めると金額的に天井知らずの世界なので、ほどほどのところで手を打っている。

そのオーディオで聴くのは、基本的にクラシック。オーケストラより小編成のもののほうが好き。

ちなみに、原稿を書くのに気分が乗らない時は、ラフマニノフの「ピアノ協奏曲第2番」やリムスキー＝コルサコフの「シェラザード」などをかける。あれはやる気になる（笑）。

それから、原稿書きの気分が乗っている時に、その状態を維持するにはビゼーの「カルメン」などもよい。

上野村の家は、自然の音が心地よいのでオーディオは置いていない。もし上野村に置くなら、自分で作りたいと思っている。

2014年　64歳

◆農文協より『内山節著作集』（全15巻）刊行
内山氏の代表的な作品（増補もあり）に、それぞれ著者自身による解題・関連未収録論文を加えた、まさに〝内山哲学〟完全版!!　２０１４年7月より順次刊行されますので、お楽しみに♪

スペシャルコラム

内山氏と映画

◆ルーツ

内山さんは映画好きだ。といってもそれは、内山さんの父、内山義重氏が著名な映画プロデューサーであったこととは特に関係ないらしい。

内山さんが子どものころ、特にテレビが普及する前は、映画は庶民にとって最大の娯楽だった。どこの地区にも映画館があって、みんなよく見ていたし、映画会社もじゃんじゃん映画を作っていた。

内山さんの家の近くにも二つの映画館があったが、封切館ではなく、公開から少し遅れた映画が3本立てで来ていた。だいたい1週間単位で内容が変わっていったので、ほとんど毎週のように通った。親と一緒だったり、近所のおばさんが連れていってくれたりして、ずいぶんたくさんの映画を見た。子どもにとっては、やはりチャンバラ映画が一番おもしろかった。

高校生になると、名画座に通って洋画をたくさん見た。学校があった新宿には映画館も多く、古い洋画を2本立てで、だいたい40円くらいで見ることができた。40円というのは、当時、一番安いコーヒー1杯分くらいの値段である。

その一方で、アート・シアター・ギルド（ATG）という新しいタイプの映画館が登場し、日本人監督の、大劇場には合わないけれどもちょっと話題になるような作品が公開されていた。そこにもよく通った。

◆ナンバーワンはブレッソン

映画監督の中で、内山さんが選ぶナンバーワンはロベール・ブレッソン。映画の約束事が破棄されているところが良い。

映画の約束事というのは、例えば映画の冒頭に道の光景が映ってそこで男性と女性がすれ違うシーンがあったとすると、普通、映画の世界ではそれは「その後、何らかの展開をする」ことを提示している。ところがブレッソンの場合は、そういう場面があったとしても、それはただ男と女が歩いているだけ。その後、何の展開もしない。

つまり、人間たちというのはただ生きているだけであって、そこに何かの意味があるというのは単なる幻想にすぎない。そして現代人とは実はそういう存在だ、ということ。人間たちが幸せを感じて暮らしていたとしても、それは単なる幻想であり、現実には〝ただ息をしてご飯を食べているだけ〟。そういう突き放した感じがブレッソンの映画にはある。

ブレッソンの代表作というと『バルタザールどこへ行く』で、それもなかなか良いが、内山さんは『少女ムシェット』が好き。

◆その他のお気に入り

違うタイプとしては、セルゲイ・エイゼンシュテインの『イワン雷帝』。〝ロシアを侮辱するものはたとえ誰であれ許さない〟という内容の映画だが、素晴らしく出来がいい。

それから、ビスコンティも好き。ビスコンティは一種の耽美主義で、映画を作っている途中で何かの美のようなものにのめり込んでしまい、ストーリーが破たんしてしまうことが多々ある。そういう意味では映画は失敗しているわけだが、圧倒的な美、迫力がとても魅力的ゆえ、ビスコンティのファンは多い。ある意味、「どこで破たんしてくるか」を楽しみに見るようなところもある。

ビスコンティでは『ベニスに死す』が一番良い。何と、最後まで破たんせずに完成している。

それから、日本の時代劇などは様式美を追求していく世界で、それはそれで面白い。東映系の映画は完全娯楽の方向に進んでいくが、大映系はいつも様式美を追求してくる。市川雷蔵の眠狂四郎もいいし、監督では増村保造が「様式美がとれる最後の監督」という感じで好き。

◆意外なところで

60年代にイタリアで作られたウェスタン映画＝マカロニ・ウェスタンも好き。

当時は、「イタリアの金のない連中が作った安っぽい映画」、しかも「イタリア南部を西部と称して作っている」ということで、世間の評価は低かった。

ただ、2本立て、3本立てで上映される映画のうちの1本がマカロニ・ウェスタンだったりして、「ついでに見るか」という感じで見たら「面白いじゃないか！」と。それに、安い予算で作ったとはいえ、映像はきれいだし、エンニオ・モリコーネの音楽もいい。それで、ファンになってしまった。

もうひとつ、マカロニ・ウェスタンでは登場人物の背景（過去）がまったく説明されないのが小気味よい。

本家のアメリカのウェスタンは、たいがい正義の味方である保安官と悪者が決闘する話だが、実はもともとこの二人の境遇は似ていて、それがちょっとしたきっかけで一人は善のほうへ、一人は悪のほうへ進んでしまった。お互いにそれは分かっていて、実は似たもの同士だと思いながらも決闘するという、それが一つの典型的なパターンとして描かれる。

それに対してマカロニ・ウェスタンは、悪いやつはただ悪い。だいたいが賞金稼ぎの話だが、彼らはただお金を集めているだけ、ただ決闘してるだけ。つまり、人間の過去というものへの思い入れを消してしまうと、実にさわやかな世界があらわれるのである。

ちなみに、『野獣暁に死す』という映画では、なぜか仲代達矢が主演している。どうして日本人が西部にいて悪い組織のボスをやっているのか、その理由は一つも出てこない。そして、日本刀じゃなくて青竜刀を振り回したりしている（笑）。マカロニ・ウェスタンは完全娯楽映画として非常に楽しめる。

◆現代の映画

ロードショーのようなものはまったく見ない。チャチだし、ちっとも面白いと思わない。

そういう映画産業の隙間で、お金はかけずに自主上映を目指すようなかたちで、しっかりした映画を作っている人たちがいる。『ナージャの村』や『アレクセイと泉』といったチェルノブイリ関連の映画を作っている、内山さんの友人でもある本橋成一監督。それから、やはり友人の小栗康平監督。彼は劇場映画だが、いい映画を作っている。

それから、若くして亡くなったが、ドイツのライナー・ヴェルナー・ファスビンダー。平穏なる戦後のドイツの中に潜んでいるファシズムというものを絶えずテーマにしていた監督で、彼もいい映画をたくさん作っている。

聞き書き・内山 節年譜

あとがき

本書を手にされた多くの方は『かがり火』編集委員会とは一体何者であるか不審に思われたことでしょう。『かがり火』は1987年に創刊された隔月刊の地域づくり情報誌で、これまでの27年間で157号を発行してきました。定期購読のみの、書店で販売していない雑誌ですから多くの人の目にふれることはなく、つまりマイナーな雑誌です。内山節は2009年、この雑誌の5代目編集長に就任しました。というよりも無理やり就任させられたのです。

『かがり火』は少部数、無名、広告も入らないという三重苦で、創刊から21年目に休刊に追い込まれました。ところが休刊のお知らせを読者に発送すると、読者の有志がこのまま消滅させるのはもったいない雑誌だ、何としても復刊させようと立ち上がったのです。読者がカンパを集めて、新規読者も獲得して復刊に尽力しました。その時、責任者である発行人は復刊したとしても再び窮地に陥るのは火を見るより明らかなので、かねてから寄稿してくれたり、個人的にも私淑していた内山節を編集長に引っ張り出したのです。人気の哲学者の名前が雑誌の奥付に記載されれば、それに引かれて購読してくれる読者も増えるかもしれないというあざとい作戦でした。これらの思惑をすべて承知のうえで内山は編集長を引き受けてくれたというわけです。ですから編集長といっても企画を立てたり、校正をしたり、印刷所とやり取りするわけではなく、いわば名誉編集長という立場です。ちなみに内山は他にもＮＰＯ法人などの理事や役員を数多く引き受けています。

『かがり火』の編集方針を一言でいえば、無名人を取り上げる地域づくり情報誌ということです。なぜ無名人を主人公にしているかといえば、いまの社会はあまりにも有名人が威張っているからです。有名になったものが勝ちといわんばかりに、政治家もタレントも作家も学者もとにかく名前を売ろうとしている。いったん有名になってしまえば芸のないタレントでもお座敷がかかる。学識の深くなさそうな学者でも講演会の依頼が入る。才能の豊かとも思えない作家の二番煎じの本でも売れる。だからいまの日本人は、有名になることに汲々とするようになってしまいました。いまの日本は、名前が売れてテレビに取り上げられれば、人が集まりお金が入ってくるようになっています。かくして誰でも、売れるかどうかをいちばん先に考えるようになりました。その結果、いいものが売れるのではなく、売れたものがいいものだという本末転倒の価値観が定着してしまいました。この考えが日本の社会を汚染したと思います。
世の中には売れる売れないにかかわらず、黙々と自分の役割を果たしている人がいます。話題になることなどまったく眼中になく、コツコツと努力を続けている人たちがいます。この人たちは自分の功績をPRしませんから顕彰されることもマスメディアに取り上げられることもありません。しかし、このような人たちによって社会は支えられているのではないでしょうか。『かがり火』は無名のヒーローを紹介する雑誌なのです。

※

もう少し、『かがり火』を知っていただくために、本誌146号（2012年8月）掲載の記事「伊豆大島再訪」から一部を転載いたします。

初対面の人に、『かがり火』のような雑誌を「なぜ創刊したのですか？」と問われることがよくある。創刊の経緯をすべて説明しようとすれば話は長く複雑になるので、「三原山の噴火をテレビで見たのがきっかけです」と答えることにしている。三原山の噴火がすべての理由ではないけれど、有力な動機になったことは間違いないからである。

伊豆大島の三原山が噴火したのは１９８６年（昭和61年）だった。三原山はこの年の春ごろから群発地震が始まり、次第に噴火は活発になり、11月15日には山頂火口から噴火が始まり、19日には溶岩流が火口からあふれ、21日に割れ目噴火が発生した。夕刻には外輪山の外側でも割れ目噴火が起こり、溶岩流が住民が住んでいる元町地区まで流れ出した。当時の鈴木俊一都知事は全島民の避難を決意、午後5時57分に避難命令を発令した。元町港、波浮港、岡田港などには海上保安庁の艦船をはじめ、東海汽船の船舶や漁船などが続々と集結した。この様子はテレビで時々刻々実況放送され、22日には一部の警察や自衛隊、役場職員、消防団などを残して全島民の避難は完了した。

本誌が衝撃を受けたのは、住民の避難を中継する中で、いったんは乗船しながら非常線をかいくぐって、自宅に戻ろうとしている老人が何人かいたことであった。テレビレポーターが〝あっ、また一人下船しました〟と叫んで、溶岩流の迫っている自宅に戻ろうとする老人をカメラが追い掛けていた。警察に保護されて、強制的に船に乗せられた老人は、墓があるので島を離れられない、家畜を置いてきたから自分だけ逃げるわけにはいかないと言っていた。自分の命よりも墓や家畜を守ろうとしていることに驚くとともに、老人が何を考えているのか不思議だった。

あの時以来、家と土地と人間の関係を考えるようになった。本誌編集長の内山節氏とはまだ出会っていなかったが、後年、氏の著書を読んだ時、老人が自分の家に戻ろうとした理由が分かったような気がした。

「知性を媒介としない人間の精神の領域は―私は確かにそれはあると思っているのだが―たえず帰る場所を探している。それをうまく表現できないから、そのことを私は、魂は帰りたがっている、と表現しておく」(『里の在処』)

命を落とす危険があっても老人たちが戻ろうとしていた土地は、魂が帰りたがっていた場所だったのだ。いまの日本人は豊かになっても落ち着かず、上の空で暮らしているように見えるのは魂の帰りたがっている場所を捨ててしまったからではないか。

※

『かがり火』編集委員会は本書を編集するに当たって、『かがり火』の読者であり、かつ内山哲学を愛する有志によって組織されたものです。

『かがり火』編集委員会
代表　菅原歓一

哲学者 内山 節の世界

2014年8月10日　初版第1刷発行

編著者　『かがり火』編集委員会

発行者　武 市 一 幸

発行所　株式会社　新 評 論

〒169-0051
東京都新宿区西早稲田3-16-28

電話　03（3202）7391
振替　00160-1-113487
http://www.shinhyoron.co.jp

定価はカバーに表示してあります。
落丁・乱丁本はお取り替えします。

装丁　昼間 隆
印刷・製本　太陽印刷工業株式会社

ISBN978-4-7948-0974-2
Printed in Japan